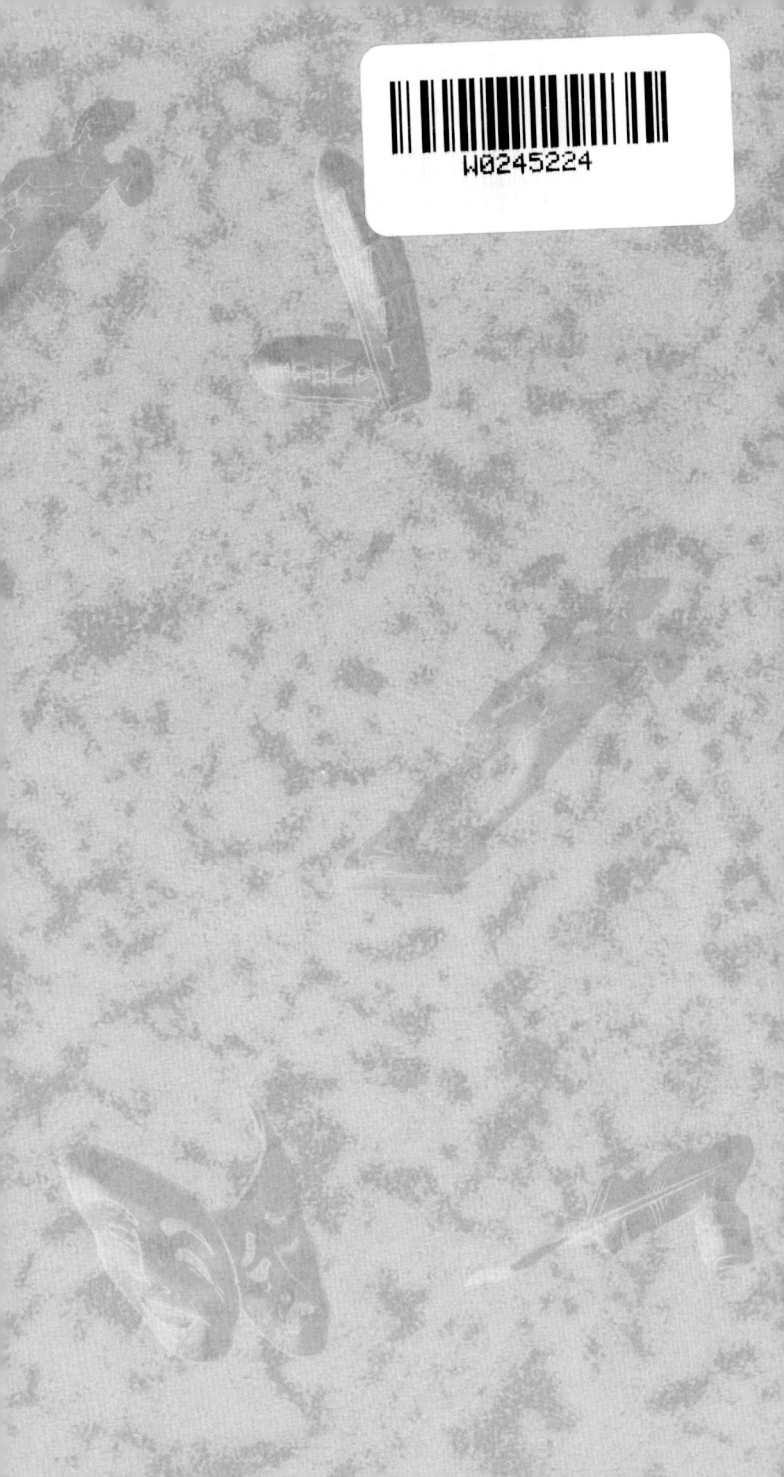

Markus Reiter **Tim Schleider**

KULTUR FÜR BANAUSEN

Markus Reiter
Tim Schleider

KULTUR FÜR BANAUSEN

Alles was Sie wissen müssen,
um mitreden zu können

Lübbe Ehrenwirth

Lübbe Ehrenwirth in der Bastei Lübbe GmbH & Co. KG

Originalausgabe

Copyright © 2010 by Bastei Lübbe GmbH & Co. KG, Köln

Textredaktion: Kerstin Windisch
Illustrationen: Andree Volkmann
Umschlaggestaltung: Pauline Schimmelpenninck Büro für Gestaltung, Berlin
Umschlagmotiv: © SuchBild
Satz: Dörlemann Satz, Lemförde
Gesetzt aus der Adobe Garamond
Druck und Einband: GGP Media GmbH, Pößneck

Printed in Germany
ISBN 978-3-431-03824-8

5   4   3   2   1

Sie finden uns im Internet unter: www.luebbe.de
Bitte beachten Sie auch: www.lesejury.de

VORWORT

Wer möchte schon gern ein Banause sein … Allein, wer sich völlig unvorbereitet ins Kulturleben stürzt, wird leider schnell dazu gemacht. Im Theater mal wieder den Faden verloren? Im Konzert vor Langeweile an die Decke gestarrt? Aus der Ausstellung der Neuen Wilden ratlos heimgekehrt? Im Kino vor lauter Verwirrung eingenickt? Wer Erlebnisse dieser Art kennt und sie den wahren Kulturfreunden gesteht, der bekommt prompt an den Kopf geworfen: »Mann, bist du ein Kulturbanause!«

Solche Szenen sind bedauerlich. Denn erstens sorgen sie beim Angesprochenen für Missstimmung und womöglich für Minderwertigkeitsgefühle – dabei wäre es viel netter und interessanter gewesen, der Kulturfreund hätte klar und verständlich erklärt, was denn der sogenannte Banause in Theater, Konzert oder Museum Spannendes übersehen hat. Und zweitens entsteht dabei bei vielen Menschen das Gefühl, Kultur sei nur etwas für Eingeweihte, das zu verstehen furchtbar viel Arbeit und Anstrengungen koste und sie mit ihrem anscheinend banalen Geschmack ganz bestimmt überfordern werde.

Diesen Irrtum wollen wir gleich zuallererst ausräumen: Nein, Kultur ist nicht bloß etwas für Eingeweihte! Kultur ist eines der spannendsten Themen überhaupt! Ob es nun die Welt von Oper oder Schauspiel, Musik oder Literatur, Film oder Kunst ist – durch nichts wird der Mensch reicher beschenkt als durch kulturelle Genüsse. Die Bilder und Geschichten, die Fragen und Antworten, die Töne und Thesen der Künstler können uns ganz unmittelbar berühren, können uns treffen, können unsere Gefühle in Wallung bringen, im Guten wie im Schlechten.

Bildung und Kultur sind die beiden Schlüsselressourcen des modernen Menschen, und beide sind ganz eng miteinander verzahnt. Um in diesen beiden Bereichen auf Entdeckungsreise zu gehen, braucht man gute Lehrer und die richtigen Anregungen. Die sind natürlich nicht immer zur Hand – im Gegensatz zu diesem Buch: ein Kulturbuch für all jene, die eintauchen wollen in die Welt der Kultur, auf Expedition gehen wollen im Reich der Bildung und sich auf ihrer Reise für keine ihrer Fragen schämen sollen.

In diesem Buch stellen wir Ihnen die meisten Bereiche der Kultur vor – und erklären, wie Sie sich am besten an den Kulturorten verhalten sollten. Dabei werden alle Zusammenhänge – so hoffen wir doch – leicht verständlich und ohne komplizierte Fachbegriffe dargestellt, sodass wirklich jeder, der sich für ein bestimmtes Gebiet der Kultur interessiert, es ohne Probleme erkunden kann. Und mit unseren Top-Ten-Listen am Ende jedes Kapitels möchten wir Ihnen einen Überblick geben, welche Theaterstücke, Bücher, Bilder oder Filme am besten für den Einstieg geeignet sind, um den richtigen Zugang zu den Schätzen aus Kunst und Kultur zu finden, und welche Namen es sich zu kennen lohnt.

Denn das ist ja das Wunderbare an der Kultur: Sie brauchen wirklich nur ein wenig Starthilfe, sozusagen ein wenig Gepäck und einen kleinen Schubs. Wer sich erst mal auf die Reise gemacht hat, wird schnell merken, wie nach und nach eins zum anderen kommt, wie ein Bild auf das nächste verweist, wie sich eine Geschichte zur nächsten fügt. Kulturinteresse ist das einzig wirklich funktionierende Perpetuum mobile der Welt, also der einzige Motor, der sich selbst anzutreiben vermag. In Sachen Kunst und Kultur ist es ein wenig wie mit Geld auf einem Sparkonto: Beides vermehrt sich wie von selbst. Nur dass Kunst und Kultur wesentlich höhere Zinsen abwerfen – und Sie auch bei einem geringen Startkapital schnell sehr reich werden können. Mehr noch: Die Welt der Kultur ist unendlich – und immer dann, wenn wir glauben, an ihre und unsere Grenze gestoßen zu sein, machen wir dahinter auch schon die nächste Entdeckung.

Uns ist es mit den nötigen Anschüben übrigens nicht anders ergangen. Und den angeblich wahren Kulturkennern auch nicht. Wir alle haben irgendwann in unserem Leben eine Art Starthilfe gebraucht, um uns auf unseren ganz persönlichen Kulturweg zu begeben. Mit anstrengender Arbeit hat das nicht viel zu tun. Gut, manchmal ist es mit Anstrengungen verbunden, ein dickes Buch zu lesen, ein langes Theaterstück anzusehen oder ein ungewöhnliches Bild zu betrachten. Aber wenn es gut ist – und ob es das für Sie ist, entscheidet kein fremder Kritiker dieser Welt, sondern entscheiden immer nur Sie selbst! –, dann werden Sie wahrscheinlich feststellen, wie dieses anstrengende Stück Kultur Ihre Welt verändert hat – und sei es nur ein kleines bisschen.

Also, seien Sie ein unternehmungslustiger Banause! Denn es ist einfach wunderbar, zwar nicht unbedarft, aber unbelastet von allen Geschmacksdebatten, all die schönen Künste zu entdecken und zu erleben. Blättern und schmökern Sie in diesem Buch, lassen Sie sich treiben, oder suchen Sie gezielt nach jenen Informationen, die für den nächsten Kulturtermin am Abend oder am Wochenende gerade nötig sind. Und eines können wir Ihnen versichern: Gerade die scheinbar größten Kulturkenner sind oftmals diejenigen, die das überraschend Neue anfangs völlig verkennen – wofür es auf den folgenden Seiten jede Menge Beispiele aus der Geschichte gibt. Dort, wo Sie als Kulturentdecker in Bewegung sind, da sind andere längst erstarrt. Und darum werden sich auch erst ganz am Ende die wahren Kulturbanausen entpuppen …

Bildende Kunst

ARCHITEKTUR

Wer es darauf anlegt, kann den meisten Erscheinungen von Kunst und Kultur, die wir Ihnen in diesem Buch schmackhaft machen wollen, aus dem Weg gehen. Man vermag problemlos Museum, Theater und Oper zu meiden, Romane und Gedichtbände links liegen zu lassen und Konzertsäle zu scheuen. Einer Form der Kultur lässt sich aber nur schwerlich entkommen: der Architektur. Wir leben darin. Und sobald wir auch nur zum Fenster hinausschauen, werden wir mit Architektur konfrontiert. Wenn wir in die Stadt fahren: Architektur. In die Kirche gehen: Architektur. Uns an unseren Arbeitsplatz begeben: Architektur.

Die Wissenschaft definiert Architektur in einem weiten Sinne als planmäßige Herstellung einer künstlichen Umhüllung von Raum. Nun kann man natürlich zu Recht fragen: Mag ja sein, dass alles, was gebaut wird, Architektur ist. Aber ist jede Art von Architektur zugleich Kunst und Kultur? Die Frage ist nicht so eindeutig und leicht zu beantworten, wie man vielleicht meinen möchte.

Nehmen wir als Beispiel den Wohnungsbau: Bevor meine Familie während meiner Kindheit Ende der 70er-Jahre in ein eigenes Häuschen umzog, wuchs ich in einem Mietshaus auf, das aussah wie ein übergroßer Schuhkarton, den man mit Fenstern, Türen und Balkonen versehen hatte. Dieser Art von tristem Mehrfamilien-Wohngebäude bin ich später in vielen deutschen Städten begegnet. Offenbar handelte es sich um einen bundesweit verbreiteten Einheitsstil. Ich würde ihm keinen Wert als architektonische Kunst zuordnen. Warum?

Nun, hinter diesen Häusern steckt keine schöpferische Idee – das wesentliche Merkmal für Kunst. Diese Wohnhäuser verhalten sich zur Architektur als Kunst wie eine Gebrauchsanweisung zu einem Roman.

Wenden wir unseren Blick nun auf ein Hochhausviertel im Berliner Bezirk Neukölln mit dem Namen Gropius-Stadt. Die Gegend ist als sozialer Brennpunkt bekannt. Armut, Arbeitslosigkeit und eine hohe Kriminalitätsrate prägen das Viertel. Die Mehrheit der Menschen, wohl auch der Bewohner, würde Gropius-Stadt nicht unbedingt als »schön« bezeichnen. Schönheit, jedenfalls im herkömmlichen Sinne, ist aber in der Moderne und Postmoderne keine Beurteilungskategorie mehr. Danach lässt sich der Wert der Architektur nicht bemessen.

Was hingegen entscheidend ist: Hinter den Hochhäusern der Gropius-Stadt steckt eine, wenngleich gescheiterte, gestalterische Idee. Sie wurde vom Chefplaner des Wohngebietes, dem deutsch-amerikanischen Architekten *Walter Gropius* (1883–1969), in den 60er-Jahren des letzten Jahrhunderts formuliert und geht zurück auf den französischen Stadtplaner und Architekten *Le Corbusier* (1887–1965). Dessen Vorstellung war es schon seit den 1920er-Jahren gewesen, wirtschaftlich, zweckmäßig und funktional zu bauen. Man sprach vom »Neuen Bauen«, um sich vom wilhelminischen Neoklassizismus abzugrenzen. Bei der Gropius-Stadt legte der Architekt Wert auf grüne Achsen, und er achtete darauf, dass die Formen und Höhen der Gebäude ein harmonisches Ganzes ergeben. Wir kommen später noch einmal auf die Prinzipien dieses Baustils zurück. An dieser Stelle begnügen wir uns damit, als erste Erkenntnis festzuhalten: Unabhängig davon, ob wir das Ergebnis als dem Auge gefällig empfinden oder nicht, zeichnet sich Architektur als Kunst dadurch aus, dass ein Gestaltungswille dahintersteht.

Dass Gropius und seine Kollegen so großen Wert auf Wohn-architektur für breite Bevölkerungsschichten legten, war ein neues Phänomen in der Baugeschichte. Man kümmerte sich um die einfachen Leute und wollte deren elende Wohnver-hältnisse verbessern. Ebenso wie beim Neuen Bauen lässt sich mithin eine ganze Menge über das Menschenbild einer Epo-che erfahren, wenn man sich anschaut, welcher Art von Ge-bäuden die Baumeister ihre größte Aufmerksamkeit gewid-met haben.

Im alten Ägypten waren die aufwendigsten Gebäude die Pyramiden. Sie haben, im Gegensatz zu den damaligen Wohn-siedlungen, Jahrtausende überdauert. Bei den Pyramiden han-delt es sich um Grabmale für die Pharaonen. Daraus lässt sich ablesen: Nichts war den alten Ägyptern (zumindest denen, die etwas zu bestimmen hatten) so wichtig, wie dem toten Pharao mit all seinen Schätzen die von Grabräubern ungestörte Reise in die Unterwelt des Gottes Osiris zu ermöglichen – in den meisten Fällen leider vergebens. Vielfach fanden die Grab-räuber trotz aller Vorkehrungen einen Weg ins Innere der Pyramiden.

Unser Bild des antiken Griechenland wird hingegen von seinen Tempeln geprägt. Die der Göttin Athene geweihte Akropolis in Athen – wir werden sie noch näher vorstellen – gilt manchen Architekten gar als das vollkommenste Bau-werk der Welt. Das antike Rom stellt sich uns als der Mit-telpunkt eines Weltreiches dar, mit Palästen der Macht, wie dem Kapitol, und Orten der Belustigung der Massen, wie der Kampfarena Kolosseum. Außerdem ist die Stadt voller Triumphbögen – den architektonischen Zeichen militärischer Überlegenheit.

Im christlichen Mittelalter wiederum konzentrierte sich

die ganze Gestaltungskraft auf das Jenseits. Es entstanden herrliche Sakralbauten, also Kirchen und Klöster. Man denke nur an die romanischen Basiliken und die gotischen Kathedralen. Burgen erscheinen dagegen eher als plumpe Trutzbauten. Frühestens in der spätmittelalterlichen Gotik, eigentlich aber erst in der Renaissance entwickelten die Architekten einen neuen Sinn für Profanbauten, vor allem bei den Palästen für die reichen Adeligen der norditalienischen Städte. Der Barock brachte zwar auch prachtvolle Kirchen hervor, aber die gewaltige Größe der Paläste (Versailles!) beweist, dass der absolutistische Herrscher mindestens so sehr im Mittelpunkt der Baukunst stand wie Gott. Selbst Fürsten, die ihr Ländchen an einem Tag zu Fuß durchschreiten konnten, wollten bei den barocken Prachtbauten nicht zurückstehen.

Und so finden wir heute überall in Deutschland und Europa Barockschlösser, etwa im sächsischen Delitzsch (der Herzöge von Sachsen-Merseburg), im hessischen Fulda (der örtlichen Fürstäbte), im thüringischen Rudolstadt (die Heidecksburg der Fürsten von Schwarzburg-Rudolstadt) oder im mecklenburgischen Ludwigslust (der Herzöge von Mecklenburg-Schwerin).

Was den Herrschern im Barock recht war, war dem Bürgertum der folgenden Epoche billig (wenngleich nicht im Sinne von kostengünstig). Im 18. und 19. Jahrhundert entstanden prachtvolle klassizistische Repräsentationsbauten unter der Regie des Bürgertums: Opernhäuser, Museen, Ruhmeshallen, Rathäuser – vom Panthéon in Paris, der Ruhmeshalle Frankreichs, gleichsam dem ersten weltlichen Sakralbau (der ursprünglich noch als Kirche geplant war), über das British Museum in London bis hin zum Kapitol in Washington, geschaffen nach dem Vorbild ebenjenes antiken Kapitols in Rom. Man glaubte im Geiste der Aufklärung an den Sieg der

Vernunft über Unwissen und Tyrannei – und vermeinte sich dabei auf das alte Griechenland berufen zu können.

Diese Architektur des selbstbewusst gewordenen Bürgertums wurde in der ersten Hälfte des 20. Jahrhunderts abgelöst von etwas wirklich Neuem: den Repräsentationsbauten des Kapitalismus – Hochhäuser und beeindruckende Industrieanlagen. Zunächst dienten die Wolkenkratzer als Firmensitze und wurden von den Konzernen in Auftrag gegeben: Home Insurance, US Steel, Chrysler, Singer, Woolworth waren die Bauherren in Chicago und New York.

Und heute: Im globalen Finanzkapitalismus ist Architektur nicht selten Investitionsobjekt von Spekulanten, was sich erneut in den Wolkenkratzern widerspiegelt, diesmal in Dubai, China, Taiwan und Malaysia. So lässt sich jede Zeit durch ihre Bauten verstehen.

Was beschränkt Architektur?

Bauen ist heute in vielen Fällen zu einem Investitionsgeschäft geworden, an dessen Ende der Profit stehen muss. Dadurch werden die Beschränkungen besonders bewusst, die der Architektur, weit mehr als jeder anderen Kunst, auferlegt sind. Als die drei wesentlichsten Beschränkungen sind zu nennen:

1. der Zweck. Architektur darf den Zweck dessen, was sie schafft, nicht aus dem Auge verlieren. Eine Burg musste ihrer Aufgabe als Schutz vor Invasoren gerecht werden. Eine Kathedrale diente sicherlich in erster Linie der Verherrlichung Gottes, sonst wäre ein so gewaltiger Aufwand überflüssig gewesen, dennoch mussten die Gläubigen darin beten können. Ein Palast sollte von außen Reichtum und Macht verkörpern, aber man sollte auch einigermaßen bequem darin leben

können. In einem Museum erwartet man Platz für die Ausstellungsobjekte.

2. die finanziellen Mittel. Selbst wenn sich der eine oder andere Bauherr bis über die Halskrause verschulden mag, ist irgendwann die Grenze des Finanzierbaren erreicht. Da Bauen in der Regel teurer ist als Malen, Theater spielen oder Romane schreiben, spüren die Architekten diese Beschränkung am stärksten.

3. die Statik. Die hochfliegenden Pläne der Architekten müssen heute stets von Statikern überprüft werden, damit wir es am Ende nicht mit einstürzenden Neubauten zu tun haben – was in früheren Zeiten der Fall war: Die Kuppel der Hagia Sophia in Byzanz stürzte zweimal ein, bevor der Statiker Isidores von Milet (der Jüngere) sie 562 so umgebaut hatte, dass sie heute noch hält.

An den Säulen sollt ihr sie erkennen – die Antike

Wenn Sie vor einer Kirche, einem Rathaus, einem Schloss, einem Tempel (oder seinen Resten) aus der Antike oder einem anderen Gebäude stehen, mögen Sie sich als Erstes fragen: Wo lässt es sich in der Baugeschichte verorten? Die Antwort auf diese Frage hilft, die Idee, die dem Bauwerk zugrunde liegt, zu verstehen. Auf diese Weise werden Sie sicherlich viele Details entdecken, in denen sich diese Idee widerspiegelt. So können Sie am leichtesten eine Entdeckungstour durch die Architektur starten. Auf den folgenden Seiten machen wir Sie deshalb mit den wichtigsten Stilmerkmalen der jeweiligen Epochen vertraut. Wir beginnen in der Antike.

Ich erinnere mich noch lebhaft an meinen ersten Besuch in Athen. Ich war damals Volontär einer regionalen Tageszeitung, und bei der Fahrt handelte sich um eine Pressereise, die von der griechischen Regierung organisiert war. Einer unserer Ausflüge führte uns mit dem Bus auf die Akropolis, was wörtlich »Oberstadt von Athen« heißt. Ich weiß noch, dass ich mir zwischen den Säulen des Parthenons, des der Göttin Athene geweihten Haupttempels, verloren vorkam. Ich bewunderte schon damals die technische Leistung der Baumeister. Aber erst später wurde mir bewusst, was der Architekt *Iktinos* (2. Hälfte des 5. Jhr. v. Chr.) und seine Kollegen hier wirklich geleistet haben.

Der Parthenon wird als der perfekteste dorische Tempel angesehen, der je errichtet wurde. Man kann an ihm das wichtigste Prinzip der antiken griechischen Architektur ablesen: die Harmonie der Maße. So finden wir zum Beispiel an vielen Stellen den Goldenen Schnitt. Er gilt als Ausdruck größter Harmonie – und wird von den meisten Menschen auch so empfunden. Bei ihm stehen zwei Strecken in einem solchen Verhältnis zueinander, dass sich der kleinere Abschnitt zum größeren verhält wie der größere zur gesamten Strecke. Breite und Gesamthöhe, Höhe bis zum Architrav (auf den Säulen ruhender Querbalken) zu Resthöhe, Höhe über den Kapitellen (Säulenköpfe) zu Giebelhöhe, Säulenbreite zu Säulenzwischenraum, Metopenhöhe zu Architravhöhe – all diese Maßverhältnisse entsprechen dem Goldenen Schnitt. Metopen sind übrigens die rechteckigen Platten oberhalb des Architravs, also des Querbalkens.

Womit wir schon bei den Stilmerkmalen wären. Der Parthenon entspricht der dorischen Bauweise, einer von drei wesentlichen Säulenordnungen. Die anderen beiden heißen ionisch und korinthisch. Säulenordnung bedeutet: Die Art der Säulen gibt Aufschluss über die Entstehungszeit und die Proportionen des Baus. Man kann die drei Hauptrichtungen am besten an den Säulen selbst und ihren Aufsätzen, den Kapitellen, unterscheiden. Das trifft sich nicht zuletzt deshalb gut, weil von vielen antiken Tempeln nur noch die Säulen erhalten sind.

- Die dorische Säule, die älteste Form, steht ohne Basis direkt auf dem Boden und verdickt sich nach unten. Sie hat 16 bis 20 längsförmige Vertiefungen (Kanneluren) sowie ein schmuckloses, wulstförmiges Kapitell.

- Die ionische Säule ist schlanker, steht auf einer Basis und verfügt über 20 bis 24 Kanneluren. Das flache Kapitell endet in zwei schneckenförmigen Verzierungen (sogenannten Voluten).

- Die korinthische Säule, die jüngste Variante, ist ähnlich schlank wie die ionische, verjüngt sich leicht nach oben und endet in einem kunstvollen Kapitell, bei dem zwischen Säulenende und Voluten ein oder zwei Kränze aus Akanthusblättern mit eingerollten Spitzen zu sehen sind. Einer Anekdote des antiken Architektur-Theoretikers Vitruv zufolge schuf der Bildhauer Kallimachos das korinthische Säulenkapitell, nachdem er bei einer Wanderung auf dem Grab einer Jungfrau einen Korb gesehen hatte, der mit einer Steinplatte bedeckt war. An dem Korb rankten sich Akanthusblätter empor.

Die Griechen hatten die Baukunst zu einer Vollendung geführt, die in Europa über viele Jahrhunderte hinweg nicht mehr erreicht wurde. Kein Wunder also, dass ihre Werke in späteren Epochen kopiert wurden, manchmal nur einige Elemente, etwa die Voluten im Barock, manchmal der gesamte Stil, so im antiken Rom, in der Renaissance, im Klassizismus und im Neoklassizismus. Die Kenntnisse über die griechische Säulenordnung lassen sich auch auf jüngere Gebäude in mitteleuropäischen Breiten anwenden – und sogar in der Neuen Welt (etwa beim Weißen Haus in Washington!).

Übrigens: Der einflussreiche deutsche Kunsthistoriker *Johann Joachim Winckelmann* (1717–1768) hat seit dem 18. Jahrhundert unsere Vorstellung von der Kunst der Antike enorm geprägt (siehe auch das Kapitel Archäologie). Er bewunderte die schlichte Eleganz der Architektur und der griechischen Skulpturen, die sich in ihrem weißen, glatten Marmor zeige. »So wird auch ein schöner Körper desto schöner sein, je weißer er ist«, schrieb Winckelmann 1764 in seiner »Geschichte der Kunst des Althertums«. Dumm nur, dass er dabei einem Irrtum aufgesessen ist. In Wirklichkeit war die griechische Kunst und Architektur knallbunt! Die Farbe ist über die Jahrhunderte abgeblättert.

Erdverbunden oder himmelstrebend – das europäische Mittelalter

So, wie sich die Architektur der Antike am besten an ihren Säulen ablesen lässt, können wir die Architektur des europäischen Mittelalters und der frühen Neuzeit an der Form der Fensterbögen bestimmen. Bevor wir uns diesen Formen zuwenden, sollten wir uns in Erinnerung rufen, dass im Zentrum der mittelalterlichen Baukunst Kirchen und Klöster, also Sakralbauten, standen. Deshalb ist es hilfreich, sich mit einigen wenigen Fachbegriffen vertraut zu machen.

Grundsätzlich wird bei den Kirchenbauten seit der Spätantike zwischen Zentralbauten und Längsbauten unterschieden. Beim Zentralbau sind die Hauptachsen gleich lang, ein beliebtes Bauprinzip in der Antike. Das Pantheon in Rom zum Beispiel ist zwar seit dem 7. Jahrhundert eine Kirche, diente aber ursprünglich als römischer Tempel. Typisch für den europäischen Kirchenbau ist hingegen die Längsform. (Eine der Ausnahmen ist dummerweise die wichtigste Kirche des katholischen Christentums: der Petersdom in Rom.) Ein solcher Bau lässt sich ganz einfach errichten: als lang gestrecktes rechteckiges Gebäude, an dessen Kopf man – für den

Altar – einen halbrunden Anbau, die Apsis, ansetzt. Genau so sieht die Konstantinbasilika in Trier aus. Sie stammt allerdings aus dem 4. Jahrhundert und diente zuvor als römischer Kaiserpalast.

Sakralarchitektur hat immer eine symbolische Komponente. Deshalb lag es nahe, christliche Kirchen in Kreuzform zu erbauen. Derart stellen sich uns die Kirchen seit dem Mittelalter dar: als dreischiffiger Längsbau mit einem Querhaus. Der Längsbau ist oftmals nach Osten ausgerichtet, Jerusalem und der aufgehenden Sonne (Symbol der Auferstehung) entgegen. Hinter dem Querhaus nimmt der Chor für den Kirchengesang Aufstellung – der Raum heißt deshalb naheliegenderweise »Chor«. Ihm schließt sich die Apsis an. Natürlich gibt es zahllose Varianten, aber die Grundform lässt sich bis in die Moderne stets wiederfinden.

Die Baumeister des Mittelalters hatten leider ein Problem: Sie mussten zittern, dass ihnen die Decke auf den Kopf fällt! In den Wirren der Völkerwanderung war das Wissen darüber verloren gegangen, große, statisch sichere Kuppeln und Rundgewölbe zu errichten. Eine Kuppel mit einem Durchmesser von über 43 Metern, wie beim Pantheon in Rom, lag weit außerhalb der Fähigkeiten der mittelalterlichen Baumeister. Um die erste Jahrtausendwende, mit Beginn der Epoche der Romanik, eigneten sie sich dieses Wissen nur sehr langsam wieder an. Aber so ganz trauten die Baumeister ihren eigenen statischen Fähigkeiten nicht. Deshalb sind romanische Kirchen erdverbunden, wuchtig, mit dicken Mauern und kleinen Fenstern. Die Bögen über den Fenstern sind rund. Achten Sie bei mittelalterlichen Gebäuden auf die Fenster und Tore: Rundbogen heißt Romanik.

Ab etwa 1150 wurden die Architekten zunächst in Frankreich, dann in Deutschland und England wagemutiger. Vor allem erkannten sie, dass es nicht der gesamten Wand bedurfte, um das Deckengewölbe abzustützen. Es reichten einige Stützpfeiler. Zwischen ihnen konnten die Wände wesentlich dünner gebaut und größere Fenster eingesetzt werden. Jetzt, in der neuen Zeit, der Gotik, strebte der ganze Bau in die Höhe, Gott entgegen – und er wurde filigraner. Deutlich wird das erneut an den Fenstern: Sie laufen spitz nach oben zu. Spitzbögen sind das eindeutigste Stilmerkmal der Gotik. An den filigranen Verstrebungen der Rosette, einem kreisrunden Fenster an der Frontseite über dem mittleren Portal, lässt sich erkennen, wie in der Gotik die Bauten ihre Leichtigkeit zurückgewannen. Man baute nun Kathedralen und nicht mehr – wie in der Romanik – Basiliken.

Das ging – wie stets in solchen Fällen – nicht ohne Schmerzen vonstatten. Wurden die Baumeister zu übermütig, krachte das Ganze zusammen. Die Architekten stützten deshalb die Kirche von außen mit Streben, sodass mancher gotischer Dom aussieht, als habe er Spinnenbeine.

Zahlreiche Kathedralen stürzten dennoch beim Bau ein, an anderen wurde jahrhundertelang gebaut, manche wurden nie fertig. Die Türme des Kölner Doms wurden erst im 19. Jahrhundert ergänzt. Doch das Mittelalter-trunkene 19. Jahrhundert neigte ohnehin dazu, Romanik und Gotik wiederzubeleben. Es war die Zeit der sogenannten Neo-Stile. In meiner Schulzeit ging ich lange jeden Donnerstag in die katholische Sankt-Bonifatius-Pfarrkirche in Horas, die ich – nachdem ich Fotos berühmter Kathedralen gesehen hatte – für gotisch hielt. Jahre später stellte ich tief enttäuscht fest, dass sie neogotisch war – Baujahr 1885. Ein Beispiel von vielen. Zehn Jahre nach dieser Bonifatius-Kirche war die Berliner Kaiser-Wilhelm-Gedächtniskirche im neoromanischen Stil fertiggestellt worden. Deshalb Vorsicht: Nicht alles, was so aussieht, ist mittelalterlich.

Irgendwann zu Beginn der Neuzeit ging den Baumeistern, als erstes in Italien, die Gotik auf die Nerven. Wir stoßen auf ein Phänomen, das uns ab jetzt ständig begegnen wird: die Wiederbelebung der Antike. Zunächst in der Renaissance, die sich vorwiegend an der römischen Antike orientierte. Das antike Vorbild erkennt man daran, dass Kirchen wieder als Zentralbau geplant wurden. Das schönste Beispiel stammt von *Donato Bramante* (1444–1514): Es handelt sich um die Kapelle Tiempetto in der Kirche San Pietro in Montorio in Rom. Auch findet man in der Renaissance die Säulenordnung der Antike wieder und an den Fassaden der Pallazi deren Schlichtheit und Ebenmaß. Beispiele glänzender profaner Renaissance-Architektur befinden sich in Florenz. Den Namen des bedeutendsten Architekten der Renaissance sollte man sich merken: *Andrea Palladio* (1508–1580), Sohn eines Müllers aus Padua, hat durch seine Interpretation des römisch-antiken Erbes die Architektur bis ins 20. Jahrhundert geprägt.

Wobei Palladio, wie so viele bedeutende Künstler, bereits am Übergang zu einer neuen großen Stilepoche steht. Vom Beginn des 17. Jahrhunderts an breitete sich von Rom ausgehend der Barock über den ganzen Kontinent aus. Kein anderer Stil hat sich so selbstbewusst, zuweilen brutal, alle vorangegangenen Epochen unterworfen. Die Barockkünstler nahmen keine Rücksicht: Was nicht Barock war, wurde barock gemacht. In ganz Europa lassen sich auf Barock getrimmte romanische und gotische Kirchen sowie Renaissancekirchen entdecken.

Der Barock ist die künstlerische Speerspitze der Gegenreformation. Deshalb ist er fast nur in katholischen Gegenden zu finden (eine kleine Ausnahme ist die protestantische Frauenkirche in Dresden). Die Katholiken wussten das Theatra-

lische und Dynamische, das Überbordende und Ornamentreiche dieses Stils zu würdigen. Die nüchternen Protestanten
hielten sich jedoch fern von den Putten und Muscheln, von
den Säulengruppen und Arabesken. Drei Beispiele für Barockbauten in Deutschland sind der Dresdner Zwinger von
Matthias Daniel Pöppelmann, der Fuldaer Dom von Johann
Dientzenhofer und die Würzburger Residenz von Balthasar
Neumann.

In der zweiten Hälfte des 18. Jahrhunderts hatten Menschen auch den Barock gründlich satt, zumal er sich immer mehr verkünstelte (wir nennen ihn dann Rokoko). Die
Leute verlangten nach Neuem und schlugen in einigen Fällen
alles Barocke wieder ab. Außerdem wurde erst in dieser Zeit
der Begriff für diesen Stil erfunden – der Barock selbst wusste
also noch gar nicht, dass er barock war. »Baroque« meint
eigentlich »regelwidrig, absonderlich«, kurz: »schlechter Geschmack«.

Die Rückkehr der Antike II: der Klassizismus

Der Barock war für die Zeitgenossen Ausdruck des Absolutismus, eines Herrschaftsverständnisses, bei dem alles auf den
König oder Fürsten konzentriert ist. »L'État, c'est moi«, »der
Staat bin ich« – der Satz, obgleich ihn Ludwig XIV. von
Frankreich vermutlich nie gesagt hat, fasst den Absolutismus
treffend zusammen. Ende des 18. Jahrhunderts kam diese
Herrschaftsform auf recht blutige Weise aus der Mode. In
Preußen regierte Friedrich der Große, der sich lieber als der
erste Diener seines Staates sah, und in Paris machten die Revolutionäre den bekanntesten Vertreter des Absolutismus, den
König von Frankreich, einen Kopf kürzer. Für die Philosophen wurde der Verstand das Maß aller Dinge. Kein Wunder,

dass man sich erneut an die alten Griechen erinnerte, bei denen das Nachdenken über die Welt und ihre naturgemäßen Gesetze ihren ersten Höhepunkt erreicht hatte. Der deutsche Baumeister *Leo von Klenze* (1784–1864), der die Münchner Glyptothek und die Walhalla, die deutsche Ruhmeshalle bei Regensburg, geplant und gestaltet hatte, schrieb dazu: »Es gab und gibt nur Eine Baukunst und wird nur Eine Baukunst geben, nämlich diejenige, welche in der griechischen Geschichts- und Bildungsepoche ihre Vollendung gefunden hat.« Der Stil der neuen Zeit erhielt den Namen Klassizismus.

Drei Stichworte beschreiben den klassizistischen Stil: Ruhe, Strenge, Erhabenheit. Statt Schlösser baute man nun bürgerliche Repräsentationsgebäude, etwa Theater, Museen und Universitäten. Wenn man von »Tempeln der Bildung« oder »Kulturtempeln« zu sprechen begann, so kam das nicht von ungefähr. Die Architekten bedienten sich der Elemente der antik-griechischen Sakralbauten, allen voran der Säulenordnung und des Portikus, einer von Säulen getragenen Eingangshalle.

Mindestens einen Namen sollten Sie sich in diesem Zusammenhang merken, nicht zuletzt, weil halb Berlin von ihm geprägt ist: den des deutschen Architekten *Karl Friedrich Schinkel* (1781–1841). Zwar hat Schinkel auch neogotische und neoromanische Gebäude errichtet, aber seine schönsten Entwürfe sind klassizistisch. Dazu gehören in Berlin die Neue Wache, das Alte Museum und das Schauspielhaus am Gendarmenmarkt.

Aber nochmals Vorsicht: In Deutschland haben wir es mit der besonders verwirrenden Situation zu tun, dass man um 1900 erneut anfing, im Stile des Klassizismus (also einer Epoche, die um 1840 zu Ende gegangen war) zu bauen. Der Neoklassizismus fiel ein bisschen gröber und ein bisschen monumentaler aus als sein Vorbild (das ja selbst schon ein Neo-Stil war). Ein klassizistischer und neoklassizistischer Bau lässt sich nicht zuletzt daran erkennen, dass er immer ein wenig wirkt, als sei er aus einem Baukasten der Antike zusammengestellt – anders als die meisten Renaissancegebäude, die dem Betrachter harmonischer erscheinen.

Die Architektur der Moderne

Nach dem Klassizismus wird es ziemlich unübersichtlich in Sachen Baustile. Die zweite Hälfte des 19. Jahrhunderts wurde noch weitgehend beherrscht vom Historismus, dessen Motto sich einfach zusammenfassen lässt: von allen Stilen irgendwas. Hier ein Renaissancetürmchen, dort ein gotisches Fenster, hier ein paar antike Säulen – und das alles möglichst groß und beeindruckend. Der Reichstag in Berlin und das Londoner Houses of Parliament sind Beispiele für diese Stilrichtung.

Für die Zeit danach aber gerät man leicht in Gefahr, die Orientierung zu verlieren. Zwischen etwa 1890 und 1930 haben wir es gleichzeitig mit dem Pariser Jugendstil, dem Wiener Sezessionsstil, den amerikanischen Wolkenkratzern, dem russischen Konstruktivismus, dem italienischen Futurismus, dem holländischen Neoplastizismus (»De Stijl«), dem deutschen Bauhaus und dem deutschen Neoklassizismus zu tun. Wir greifen aus dieser Fülle nur zwei Beispiele heraus, um die Gegensätzlichkeit der Gleichzeitigkeit zu illustrieren: den Jugendstil und das Bauhaus.

Zu Ende des 19. Jahrhunderts glaubten viele Menschen, in einer Zeitenwende zu leben. Die Erkenntnisse der Physik brachten das bisherige Weltbild ins Wanken. Die sensibelsten unter den Künstlern spürten das Herannahen des Großen Krieges. Man sprach vom »Fin de Siècle«, was wörtlich übersetzt nur »Ende des Jahrhunderts« bedeutet. Aber dem Begriff haftete ein Hauch von Abschied und Untergangsstimmung an – und das Gefühl der Dekadenz, der Überfeinerung. Der Jugendstil (in Österreich heißt er Sezessionsstil, in Frankreich Art Nouveau) drückt diese Haltung aus. Er ist Ihnen vielleicht von vielen Pariser Metrostationen bekannt: feine, geschwungene Linien, verspielte Formen, florale Motive. Kein Wunder, dass er einem Dandy wie Oscar Wilde besonders zusagte. Der Jugendstil reichte bis weit in die 1920er-Jahre hinein.

1919 gründete der bereits erwähnte Architekt Walter Gropius in Weimar das sogenannte Bauhaus, eine Werk- und Lehrstätte (sechs Jahre später musste man von dort vor der Nazi-Landesregierung in Thüringen nach Dessau fliehen). Die Prinzipien des Bauhauses sind das Gegenteil des Jugendstils: Ornamentik und alles schmückende Beiwerk waren verpönt. Es lenke von der Schönheit und Kraft der klaren Linie ab, hieß es. Der österreichische Architekt Adolf Loos, der die Grundsätze des Bauhauses vorwegnahm, schrieb 1908 gar ein Manifest mit dem Titel »Ornament und Verbrechen«. Die Form fügte sich nun der Funktion (»form follows function«) – das war das Motto nicht nur von Architekten, sondern auch von Designern, die Alltagsgegenstände gestalteten. Vielen Menschen erschien dies kalt und seelenlos. Aber die Klarheit der Architektur hat eine ganz eigene Ästhetik – und die ist keineswegs eintönig. Wer einmal die Vielfalt der Formensprache dieses Neuen Bauens kennenlernen will, sollte die Weißenhofsiedlung in Stuttgart besuchen. 1927 errichteten hier 17 führende Architekten 63 Wohnhäuser. Viele große Namen der Klassischen Moderne sind hier vertreten: Ludwig Mies van der Rohe, Peter Behrens, Le Corbusier, Hans Scharon und Walter Gropius.

Je näher wir der Gegenwart kommen, desto schwieriger wird es, einen einheitlichen Stil zu benennen. Unter den heutigen Architekten versucht jeder für sich, eine Formensprache zu entwickeln. Die folgenden Listen der je fünf wichtigsten Architekten der Gegenwart und der Vergangenheit mögen Ihnen dabei helfen, ein Gefühl für neue und alte Baumeister und ihre Werke zu bekommen. Oder Sie halten einfach die Augen offen. Schließlich ist Architektur überall.

Fünf wichtige Architekten der Gegenwart

1. **Sir Norman Foster** (*1935). Eine Arbeit dieses britischen Vertreters einer sogenannten Hightech-Architektur (man kann sehen, welche Technik dahintersteckt) sehen die Deutschen fast jeden Tag in den Nachrichten: die moderne Kuppel des Reichstagsgebäudes in Berlin.
2. **Daniel Libeskind** (*1946). Der als Kind jüdischer Eltern im polnischen Lodz geborene US-Amerikaner versucht mit seiner Architektur, Geschichten zu erzählen. Bekanntestes Objekt in Deutschland: das Jüdische Museum in Berlin.
3. **Günter Behnisch** (*1922–2010). Er stützte mit seinem Büro »Behnisch & Partner« den guten Ruf Stuttgarts in der Welt der zeitgenössischen Architektur. Bekanntester Bau: das Olympiastadion in München.
4. **Zaha Hadid** (*1950). Die Tochter irakischer Eltern hat heute die britische Staatsbürgerschaft. Ihr vom Konstruktivismus beeinflusster Stil gilt als Architektur des 21. Jahrhunderts. Beispiel in Deutschland: das Wissenschaftsmuseum Phaeno in Wolfsburg, von der »Welt am Sonntag« als »Ufo aus Beton« bezeichnet.
5. **Oscar Niemeyer** (*1907). Wer darf schon mal eine ganze Hauptstadt planen? Der brasilianische Architekt Oscar Niemeyer durfte: Seit den 1950er-Jahren war er für die Errichtung Brasilias, der Hauptstadt Brasiliens, verantwortlich. Die öffentlichen Gebäude entwarf der Sohn deutscher Einwanderer selbst. Die Kapitale ist inzwischen Weltkulturerbe. 2,5 Millionen Menschen leben in ihr und ihren Satelliten.

Fünf wichtige Architekten der Vergangenheit

1. **Anthemios von Tralles.** Er lebte im 6. Jh. n. Chr. und erbaute zusammen mit Isidores von Milet (dem Älteren) auf Befehl Kaiser Justinians die Hagia Sophia, das bedeutendste Bauwerk in Byzanz und eines der wichtigsten der Welt. Seine Kuppel machte allerdings Probleme: Sie stürzte 553 und 558 ein.

2. **Filippo Brunelleschi** (1377–1446). Seine Kuppel hält hingegen bis heute: Brunelleschi setzte sie dem Dom zu Florenz auf – ein technisches Meisterwerk, das die Florentiner staunen ließ, und ein Triumph der Renaissance. Außerdem gilt Brunelleschi als Erfinder der Perspektivzeichnung (siehe Kapitel Malerei).

3. **Gian Lorenzo Bernini** (1598–1680). Früher waren die Baumeister noch Universalgenies. Bernini begegnen wir auch im Kapitel Bildhauerei mit seiner »Verzückung der Heiligen Theresa«. Als Architekt arbeitete der Meister des Barock am Petersdom mit und gestaltete den Petersplatz davor.

4. **Otto Wagner** (1841–1918). Der Österreicher ist ein wichtiger Vertreter des Jugendstils, dessen Wiener Variante Sezession heißt. Zu seinen Hauptwerken gehören die Österreichische Postsparkasse in Wien und die sogenannten Wienzeilenhäuser, die um die Jahrhundertwende entstanden.

5. **Frank Lloyd Wright** (1869–1959). Der Amerikaner entwickelte das Konzept der »organischen Architektur«, das heißt, die Gebäude sollten sich in ihre Umwelt einpassen. Sein bekanntestes Werk: das Salomon-R.-Guggenheim-Museum in New York mit seinem berühmten spiralförmigen Aufgang im Innern (der genau genommen ein Abgang ist, weil ein Aufzug die Besucher nach oben transportiert, von wo aus sie die Spirale nach unten gehen und dabei die Bilder betrachten können).

MALEREI

Am 12. September 1940 tobten Marcel, Jacques, Georges und Simon, vier Jungen aus dem Dörfchen Montignac in Aquitanien, in einem Tal zwei Kilometer südlich ihres Heimatortes im Südwesten Frankreichs herum. Plötzlich war ihr kleiner Hund Robot verschwunden. Er schien wie vom Erdboden verschluckt. Die Kinder machten sich auf die Suche nach dem Tier und entdeckten dabei eine bislang unbekannte Höhle, die 140 Meter in das Innere eines Berges führte. Als sie in die Höhle krochen, entdeckten sie dort Hunderte von Wandzeichnungen: Bisons, Stiere, Hirsche, Bullen, Jäger mit Pfeil und Bogen in kräftigen Farben und kunstvollem Schwung. (Den kleinen Robot fanden sie übrigens auch wieder!)

Die herbeigerufenen Experten bestaunten in der Höhle von Lascaux mit offenen Mündern die insgesamt rund 2000 Figuren und Zeichen. Sie sind 15000 bis 17000 Jahre alt und damit noch immer nur etwa halb so alt wie die ältesten uns bekannten Höhlenzeichnungen.

Die steinzeitlichen Maler haben keineswegs unbeholfene Kritzeleien angefertigt. Sie waren keine tumben, Keulen schwingenden, fellbehangenen Jäger. Diese Menschen zeichneten beim Schein von Steinlämpchen mit den Fingern, mit Halmen oder Ästchen großartige Kunstwerke. Sie mischten die Farbe aus zermalmtem Stein (Eisenoxid), Manganerde und Tierfett. Der französische Schriftsteller Georges Batailles bezeichnete die Höhlenbilder von Lascaux einst als die »Geburt der Kunst«. Besonders den Tierbildern merkt man ihre

Kraft und Wildheit an. Zum Beispiel einem Stier, der im Moment des Sprungs festgehalten wird: Seine Vorderbeine sind nach vorn gestreckt, die Hinterläufe drücken sich kraftvoll vom Boden ab. Sein ganzer Körper symbolisiert Spannung und Bewegung.

Wir wissen nicht, wozu diese Bilder den Menschen in der Steinzeit dienten. Erfüllten sie religiöse Zwecke, etwa um das Jagdglück zu beschwören? Oder waren sie bereits Ausdruck eines Sinnes für Schönheit an sich? Möglicherweise beides. Ebenso wie die Malerei in Europa vom Frühmittelalter bis zur Renaissance im 14. Jahrhundert nur als Verherrlichung Gottes denkbar war, aber gerade deshalb zugleich das Empfinden für Schönheit ansprechen sollte. Denn nur mit dem Schönsten konnte man Gott gebührend preisen.

In diesem Kapitel schildern wir die Geschichte der Malerei anhand von dreizehn Gemälden. Wir müssen dabei naturgemäß ungerecht sein, wollen wir den vorgegebenen Rahmen nicht sprengen. Also lassen wir gleich zu Beginn fast 30 000 Jahre Kunstgeschichte unter den Tisch fallen.

Auf die Höhlenmaler folgten nämlich die frühen Hochkulturen. Von den Ägyptern kennen wir malerische Zeugnisse, die sich in ihren Gräbern erhalten haben. Viele sind es zwar nicht. Aber sie haben eine signifikante Anmutung, sodass man sie sofort wiedererkennt, sobald man einmal ägyptische Wandbilder gesehen hat. Vielleicht erinnern Sie sich an den Song »Walk Like an Egyptian« (»Gehen wie ein Ägypter«) von The Bangels, der 1986 ein Nummer-1-Hit war. In ihrem Video tanzte die Popgruppe dazu in einer seltsam verdrehten Körper- und Armhaltung, was einen solchen Boom auslöste, dass sich Mitte der 80er-Jahre Millionen von Menschen mit dem »Egyptian-Walk« auf den Tanzflächen der Diskotheken lächerlich machten. Dieser Bewegungsstil spielte auf die Perspektive an, in der die Ägypter auf den Grabwänden Menschen abbildeten. Sie zeichneten die Beine und Füße in der Seitenansicht, den Oberkörper in der Frontalsicht, den Kopf wieder im Profil. Anatomisch ist diese Haltung unmöglich. Auf diese Art kann kein Mensch stehen oder gehen, außer vielleicht einige Schlangenmenschen im Zirkus. Das dürfte auch den Künstlern klar gewesen sein. Offenbar legten sie aber wenig Wert auf Realismus. Die Darstellung diente allein der Dekoration und illustrierte den Rang, den der Verstorbene zu Lebzeiten eingenommen hatte. Sie war also so etwas wie eine Deko-Tapete des Grabmals. Und darauf sollte man von allen Körperteilen nur die Schokoladenseite sehen.

Noch seltener sind die Gemälde der alten Griechen und Römer erhalten. Von den Griechen kennen wir am ehesten die bemalten Vasen mit ihren oft freizügigen Motiven. Andere Werke der Malkunst sind weitgehend zerstört. So weiß zum Beispiel niemand, wie die Weintrauben des berühmten Malers Zeuxis aussahen. Vermutlich ziemlich realistisch, denn eine antike Anekdote, überliefert durch den Geschichtsschreiber Plinius, erzählt, dass Vögel versucht hätten, sie aufzupicken. Von den Römern sind uns die – teilweise pornografischen – Fresken von Pompeji bekannt, die beim Vulkanausbruch des Vesuvs zusammen mit den dort lebenden Menschen unter Asche und Lava verschüttet wurden.

Mit dem Untergang des Weströmischen Reiches im Jahre 476 fiel die Kunst in Europa in einen tiefen Schlaf. Dies hatte nicht zuletzt damit zu tun, dass sich die Führer der nun einflussreichen christlichen Kirche nicht einig waren, ob Malerei überhaupt zulässig sei. Verbot nicht die Bibel im 2. und 5. Buch Mose des Alten Testaments, sich ein Bildnis zu machen von allem, was im Himmel, auf Erden und im Wasser ist? In der westlichen Kirche entschied man sich nach einigem Hin und Her dafür, Bildnisse trotzdem zu erlauben. Sie konnten schließlich dazu dienen, den Ungebildeten und Analphabeten die Geschichten der Bibel vor Augen zu führen, also eine Art mittelalterlicher Comic-Strip sein. In Byzanz, wo die Ostkirche ihren Sitz hatte, kam es hingegen mehrfach zu Bilderverboten, die mit der Zerstörung zahlreicher Kunstwerke endeten. Wie ein solches Verbot die Kunst um Jahrzehnte zurückwerfen und ihre Entwicklung behindern kann, sollten die Europäer während der Reformation im 16. Jahrhundert zu spüren bekommen. Damals setzten unter anderen die Anhänger des schweizerischen Reformators Johannes Calvin zum Bildersturm an, zertrümmerten Statuen, zerschlugen Kirchenfenster und verbrannten Bilder. Calvinistische Kirchen erkennt man noch heute an ihrer fast völligen Schmucklosigkeit.

Vorerst aber blieb es in Westeuropa erlaubt, Heilige, die Muttergottes und vor allen Dingen den Erlöser selbst abzubilden. Ein anderes Bildmotiv als die Heilsgeschichte konnte man sich im Mittelalter ohnehin nicht vorstellen.

Das Problem: Es gab nicht allzu viele Orte, an denen im Frühmittelalter die Kunstfertigkeit gepflegt wurde. Die Menschen waren mit anderen Dingen beschäftigt, zunächst mit Völkerwandern, dann mit Ernten, Säen, Beten, mit Kathedralenbauen und Kriegeführen. Die Einzigen, die Zeit und Muße hatten, sich der Kunst der Malerei zu widmen, waren die Mönche in den Klöstern.

Sie mussten sich allerdings in erster Linie in den Skriptorien darum kümmern, Bücher abzuschreiben. Bei dieser Gelegenheit malten sie ihre Bilder gleich in die Handschriften hinein. So entstanden wunderbar verschnörkelte Anfangsbuchstaben, sogenannte Initiale, und Miniaturen von Heiligen, Engeln, Christus und der Heiligen Familie. Wer einen kunstgeschichtlichen Bildband aufschlägt, wird dort bis zum Ende des 13. Jahrhunderts mit der Ausnahme byzantinischer Ikonen hauptsächlich solche Buchmalereien entdecken. Danach aber gewinnt die Geschichte der Malerei urplötzlich an Dynamik. In den folgenden rund 250 Jahren passierte so viel mehr Aufregendes als in den 1000 Jahren davor. Eine solche stürmische Entwicklung ist übrigens ein besonderes Merkmal der europäischen Kunst. In der traditionellen chinesischen Kunst zum Beispiel geht es nicht darum, dass der Künstler etwas Neues schafft, sondern um ein möglichst genaues Abbild der Vorlage eines berühmten Meisters.

Am Anfang dieser spezifisch europäischen Entwicklung zur Originalität stand der Sohn eines Schmieds aus einem kleinen Dorf bei Florenz. Mit ihm wollen wir unsere Reise durch die Geschichte der Malerei beginnen.

Giotto entdeckt die Malerei

Die Geschichte der (west-)europäischen Kunst ist eine Geschichte der Wiedergeburten. Es gab keine Epoche seit dem Untergang des Weströmischen Reiches im Jahre 476, in der man sich *nicht* mit der Antike auseinandergesetzt hätte – entweder, indem man sich von ihr abgrenzte oder indem man sich ihr erneut zuwandte. Nachdem das Frühmittelalter mit der als heidnische Dekadenz empfundenen Kultur der alten Römer gebrochen hatte, entdeckten als Erstes die Franken unter Karl dem Großen die Antike neu. Karl selbst verstand sein Reich als neues Rom, weshalb er sich in dieser Stadt, die seit den Tagen des Imperiums nahezu zum Dorf verkommen war, am Weihnachtstag des Jahres 800 zum Kaiser krönen ließ. In der Kunst regte er in seinem Herrschaftsgebiet eine Renaissance an, eine Wiedergeburt, die man später als »karolingische Wiedergeburt« bezeichnen würde. Sie drückte sich vornehmlich in Bildung, Literatur und Baukunst aus.

Die eigentliche Renaissance begann rund ein halbes Jahrtausend später. Der Kunstschriftsteller Giorgio Varsari, Biograf zahlreicher Künstler der Renaissance, sprach 1550 im Rückblick von der »rinascità«. An ihren Anfang setzte er einen Maler, den auch der größte Dichter Italiens, Dante, in seinem Hauptwerk »Die Göttliche Komödie« würdigte: *Giotto di Bondone* (1266–1337).

Giotto wurde vermutlich 1266 in Colle di Vespignano geboren, rund 30 Kilometer nordöstlich von Florenz. Man sagt, der Maler Cimabue habe sein Talent entdeckt, als er ihn beim Hüten von Schafen in den Sand zeichnen sah, und er habe den Knaben ausgebildet. Vermutlich handelt es sich um eine schöne Legende. Jedenfalls begann Giotto 1305, Decke und Wände der kleinen Arenakapelle in Padua auszumalen. Ein reicher Kaufmann namens Enrico degli Scrovegni wollte durch das fromme Werk die Sünden seines Vaters sühnen und ihm so ein paar Jahre im Fegefeuer ersparen. Der Versuch, sich durch Kunst einen Ablass zu erhandeln, war übrigens keine Ausnahme. Wären die Reichen und Mächtigen des Mittelalters und der frühen Neuzeit alle kreuzbrav gewesen, wäre die Welt heute um zahllose Kunstwerke ärmer.

Was aber macht Giotto nun zu so etwas Besonderem, dass er den Platz am Anfang einer Geschichte der Malerei einnehmen darf?

Es sind jene zwei Dinge, die Giotto in die Malerei des späten Mittelalters eingebracht hat: das Gefühl und den Raum.

Am besten betrachten wir dazu sein Fresko »Die Beweinung Christi«. Ein Fresko, abgeleitet vom italienischen Wort für »frisch«, ist ein Gemälde, das direkt auf den noch feuchten (also »frischen«) Putz aufgetragen wird. Die Farbe verbindet sich rasch und dauerhaft mit dem Verputz. Dadurch kann sie nicht abblättern. Allerdings können die Künstler ihr Werk auch nicht mehr korrigieren, es sei denn, sie schlagen es von der Wand.

Sehen Sie sich den toten Heiland genauer an. Der Leichnam Christi scheint auf Giottos Bild ein wirkliches Gewicht zu haben. Man sieht, wie die beiden kauernden Frauen die leblosen Arme anheben, und man vermeint, ihre Trauer zu spüren. Auch anderen Figuren merkt man ihren Schmerz an. Der heilige Johannes hat in seiner Verzweiflung seine Arme nach hinten gestreckt und neigt sich vornüber, als wolle er sich sogleich auf seinen toten Herrn stürzen.

Wenn man diesen Ausdruck von individuellem Schmerz mit einer frühmittelalterlichen Miniatur der gleichen Szene vergleicht, stellt man fest: Wo Giotto Gefühl sprechen lässt, haben die Künstler zuvor nur Posen dargestellt. Sie erkennen an diesem Bild, wohin uns die Renaissance führen wird: zum Individuum. Der Künstler interessiert sich für den einzelnen Menschen. Wer bei einem Gemälde unsicher ist, ob es noch zum Mittelalter oder schon zur Renaissance zählt, achtet am besten auf die Gesichter. Je individueller die Züge sind, desto eher gehört es zur neuen Epoche.

Noch etwas anderes fällt bei einem solchen Vergleich auf: Die Maler in der Zeit vor Giotto haben darauf verzichtet, den Hintergrund der Szenen zu gestalten. Er ist bei ihnen meist eine goldene Fläche. Noch bei dem Deutschen Stefan Lochner und seiner anmutigen »Madonna im Rosenhag« rund 150 Jahre später finden wir diese Goldgrundierung, die Heiligkeit symbolisieren soll. Gemälde mit Goldhintergrund sind fast immer mittelalterlich.

Außerdem finden sich bei den Figuren der mittelalterlichen Maler grotesk erscheinende Größenverhältnisse. Wichtige Personen wurden groß gemalt, unwichtige klein, unabhängig davon, wo sie sich in der Bildebene aufhalten. Giotto hingegen schafft eine Illusion des Raumes. Achten Sie auf den Baum auf dem Felsen rechts. Er scheint in der Tat weiter entfernt zu sein als die Jünger, die vor ihm stehen. Links drängeln sich weitere Menschen ins Bild, die eindeutig von hinten kommen. Seit der Antike hatte kein Maler mehr versucht, in seinen Bildern auf so überzeugende Weise Raum erlebbar zu machen wie Giotto.

Noch etwas unterscheidet Giotto von seinen Vorgängern: Er war berühmt. Und das war gar nicht so selbstverständlich, wie es uns heute erscheint. Viele mittelalterliche Künstler kennen wir nicht mit Namen. Die Kunsthistoriker bezeichnen sie nach ihren Werken, zum Beispiel als den »Meister des Paradiesgärtleins« oder den »Meister des Bartholomäus-Altars«. Maler galten noch in der Gotik als Handwerker wie Architekten und Bildhauer. Mit Giotto begann im christlichen Europa die Geschichte einer Kunst, deren Schöpfer wir benennen können.

Masaccio entdeckt die Perspektive

Giotto versuchte in seinen Bildern, den Eindruck von Räumlichkeit entstehen zu lassen. Das ist ihm, wie wir bereits gesehen haben, schon deutlich besser gelungen als den mittelalterlichen Malern vor ihm. Aber etwas fehlte Giotto, das erst rund 100 Jahre später Einzug in die Malerei hielt und damit den eigentlichen Beginn der Renaissance markiert: die Zentralperspektive.

Sicherlich war den Künstlern schon zuvor aufgefallen, dass man Dinge, die weiter entfernt sind, als kleiner wahrnimmt als etwas, das sich direkt vor den eigenen Augen befindet. Aber wie sollte man diese Erkenntnis malerisch umsetzen? Die Frage war nämlich, in welchem Verhältnis zwischen Entfernung und Größe die Dinge in der menschlichen Wahrnehmung schrumpfen. Auf die Lösung des Problems kam ein florentinischer Architekt (siehe das Kapitel Architektur). Filippo Brunelleschi baute im Auftrag der reichen und mächtigen Familie Medici das Deckengewölbe des Doms von Florenz, was an sich schon ein gewaltiges Unterfangen war. Nebenbei beschäftigte er sich mit den Problemen der zeichnerischen Darstellung der Wirklichkeit. Er erkannte, dass für eine Illusion von Räumlichkeit alle als waagerecht wahrgenommenen Linien auf einen Fluchtpunkt am Horizont, ungefähr in der Mitte des Bildes, zulaufen müssen.

Brunelleschi hat seine Entdeckung wohl nur für Architekturskizzen genutzt. Der erste Maler, der durch die Verwendung der Zentralperspektive eine Revolution in der Kunst auslöste, war ein junger Mann, der keine 30 Jahre alt wurde: *Masaccio* (1401–ca. 1429), dessen eigentlichen Namen Tommaso di Ser Giovanni di Simone Guidi Cassai man sich nur schwer merken kann. Der Spitzname bedeutet so viel wie »der ungeschlachte Thomas«, da er angeblich ein bisschen schlam-

pig und grobschlächtig gewesen sein soll. Masaccio schuf »Die Heilige Dreifaltigkeit« in der Kirche Santa Maria Novella in Florenz. Seine Technik lässt sich gut an den Kapitellen der Pfeiler und der Gewölbedecke nachvollziehen.

Sobald man auf ein Gemälde stößt, bei dem die Gesetze der Zentralperspektive beachtet wurden, kann man sicher sein: Man hat es mit einem Werk zu tun, das nach Masaccio geschaffen wurde, also frühestens in der Renaissance. Mit ihren Detailproblemen mussten sich die Maler aber noch lange herumschlagen. Zur größten Meisterschaft gelangten sie dabei im Barock. Wenn man etwa bei einem Deckengemälde nur noch mit Mühe erkennen kann, ob es sich um Stuck handelt, der in den Raum hineinragt, oder um einen Teil der Malerei, dann hat man es höchstwahrscheinlich mit einem Meister der illusionistischen Barockmalerei zu tun. Im frühen 20. Jahrhundert haben die Künstler diese Fertigkeit dann absichtlich wieder über Bord geworfen. Aber dazu später.

Zunächst einmal waren die Maler von den neuen Möglichkeiten begeistert. Nicht zuletzt deshalb, weil sich hinter der Zentralperspektive ein mathematisches Gesetz verbirgt. Und für die vernunftbegeisterte Renaissance drückte sich in der Mathematik die göttliche Harmonie aus.

Jan van Eyck entdeckt die Ölmalerei

Mit einem Sprung über die Alpen geht es nach Flandern. Dort entdeckte ein Maler aus dem Städtchen Maaseyck in der Nähe von Maastricht nicht einmal zehn Jahre nach Masaccios »Heiliger Dreifaltigkeit« gleich zwei entscheidende Dinge: die Ölmalerei und den Bürger als Motiv.

Jan van Eyck (ca. 1390–1441) war offenbar den Zeitdruck leid, der dem Künstler durch die Freskenmalerei auferlegt wird. Er mischte Lein-, Nuss- und Mohnöl mit pulverisierten Farbstoffen und trug das Ergebnis auf Holzpaneele auf. Da Ölfarbe langsamer trocknet, konnte er sich mehr Zeit lassen und feinere Details malen. Achten Sie bei dem Gemälde »Die Hochzeit der Arnolfini« auf den Spiegel im Hintergrund. Darin sind die beiden Brautleute von hinten zu sehen und, wenn Sie ganz genau hinschauen, zwei Figuren in Frontalansicht. Eine davon ist der Maler selbst. Er fungierte vermutlich als Trauzeuge. Das Bild entspricht einer Hochzeitsfotografie.

Wobei ich bezweifle, dass Sie es zu schätzen wüssten, wenn Ihr Trauzeuge auf Ihr Hochzeitsbild »Ich war hier« kritzeln würde – wie van Eyck es gemacht hat. Über den Spiegel schrieb er: »Johannes de eyck fuit hic 1434.«

Und das ist zugleich die zweite Neuerung. In der mittelalterlichen Malerei finden sich fast ausschließlich religiöse Motive. Erst in der Renaissance wandten sich die Künstler

Menschen zu, die nicht heilig waren. Ein typisches Renaissance-Porträt aus Italien zeigt oft einen Adeligen mit auffälliger Nase im Profil, meist mit einer ulkigen Kopfbedeckung, der an einem Fenster mit einer Stadtlandschaft im Hintergrund sitzt. Im 15. Jahrhundert waren schließlich sogar die reichen Kaufleute selbstbewusst genug geworden, um sich malen zu lassen. Van Eyck stellt auf seinem Gemälde den Brügger Kaufmann Giovanni Arnolfini und seine frisch angetraute Ehefrau dar. Sie ist übrigens entgegen dem Anschein nicht schwanger. Das ziemlich üppige Kleid weist auf den Wohlstand der Familie, ebenso der mit Zobelpelz besetzte Überhang des Ehemanns. Das Hündchen symbolisiert, nebenbei bemerkt, eheliche Treue. Die Eitelkeit der wohlhabenden Bürger sollte den Malern der Niederlande das Überleben sichern, nachdem die Kirche rund 100 Jahre später nach der Reformation als Auftraggeberin wegfiel.

Botticelli entdeckt die Allegorie

Die Maler der Renaissance hatten jetzt schon eine ganze Menge Auswahl an Motiven: natürlich immer noch Heilige und Bibelgeschichten, aber auch Porträts von Adeligen und reichen Bürgersleuten. Der Italiener *Sandro Botticelli* (ca. 1445–1510) machte ein weiteres Motiv gesellschaftsfähig: die Allegorie.

Allegorie heißt, dass eine Person oder ein Gegenstand symbolisch einen bestimmten Gedanken, eine Mahnung, eine Tugend oder ein Laster verkörpert. Ein paar Allegorien sind uns heute noch vertraut: Ein Gerippe stellt den Tod dar; eine Frau mit einer Waage in der Hand die Göttin Justitia und damit die Gerechtigkeit. Wer seinen Sinn für Allegorien und Symbole schärfen möchte, sehe sich ein Stillleben an. Dabei handelt es sich um Bilder von unbelebten Dingen, ein beliebtes Motiv besonders in der niederländischen Barockmalerei. Auf den Gemälden sind Schinken, Hummer, Früchte, Brot, eine Geflügelkeule, aber auch Blumen verewigt – einfach alles, was man auf einem üppig gedeckten Tisch finden kann. Meistens wollen uns diese Stillleben an die Vergänglichkeit selbst jener Menschen erinnern, die im größten Überfluss leben. Deshalb platzierten die Künstler neben dem Schinken einen Totenschädel (Tod = Vergänglichkeit) und neben dem Blumenstrauß (Schönheit, die verblüht = Vergänglichkeit) eine Sanduhr (klar, auch Vergänglichkeit). Ein Ei immerhin erinnert an das Leben und ein Schmetterling an die Auferstehung.

Aber für was steht eine nackte Frau, die einer Muschel entsteigt? Der Titel von Botticellis Gemälde klärt uns auf. Es heißt: »Die Geburt der Venus«. Venus, das römische Pendant zur griechischen Aphrodite, ist die Göttin der Schönheit und der Liebe. Botticellis Auftraggeber, der reiche florentinische Kaufmann Lorenzo di Pierfrancesco de' Medici wollte sich von dem Bild wohl an ein erotisches Abenteuer erinnern lassen.

In der mittelalterlichen Kunst begegnen uns nur wohlbekleidete christliche Allegorien, zum Beispiel eine Frau mit einer Kathedrale in der Hand. Das ist Ecclesia, die christliche Kirche. Bei der Dame daneben mit den verbundenen Augen (Blindheit gegenüber dem Erlöser!) handelt es sich um Synagoga, das Judentum. Erst in der Renaissance und der Verehrung der Antike wagte man es, heidnische Mythen zum Motiv zu nehmen – für Botticelli die Gelegenheit, eine Frau nackt abzubilden, wenngleich Venus mit ihrem überlangen Haar ihre Scham bedeckt.

Michelangelo entdeckt den Körper

Überhaupt: die Nacktheit. Sie wäre den mittelalterlichen Künstlern nie in den Sinn gekommen. Nacktheit war Sünde. Die Qualität mittelalterlicher Maler lässt sich am besten mit einem Blick auf die hochgeschlossenen Gewänder beurteilen. Je kunstvoller der Faltenwurf, desto besser der Künstler. Die Renaissance dagegen riss den Menschen die Kleider vom Leibe. Und keiner verstand sich besser auf den nackten Körper als der Superstar der Hochrenaissance: *Michelangelo Buonarroti* (1475–1564). Dieser Künstler war so begehrt, dass ihn die mächtigsten Männer der Welt umschwärmten. Als er sich einmal schmollend von Rom nach Florenz absetzte, flehte Papst Julius II. die Florentiner an, ihn zurückzuschicken.

Ein solcher Megastar brauchte natürlich auch eine Megaaufgabe. Und die hatte Papst Julius für ihn. Einer seiner Vorgänger, Papst Sixtus, hatte Julius eine Kapelle im Vatikan hinterlassen (die deshalb »Sixtinische Kapelle« heißt). Deren Decke brauchte noch ein schönes Fresko. Michelangelo erklärte sich nach einigem Zögern dazu bereit, schloss sich vier

Jahre (mit Unterbrechung) in die Kapelle ein und schuf, auf dem Rücken liegend und mit steifem Nacken, das berühmteste Deckengemälde der Welt. Selbst wer sich bislang nicht für Kunst interessiert haben sollte – einen Ausschnitt daraus kennt mit Sicherheit jeder: »Die Erschaffung des Menschen«. Gottvater streckt den Arm aus, und sein Zeigefinger berührt beinahe den ebenfalls ausgestreckten Finger Adams, des ersten Menschen.

Achten Sie darauf, wie genau Michelangelo Adams Muskulatur wiedergibt – eine so präzise Beobachtung hatte es seit der Antike nicht mehr gegeben. Kein Wunder: Michelangelo schulte seine Kunst an antiken Vorbildern (und an menschlichen Leichen). Mehr darüber im Kapitel Skulptur, wenn es um seinen David geht.

Halten wir fest: Die Renaissance hat eine ganze Menge Neuerungen in die Motive der europäischen Kunst gebracht: das Gefühl, die Perspektive, die antiken Mythen, den Bürger und den nackten Menschen. Dafür waren vier Italiener und ein Flame verantwortlich. Die sechste große Neuerung verdanken wir einem Deutschen.

Albrecht Dürer entdeckt den Künstler

Bescheidenheit gehörte nicht zu den hervorragendsten Eigenschaften des Nürnberger Kupferstechers und Malers *Albrecht Dürer* (1471–1528). Auf einem Selbstporträt aus dem Jahre 1500 malt er sich mit einem Marderpelz bekleidet – einem Kleidungsstück, das eigentlich Fürsten und Ratsherren vorbehalten war. Dürer galt aber offiziell nur als ein einfacher Handwerker. Und war offenbar ziemlich selbstbewusst. In der frühen Neuzeit durfte sich nämlich nicht jeder kleiden, wie es ihm gefiel. Es herrschten strenge Vorschriften, über die sich der Künstler kühn hinwegsetzte. Und als wäre das noch nicht genug, nimmt er in diesem »Selbstbildnis im Pelzrock« eine Haltung ein, die in der Kunst bislang Christus vorbehalten war. In einem weiteren »Selbstbildnis mit Landschaft« sieht man den Künstler in der Pose eines italienischen Adeligen. Auf einem dritten zeigt sich der knapp Fünfzigjährige sogar splitterfasernackt.

Was hat das zu bedeuten? Wie bereits bei Giotto erwähnt, verstanden sich die Künstler des Mittelalters als Handwerker: Ebenso wie ein Tischler nicht auf die Idee gekommen wäre, einen von ihm angefertigten Hocker zu signieren, so signierten die Künstler nicht ihre Werke. Erst in der Renaissance gewann die Künstlerpersönlichkeit an Bedeutung. Das fing zunächst ganz verschämt an – wenn man an van Eyck denkt, der sich selbst als winzige Figur im Spiegel malte. Dürer hatte das als Erfinder des Künstlerselbstporträts nicht nötig. Die Selbststilisierung als Christus kam nicht von ungefähr: Dürer sah

sich als gottgleicher Schöpfer einer Welt – wenn auch nur einer gemalten.

Ein ähnlich gewaltiges Selbstbewusstsein legte erst wieder der spanische Barockmaler *Diego Velázquez* (1599–1660) im 17. Jahrhundert an den Tag. Auf seinem Bild »Las Meninas« sieht man ihn an der Staffelei stehen, während er das spanische Königspaar porträtiert. Dieses wiederum ist nur in einem Spiegel im Hintergrund zu sehen. Velázquez malte also sich selbst als Künstler, dem der König persönlich beim Malen zusieht – in den Zeiten des Absolutismus zeugt das von ziemlicher Chuzpe.

Aber zurück zur Renaissance. Denn bevor wir die Epoche abschließen, wartet noch eine Neuerung auf uns.

Pieter Brueghel entdeckt die einfachen Leute

Heilige und heidnische Göttinnen, Adelige, Kaufleute und Künstler – wo bleibt da der einfache Mann? Nun, wir finden ihn bei einem flämischen Maler, dessen Bilder Ihnen vermutlich bekannt vorkommen werden. Vielleicht hätten Sie sie nur nicht der Renaissance zugeordnet. *Pieter Brueghel der Ältere* (ca. 1525–1569) war der Stammvater einer ganzen Künstlerdynastie. Um die vielen Brueghels besser unterscheiden zu können, haben ihnen die Kunsthistoriker Spitznamen nach ihren beliebtesten Motiven gegeben. Pieter Brueghel der Ältere firmiert als der Bauernbrueghel.

Seine »Bauernhochzeit« von 1568 ist ein Blick ins pralle Landleben. Es wird gefressen, gesoffen, musiziert, debattiert und angebandelt. Brueghel idealisiert nicht. Man sieht, dass es sich um arme Leute handelt. Selbst bei einer Hochzeit gibt es nur Grütze zu essen; und sogar diese bescheidene Mahlzeit scheint eine solche Leckerei zu sein, dass das kleine Mädchen im Vordergrund genüsslich den Teller leer schleckt. Der Bauernbrueghel begründete mit seinen Darstellungen des Landlebens eine neue Gattung – die Genremalerei, das heißt: Bilder von Alltagsszenen.

In der Kunstgeschichte gibt es zwei Richtungen: zum einen die lebensnahe Darstellung (zum Beispiel im Realis-

mus). Dort haben schuftende Leute krumme Rücken und schmutzige Füße. Und zum anderen die idealisierte Darstellung (etwa in der Romantik). Hier nimmt sich das Leben als Hirte oder Bauer wie ein einziges Frohlocken aus.

Diese beiden Möglichkeiten von Realismus und Überhöhung ziehen sich übrigens durch die gesamte Kunst. Auch bei Caravaggio werden wir ihnen wieder begegnen.

Caravaggio entdeckt das Licht

Begleiten Sie mich bitte für einen Moment in die Berliner Gemäldegalerie – zu meinem absoluten Lieblingsmaler. In einem der Berliner Säle entdecken wir auf der Seite links neben dem Durchgang das Gemälde eines geflügelten nackten Lausbuben in aufreizender Pose. Er lächelt uns ein wenig spöttisch zu. In seiner rechten Hand hält er zwei Pfeile. Zu seinen schmutzigen Füßen liegen Geige, Richtscheid, Rüstung, Notenbuch, Lorbeer. Was kümmert mich dieser Schrott,

scheint der Knabe zu sagen, ich bin die Liebe. »Amor als Sieger« heißt das Bild. Es stammt von einem weiteren Michelangelo. Doch dieser hier war kein machtbewusster Schöngeist, sondern ein wahrer Raufbold, Sodomit und mutmaßlicher Totschläger. Wir kennen diesen Michelangelo Merisi unter jenem Namen, den er sich nach seinem Geburtsort in der Nähe von Bergamo gegeben hat: *Caravaggio* (1571–1610).

Zwei Dinge, beide Ausdruck seiner Radikalität, begründen Caravaggios einzigartigen Rang in der Kunstgeschichte.

Zum einen die Wahl seiner Modelle und der Realismus seiner Darstellung. Caravaggio fragte sich: Waren die Jünger Jesu nicht einfache Fischer gewesen? Also malte er sie als solche, in zerschlissenen Kleidern, mit verhärmten Gesichtern und Schmutz unter den Fingernägeln. Bei seinem »Ungläubigen Thomas« stochert der Apostel tatsächlich mit seinem Zeigefinger in der Brustwunde Jesu herum.

War David nicht ein einfacher Hirtenknabe gewesen, als er den Riesen Goliath mit der Steinschleuder besiegte? Also gab Caravaggio ihm die Züge eines römischen Straßenjungen. Und ein anderer Straßenjunge – Caravaggio soll an Straßenjungen übrigens ein durchaus erotisches Interesse gehabt haben – diente ihm als Modell für »Amor als Sieger«.

Zum anderen ist es Caravaggios Einsatz von Lichteffekten oder, genauer gesagt, von Licht und Dunkelheit. Das ist bei »Amor als Sieger« gut zu erkennen: Der Hintergrund ist schwarz. Amor wird schräg wie von einem Scheinwerfer angeleuchtet. Seine lichtabgewandte Seite liegt im Halbschatten. Für diese Lichtregie gibt es einen Fachausdruck – »Chiaroscuro«, die »Helldunkelmalerei«. Kein Maler nach Caravaggio konnte je wieder die Effekte des Lichts in einem Bild ignorieren. Wenn Sie bei einem Museumsrundgang ein Gemälde entdecken, bei dem der Künstler besonders dramatisch mit Helldunkeleffekten gearbeitet hat, steht fest: Es handelt sich um eine unmittelbare Reaktion auf Caravaggio und vermutlich um ein Werk des Barock.

Die Zeitgenossen Caravaggios waren von seiner Arbeit entweder völlig begeistert oder maßlos entsetzt. Kehren Sie mit mir noch einmal kurz in die Berliner Gemäldegalerie zurück. Rechts neben dem »Amor als Sieger«, auf der anderen Seite des Durchgangs, hängt »Der himmlische Amor besiegt den irdischen Amor« von *Giovanni Baglione* (1571–1643). Auf diesem Bild triumphiert ein geharnischter, idealisierter Amor mit einem Blitzstrahl in der Hand über einen am Boden liegenden Straßenjungen-Amor, dessen Pfeile zerbrochen sind. Baglione, ein römischer Maler des Manierismus (dem Übergang zwischen Renaissance und Barock), war so erzürnt über den Amor mit den schmutzigen Füßen, dass er sogleich daran ging, diese Gegendarstellung zu malen. Dazu verwendete er übrigens Caravaggios Helldunkeleffekte. Na ja, Baglione kennen heute nur noch ein paar Kunsthistoriker. Caravaggio kennt jeder.

Rembrandt entdeckt die Dramatik

Auch den nächsten Maler kennt, zumindest dem Namen nach, jeder. Manchmal muss er, neben Vincent van Gogh, als Beispiel für einen verarmten, unglücklichen und verkannten Künstler herhalten: *Rembrandt Hermenszon van Rijn* (1606–1669). Sein heute weltbekanntes Werk »Die Nachtwache« sei, so heißt es, bei den Auftraggebern durchgefallen. Außerdem habe sich der Maler gesellschaftlich isoliert, als er sich nach dem frühen Tod seiner Frau eine Geliebte ins Haus holte. Rembrandt, 1606 in Leiden als neuntes Kind eines Müllers geboren, zog 1631 nach Amsterdam, wo er eine zunächst erfolgreiche Malerwerkstatt betrieb. Er lebte jedoch auf größerem Fuß, als er es sich leisten konnte. Zudem schwächte nach dem Tod seiner Frau eine Depression seine Produktivität. Deshalb ging die Werkstatt 1656 pleite. Die Sache mit der Geliebten ist übrigens wahr (sie hieß Hendrickje Stoffels und starb 1663), bei der verkannten »Nachtwache« handelt es sich jedoch um eine reine Künstlerlegende.

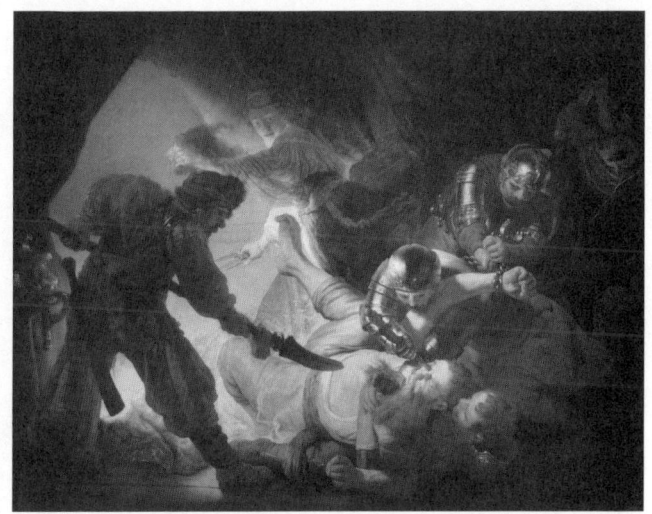

Aber am besten nähern wir uns Rembrandts Malerei schön der Reihe nach. Dabei lassen sich nämlich zugleich einige Besonderheiten der Barockmalerei festhalten.

Rembrandt war in den Niederlanden ein erfolgreicher Historienmaler. Ein solches Historienbild ist das hier abgebildete Gemälde »Die Blendung Samsons«. Historienbilder gab es seit der Renaissance. Im Barock erfreuten sie sich aber einer ganz besonderen Beliebtheit. Dabei ist Historie nicht unbedingt als Geschichte im Sinne eines historischen Stoffes zu verstehen, sondern im Sinne von Geschichten. In der Regel handelte es sich um biblische Geschichten, meist aus dem Alten Testament, oder um antike Mythen. Die drei beliebtesten, neben dem siegreichen David über den Riesen Goliath, werden Ihnen noch sehr oft in der Kunstgeschichte begegnen. Zwei davon sind sogar verdammt blutrünstig, handeln sie doch von Frauen, die Männer einen Kopf kürzer machen. Mit dem Unterschied, dass die eine als Heldin verehrt wird, die andere als Schurkin verdammt.

Die erste Geschichte: Die Jüdin Judith schleicht sich in das Lager des Heerführers Holofernes, der mit seiner Armee ihr Volk bedroht. Sie macht ihn liebes- und alkoholtrunken, sodass er schließlich einschläft. Judith zückt das Messer, und Holofernes ist seinen Kopf los. Sie wird damit zur Heldin.

Die zweite Geschichte: Salome, die Stieftochter des Königs Herodes Antipas, ist eine Zicke. Ihre Mutter hat Johannes den Täufer auf dem Kieker, weil dieser ihr Unmoral vorwirft. Als Salome bei einer Geburtstagsparty vor Herodes tanzt, ist dieser so verzückt, dass er ihr jeden Wunsch erfüllen will. Den Einflüsterungen ihrer Mutter nachgebend, wünscht sich Salome prompt den Kopf Johannes' des Täufers auf einem silbernen Tablett. Sie bekommt ihn – und ist damit eindeutig die Schurkin.

Die beiden Bildmotive lassen sich übrigens folgendermaßen gut auseinanderhalten: Eine Frau, die gerade einen Mann köpft oder einen Kopf in die Höhe reckt, ist Judith. Bekommt sie ihn auf dem Silbertablett serviert, ist es Salome.

Allerdings war es den meist männlichen Künstlern und Auftraggebern lieber, wenn die Frauen brav und keusch blieben. Wie beim wahrscheinlich drittbeliebtesten Bibelmotiv der Historienmaler: »Susanna im Bade«, einer Erzählung aus den Apokryphen. Die sittenstrenge Susanna wird von zwei lüsternen alten Priestern beim Baden begafft. »Sei uns zu willen, oder wir behaupten, wir hätten dich beim Ehebruch erwischt!«, fordern sie. Susanna bleibt standhaft. Sie wird zum Tode verurteilt, aber in letzter Minute bricht das Lügengebäude der Lüstlinge in sich zusammen. Auf den Bildern sieht man meist Susanna, die sich gerade unbeobachtet wähnt und ihre Kleider zum Baden ablegt (eine gute Gelegenheit für den Künstler, sie nackt zu malen), sowie die beiden Priester, die sie aus ihrem Versteck heraus anstieren.

Nach der Zeit des Barock, in der die Künstler wieder

klare Linien bevorzugten, widmete sich die Historienmalerei dann tatsächlich den (mehr oder weniger) historischen Ereignissen – häufig aus der Antike, denn wir befinden uns im Klassizismus. Besonders bekannt ist der gut 3,30 Meter mal 4,20 Meter große Historienschinken »Der Schwur der Horatier« von *Jacques-Louis David* (1748–1825).

Der Barockmaler Rembrandt hingegen entschied sich in unserem Beispiel »Die Blendung Samsons« für eine weitere Bibelgeschichte: Der Richter Samson ist ein Nasiräer, so etwas wie ein altjüdischer Fundamentalist. Er zieht seine unbesiegbare Kraft daraus, sich nicht die Haare zu schneiden. Die Philisterin Delilah betört ihn so sehr, dass er ihr nach einigem Zögern sein Geheimnis verrät. Daraufhin säbelt sie ihm die Haare ab, und ihre Komplizen schnappen sich den Hünen Samson, um ihn zu blenden. Diese Szene hält Rembrandt auf solch drastische Art in seinem Gemälde fest, dass sie vielen Kritikern zu blutrünstig war, als der Leiter des Frankfurter Städel-Museums Ludwig Justi das Bild 1905 kaufte: Man sieht darauf die mit Schere und Haarschopf davonstürmende Delilah, das spritzende Blut beim Augenausstechen, den sich verzweifelt wehrenden Samson.

Wie viel Rembrandt Caravaggio verdankte, ist sofort erkennbar: Er verlegt das Ereignis in die Dunkelheit einer Höhle. Durch den Eingang dringt das Licht und erhellt die blutige Szene. Diese Art der Beleuchtung, weicher als bei Caravaggio, unterstreicht die unglaubliche Dramatik, die Rembrandt hier einfängt.

Jahrelang hatten Kunstkritiker und Betrachter Rembrandts Helldunkelmalerei bei einem anderen Bild bewundert, dem sie deshalb den Titel »Die Nachtwache« gaben. Später stellte sich heraus, dass das Gemälde nur nachgedunkelt war. Ursprünglich spielte die Szene am helllichten Tag und trug den etwas umständlichen Titel »Der Hauptmann Frans Banning

Cocq gibt seinem Leutnant den Befehl zum Abmarsch der Bürgergarde«.

Rembrandt hatte es im Auftrag ebendieser Amsterdamer Bürgergarde angefertigt. Bezahlt wurde nach einer damals üblichen Methode: Jeder der Abgebildeten steuerte einen Anteil bei. Und je prominenter jemand auf dem Gemälde zu sehen war, desto mehr musste er zahlen. Dass Rembrandt auch einige Leute abbildete, die nichts bezahlten, ließ die eingangs erwähnte Legende aufkommen, das Bild habe nicht gefallen. Hinzu kommt, dass die Besitzer recht ruppig mit dem Gemälde umgingen. Als es sich für den vorgesehenen Platz als zu groß erwies, schnitt man einfach ein Stück davon ab! Daher wirkt bei der angeblichen »Nachtwache«, wenn man genau hinschaut, die Bildkomposition unausgewogen.

Turner entdeckt die (wilde) Natur

Wir machen jetzt einen größeren Sprung und landen beim englischen Maler *William Turner* (1775–1851). Sicherlich war er nicht der Erste, der sich die Natur als Motiv ausgesucht hatte. Landschaftsbilder gab es schon seit der Renaissance, insbesondere Ansichten von Venedig, und auch im Barock. Aber erst die Romantik begann Anfang des 19. Jahrhunderts, die Natur mit Bedeutung aufzuladen und dem Gefühl die Oberhand über die Vernunft zu geben. Sehr schön kann man das bei einem Bild erkennen, das Sie vielleicht vor Augen haben: »Mönch am Meer« von *Caspar David Friedrich* (1744–1840). Die winzige Figur eines Kapuzinermönchs ist darauf zu sehen, die an einem Strand spazieren geht. Die zerrissene Wolkendecke und der stürmische Ozean fließen am Horizont ineinander. So empfanden die Romantiker: der einsame Mensch (»Mönch« kommt vom griechischen Wort für

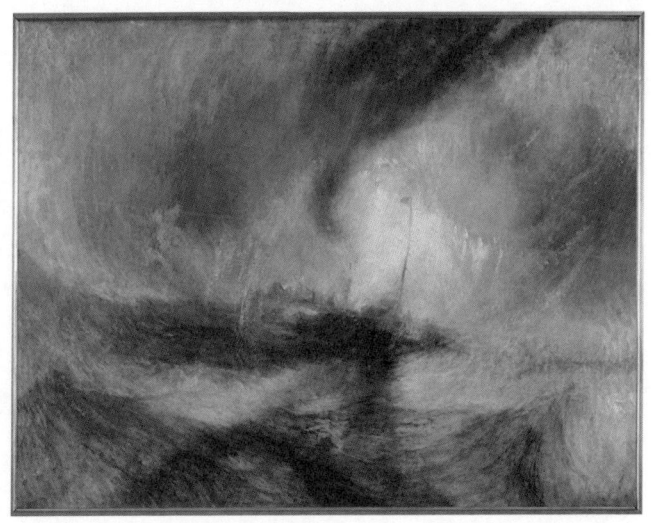

»allein«) als ein Nichts im Angesicht von Gottes gewaltiger Natur.

William Turner ging malerisch noch einen Schritt weiter als Friedrich und wurde damit zum Wegbereiter der Moderne. Schauen Sie sich sein Gemälde »Schneesturm – Dampfer vor der Hafeneinfahrt« an. Hier ist alles in Bewegung – Wirbel, Tosen, die Formen verschwimmen in Licht und graubraun-weißen Farben. Den schwarzen Rumpf des Schiffes ahnen wir mehr, als wir ihn sehen. Kurzum: Dieses Bild ist Gefühl, nicht genaue Naturbeobachtung. Turner warf damit über den Haufen, was die Malerei bisher ausgemacht hatte: das Bemühen um exakte Wiedergabe der Realität. Mit seinem Bild, das noch der Romantik zugerechnet wird, griff er einer Epoche voraus, die zum größten Einschnitt in der Geschichte der Malerei seit Giotto führen sollte.

Zur Mitte des 19. Jahrhunderts erstarrte der Kunstbetrieb vor allem in seinem einstmaligen Zentrum, in Paris. Neuerungen waren nicht gern gesehen. Die etablierten Künstler organisierten sich in sogenannten Salons. Hier gaben akademisch geprägte Historienmaler den Ton an und bestimmten als Mitglieder einer Jury, wer an den offiziellen Ausstellungen teilnehmen durfte – und damit eine Chance hatte, seine Bilder zu verkaufen. Natürlich gab es hin und wieder Maler, die dagegen rebellierten. Der eher ungehobelt auftretende Gutsbesitzer-Sohn *Gustave Courbet* (1819–1877) zum Beispiel bezeichnete sich selbst als »einen Sozialisten, einen Demokraten und einen Republikaner, in erster Linie jedoch einen Realisten, das heißt einen leidenschaftlichen Anhänger der reinen Wahrheit«. Leidenschaftliche Anhänger der reinen Wahrheit hatten damals wie heute die gleichen Probleme: Zum einen sind sie bei ihren Mitmenschen nicht sonderlich geschätzt, zum anderen neigen sie zu überhöhtem Selbstbewusstsein. Courbet etwa war so erbost darüber, dass man ihm für die Weltausstellung 1855 einen angeblich zu kleinen Raum anbot, dass er seine Werke in einem eigenen Pavillon unter dem Namen »Le Realisme« ausstellte.

Auf dem Gemälde mit dem schönen Titel »Bonjour, Monsieur Courbet« zeigt sich der Künstler als Wandersmann mit Rucksack, der von zwei Herren ehrerbietig begrüßt wird. Was empörte die etablierten Meister der Akademie an einem solchen Bild? Zunächst natürlich die Selbstüberhöhung des Künstlers. Des Weiteren seine Malweise: »Einem Besucher der Ausstellung, der an die akademischen Glanzstücke gewohnt war, muss dieses Bild einfach kindisch vorgekommen sein. Wo waren die schwungvollen Bewegungen, die feierliche Drapierung, die abgestimmten Farben?«, schreibt Ernst Gombrich, einer der einflussreichsten Kunsthistoriker des 20. Jahrhunderts, in seiner »Geschichte der Kunst«.

Einen ziemlichen Skandal löste Courbet auch mit einem Bild aus, dem er den harmlos klingenden Titel »Der Ursprung der Welt« gab – das sich aber als ganz und gar nicht jugendfrei erwies. Es zeigt eine weibliche Scham.

Auf die Akademiemaler warteten jedoch noch weitere Zumutungen – und zwar aus einer gänzlich anderen Richtung.

In der Alten Nationalgalerie auf der Museumsinsel in Berlin finden Sie im zentralen Saal für das 19. Jahrhundert ein frühes Gemälde von *Claude Monet* (1840–1926) aus dem Jahre 1867. Es zeigt die spätgotische Pfarrkirche Saint-Germain-l'Auxerrois im 1. Pariser Arrondissement, direkt gegenüber dem Louvre. Die Kirche selbst und die Häuser zu ihrer Rechten gibt Monet noch ganz in der realistischen Tradition wieder. Man kann die Einzelheiten des Rosettenfensters über dem Haupteingang erkennen und die Schornsteine auf den Dächern zählen. Aber was ist mit den Menschen, die sich auf dem Platz vor der Kirche tummeln? Die Maler der Vergangenheit hätten versucht, auch sie möglichst genau und detailgetreu darzustellen. Nicht so Monet. Seine Figuren sind Farbtupfer, flüchtige Gestalten, deren Schemen wir erkennen, ohne die Einzelheiten wahrzunehmen. Monet musste sich vorwerfen lassen, er sei wohl unfähig, genau zu malen, und schlampe deshalb. In Wirklichkeit steckte dahinter ein Konzept, das erst einige Jahre später seinen Namen erhalten würde.

In den 1840er-Jahren hatte sich die Fotografie rasch verbreitet. Seitdem wurden die Maler für die Wiedergabe der Wirklichkeit nicht mehr gebraucht. Monet und seine Künstlerfreunde Camille Pissarro, Pierre-Auguste Renoir und Alfred Sisley waren die Ersten, die das erkannten. Sie wollten deshalb nicht mehr die Wirklichkeit abbilden, sondern eine

Wirklichkeit, wie sie sie sahen. Ausgerechnet im Atelier eines Berufsfotografen veranstalteten sie 1874 ihre erste gemeinsame Ausstellung. Eines von Monets Bildern trug den Namen »Impression, soleil levant« (»Impression, Sonnenaufgang«). Der empörte Starkritiker Louis Leroy prägte daraufhin den abfällig gemeinten Namen »Impressionisten«. »Ein vorläufiges Hingekritzel für ein Tapetenmuster ist weiter gediehen als dieses Seestück«, schimpfte er. Pech für Herrn Leroy, denn er ist nach dieser Bemerkung der Nachwelt als Mann mit reaktionärem Kunstgeschmack in Erinnerung geblieben.

Heute, da Monets spätes Lieblingsmotiv, sein Seerosenteich, als Kunstdruck in jedem zweiten Zahnarztwartezimmer hängt, kann man sich die Aufregung um diese Art von Bilder gar nicht mehr recht vorstellen. Dabei sollte man sich allerdings vor Augen halten, wie viele Menschen noch heute empört reagieren, wenn sie zum Beispiel ein Bild von Jackson Pollock sehen (»Farbklecksereien!«, »So malt ja meine dreijährige Tochter!«). Pollock, den wir im Kapitel Moderne Kunst vorstellen werden, ließ Farbe von Holzstöckchen auf eine Leinwand tropfen. Mit dem gleichen Unverständnis reagierten die meisten Zeitgenossen auf Monet und seine Freunde.

Betrachten Sie einmal Monets Gemälde vom Bahnhof Saint Lazare in Paris. Ganz offensichtlich geht es dem Künstler nicht darum, Bahnhofsarchitektur, Züge und Reisende vorzustellen. Er konzentriert sich darauf, seinen Eindruck als Maler von der Flüchtigkeit eines Augenblicks auf dem Bahnhof zu zeigen. Auch viele Motive der Impressionisten waren revolutionär: Technik, Großstadtverkehr, die Vergnügungen der einfachen Leute in den Biergärten (wie bei Renoir) – Welten trennten diese Bilder von den Historienschinken der altehrwürdigen Meister.

Nicht nur die Malweise und die Motive galten als skandalös, auch der Arbeitsplatz der Maler wurde mit Empörung

zur Kenntnis genommen. Noch der deutsche Kaiser Wilhelm II., kein Freund moderner Kunst, sprach spöttisch von »Freilichtmalern«. Statt im Atelier tätig zu werden, zogen die Impressionisten hinaus in die Landschaft und bauten dort ihre Staffelei auf. Den Eindruck des Augenblicks, die Impression, konnte man eben im Atelier nicht nachempfinden. Es gibt ein berühmtes Gemälde von *Édouard Manet* (1832–1883), einem Sympathisanten der Impressionisten, das seinen jüngeren Kollegen Monet beim Malen auf einem Boot zeigt. (Trotz der Namensähnlichkeit lassen sich die beiden Maler gut unterscheiden, denn Manet malte gegenständlicher als Monet.)

Jetzt haben wir alle Merkmale gesammelt, die uns ein impressionistisches Bild als solches erkennen lassen: die Flüchtigkeit, der hingetupfte Stil (bei einer Sonderform des Impressionismus, dem Pointillismus, bestehen die Bilder nur noch aus winzigen Punkten, die wie ein Fernsehbild oder ein gerastertes Bild in der Zeitung nur bei einigem Abstand wirken), die Alltagsmotive aus Natur und Großstadtleben und die Tatsache, dass die Maler die Ateliers verließen und draußen arbeiteten.

Nicht zu verwechseln ist der Impressionismus mit dem Expressionismus (in Frankreich heißt ein verwandter Stil Fauvismus). Ihm sind Künstler zuzuordnen wie Ernst-Ludwig Kirchner oder Karl Schmidt-Rottluff. Sie schlossen sich in Dresden zu einer Gruppe mit dem Namen »Die Brücke« zusammen. Expressionistische Bilder lassen sich an den satten Farben (bevorzugt Rot und Blau), den klaren Linien und den flächigen Formen erkennen. Während die Impressionisten versuchten, den vom Auge flüchtig wahrgenommenen Farbeindruck wiederzugeben, verwendeten die Künstler im Expressionismus jene Farben, die sie empfanden – auch wenn sie mit der Realität nicht übereinstimmten. Wichtige Anstöße gab dazu bereits *Vincent van Gogh* (1853–1890), der Prototyp des verkannten Künstlers der Moderne.

Picasso entdeckt die Form

Mit dem Impressionismus beginnt in der Kunstgeschichte die Moderne. Aber was macht diese Wendemarke aus? Seit dem Mittelalter hatten die Maler versucht, den Betrachter zu täuschen, ihn glauben zu machen, er sehe die Wirklichkeit vor sich statt eines Gemäldes. Der Dichter Boccaccio schrieb über die Werke Giottos: Er habe ein Talent besessen, »dass der Gesichtssinn der Menschen nicht selten irregeleitet ward und das für wirklich hielt, was nur gemalt war«. Damit war in der Moderne Schluss. Den Malern der Moderne ging es darum, das Sehen selbst zum Gegenstand der Kunst zu machen. Sehr schön deutlich wird diese Idee an einem der Hauptwerke *Pablo Picassos* (1881–1973), den »Demoiselles d'Avignon« von

1907. Es handelt sich um ein Schlüsselwerk des Kubismus, ja sogar um ein Schlüsselwerk der Moderne schlechthin.

Um gleich zu Anfang ein Vorurteil auszuräumen: Picasso konnte auch »richtig« malen, wie sich an seinem Frühwerk und zahlreichen Skizzen ablesen lässt. Sein typischer Stil ist also nicht darauf zurückzuführen, dass er es nicht besser konnte – sondern auf seine Absicht, unsere Sehgewohnheiten herauszufordern. Das ist nicht ganz unwichtig zu betonen, weil Picasso – ebenso wie den Impressionisten – nach der Jahrhundertwende von vielen Kritikern Stümperhaftigkeit vorgeworfen wurde.

Sehen wir uns einmal die leichten Damen (sie waren in der Tat Prostituierte) von Avignon an. Vielleicht erinnern Sie sich noch an unsere Ausführungen über ägyptische Malerei – die Künstler hatten versucht, zwei Perspektiven gleichzeitig abzubilden, nämlich den Unterkörper und das Gesicht im Profil, den Oberkörper frontal. Diese Gleichzeitigkeit unvereinbarer Perspektiven beschäftigt auch Picasso bei den Demoiselles. (Später malte er Porträts seiner Geliebten Dora Maar mit zwei Gesichtern, eines im Profil, eines frontal gesehen.) Er löst die Gestalten in kubische, also rechteckige Formen auf. Ihnen verdankt der Stil seinen Namen: Kubismus. Picasso verzichtet damit ganz auf den Eindruck der Perspektive – wie im Mittelalter. Die Früchte auf dem wie hochgeklappt wirkenden Tisch im Vordergrund müssten eigentlich hinunterrutschen. Dieses Bild versucht nicht mehr, unser Auge zu täuschen, es seziert vielmehr den Prozess des Sehens in unserem Gehirn.

Nebenbei sind Picassos Damen als Seitenhieb auf das zwei Jahre zuvor fertiggestellte Werk mit dem Titel »Die großen Badenden« seines Malerkollegen *Paul Cézanne* (1839–1906) zu verstehen. Bei Cézanne werden die Formen bereits schematischer, aber er beachtet noch immer die Gesetze der Perspektive. Picasso wollte Cézanne mitteilen: »Du bist nicht weit genug gegangen.« Man könnte sagen, Cézanne schloss 1905 das 19. Jahrhundert in der Kunst ab, Picasso begann 1907 das 20. Jahrhundert.

Übrigens hatte Picasso ein paar bevorzugte Motive, an denen man ihn erkennen kann: den Harlekin (als solchen malte er 1923 seinen Sohn Paolo in neoklassizistischer Manier), den Stierkampf (er war schließlich Spanier) und in seiner kubistischen Phase Violine und Gitarre. Entdecken Sie irgendwo in einem Museum ein Bild von in kubische Formen aufgelösten Musikinstrumenten, können Sie mit einiger Wahrscheinlichkeit davon ausgehen, dass es entweder von Picasso oder von seinem Mitkubisten Georges Braque stammt.

Sie mögen den nächsten Schritt ahnen: Wenn man die Formen immer weiter auflöst, wird man am Ende nichts Gegenständliches mehr erkennen können. Es geht dann nur noch um das Sehen und nicht mehr um die Darstellung. Es war naheliegend, dass die Künstler diesen Weg zu Ende gingen. Der Erste, der dies mit aller Konsequenz tat, war der in München lebende Exilrusse *Wassily Kandinsky* (1866–1944). Seine Werke heißen »Durchgehender Strich«, »Weißes Oval« oder »Schwarzer Fleck«. Teilweise sind sie durchnummeriert als »Improvisation« oder »Komposition«. Bei der »Komposition IV«, heute in der Kunstsammlung Nordrhein-Westfalen in Düsseldorf, meint der Betrachter noch Berge, Lanzen und drei rotbemützte Kosaken zu sehen. Vielleicht aber glauben wir das nur, weil Kandinsky dem Bild den Beinamen »Die Schlacht« gegeben hat. Mit der »Komposition V« sind wir endgültig in der Abstraktion angekommen. Bei Werken der abstrakten Kunst sollte man eigentlich gar nicht erst versuchen herauszufinden, was sie darstellen könnten. Denn das ist

eben der entscheidende Schritt der Abstraktion: dass sie sich von den Gegenständen löst und nur noch Form ist. Zugegeben: Ein Maler wie Kandinsky macht einem die Ablösung nicht einfacher, wenn er seiner »Komposition VI« den Beinamen »Die Sintflut« gibt. Aber am besten lässt sich der Betrachter von so etwas nicht irritieren.

Kandinsky gehörte im Übrigen einer Münchner Künstlergruppe an, die sich »Der blaue Reiter« nannte (unter anderen zusammen mit Gabriele Münter, Alexander von Jawlensky, Franz Marc und August Macke) – sie verstand sich als Gegenbewegung zur schon erwähnten expressionistischen »Brücke« aus Dresden.

Mit der Abstraktion und Kandinsky schließt dieser Überblick über die Geschichte der Malerei. Aber die Kunst entwickelte sich natürlich weiter. Wie? Das erfahren Sie im folgenden Kapitel Moderne Kunst.

Zehn weitere wichtige Maler

1. **Guiseppe Arcimboldo** (1526–1593). Seine aus Früchten und Gemüse zusammengesetzten Gesichter faszinieren bis heute. Diese assoziativen Stillleben der etwas anderen Art sehen lustig aus, machen Appetit und sind ein Gegenentwurf zur harmonisch-klassischen naturgetreuen Nachbildung in der Renaissance.

2. **Peter Paul Rubens** (1577–1640). In Amsterdam betrieb Rubens eine große, erfolgreiche Malerwerkstatt, sodass Kunsthistoriker oft nicht genau wissen, welche Werke ihm und welche seinen Schülern und Gehilfen zuzuordnen sind. Barocktypisch malte er gern mollige Damen – die deshalb noch heute Rubensfrauen heißen.

3. **Canaletto** (ca. 1722–1780). Er ist berühmt für seine sogenannten Veduten, das sind realistische, mit feinem Pinselstrich gemalte Stadtansichten, bei ihm vor allem von Venedig und Dresden.

Der Streit um die Erhaltung des Weltkulturerbes Dresdner Elbtal würde ohne Canalettos Veduten vermutlich gar nicht so heftig toben.

4. **Angelika Kauffmann** (1741–1805). Nur wenigen Frauen gelang es vor dem 20. Jahrhundert, als Malerin ernst genommen zu werden. Die aus Chur stammende klassizistische Künstlerin war eine Ausnahme in der Zeit der Weimarer Klassik.

5. **Henri Rousseau** (1844–1910). Er gilt zwar als Vertreter der Naiven Kunst, seine Bilder sind aber keineswegs so naiv, wie es scheint. Sie haben etwas Magisches und wurden von den Surrealisten bewundert. Übrigens brachte er sich das Malen selbst bei.

6. **Henri de Toulouse-Lautrec** (1864–1901). Vor allem für seine Jugendstilplakate für Pariser Etablissements wie das »Moulin Rouge« in der Epoche des Fin de Siècle bleibt Toulouse-Lautrec in Erinnerung.

7. **Piet Mondrian** (1872–1944). Seine Bilder erkennt man sofort an den unterschiedlich großen roten, blauen, gelben, schwarzen Flächen, getrennt durch kräftige schwarze Linien. So ging er in die Annalen der abstrakten Malerei ein.

8. **Marc Chagall** (1887–1985). Der Maler wurde als Jude in Witebsk im heutigen Weißrussland geboren. Berühmt wurde er für seine sowohl vom Expressionismus als auch von der russischen Volkskunst beeinflussten neutestamentarischen Motive und für seine farbintensiven Kirchenfenster von St. Stephan in Mainz.

9. **George Grosz** (1893–1959). Seine bissigen, karikaturartigen Gemälde stellen die gesellschaftliche, politische und wirtschaftliche Elite der Weimarer Republik bloß.

10. **Salvador Dalí** (1904–1989). Als einer der Hauptvertreter des Surrealismus ist er vor allem wegen seiner zerfließenden Uhren bekannt. Außerdem war er ein Genie des Selbstmarketings, weshalb er auch mit vielen mittelmäßigen Arbeiten noch gutes Geld verdienen konnte.

MODERNE KUNST

Soeben ist bei Durand-Ruel eine Ausstellung eröffnet worden, angeblich eine, die Gemälde zeigen soll. Ich trete ein, und meinen entsetzten Augen bietet sich etwas Fürchterliches. Fünf oder sechs Wahnsinnige, darunter eine Frau, haben sich zusammengetan und ihre Werke ausgestellt. Ich sah, wie Besucher sich vor diesen Bildern vor Lachen wälzten. Mir blutete das Herz beim Anblick der Bilder. Diese Leute [...] nehmen ein Stück Leinwand, Farbe und Pinsel, werfen auf gut Glück einige Farbkleckse hin und setzen ihren Namen unter das Ganze. Es ist eine ähnliche Verblendung, als wenn die Insassen einer Irrenanstalt Kieselsteine aufheben und sich einbilden, sie hätten Diamanten gefunden.«

Erinnert dieser Ausruf des Entsetzens nicht an jemanden, der heutzutage von einer Ausstellung moderner Kunst erzählt? Haben nicht viele von uns schon einmal beim Anblick zeitgenössischer Kunstwerke gedacht: »Das soll Kunst sein?«, »Das könnte ich auch!« Haben wir uns nicht schon über Berichte amüsiert, bei denen von Schimpansen gemalte Bilder von Experten als großartige Kunstwerke gelobt wurden?

Auf die Bemerkung »Das kann ich auch!« antwortet Jean-Christophe Ammann, einer der wichtigsten Ausstellungsmacher der Gegenwart, gerne mit dem Satz: »Ja, das können Sie auch, aber es ist nicht Ihre Idee, die Sie sich aneignen!« Kunst kommt in Wahrheit nicht nur von Können, sonst handelte es sich um Kunsthandwerk. Bei Kunst geht es darüber hinaus um die Originalität der Idee.

Das harsche Urteil übrigens, das Sie eingangs gelesen haben, erschien am 3. April 1876 in der Tageszeitung »Le Figaro«. Es stammt von dem damals hoch geachteten deutsch-französischen Kunstkritiker Albert Wolff. Der Autor befasst sich in seinem Artikel mit der ersten Ausstellung einer Gruppe von jenen Künstlern, die als Impressionisten bekannt wurden, also die bereits vorgestellten Claude Monet, Paul Cézanne, Pierre-Auguste Renoir und Edgar Degas. Ihre Werke erzielen heute bei Auktionen Höchstpreise und finden als Kunstdrucke oder Kopien reißenden Absatz. Mit den Impressionisten beginnt für die Kunsthistoriker die sogenannte Moderne Kunst. An ihre Art, die Wirklichkeit zu sehen, haben wir uns mit den Jahrzehnten längst gewöhnt. Was damals zu Entsetzen und Ablehnung führte, empfinden wir heute als schön.

Den Begriff »moderne Kunst« verwenden vor allem Laien für Kunstwerke, die zu verstehen ihnen Schwierigkeiten bereitet. Experten sprechen dagegen lieber von »zeitgenössischer Kunst«. Lassen Sie sich von den zahlreichen Vorurteilen nicht abschrecken. Es ist gar nicht so schwierig, wie man glaubt, sich von moderner oder zeitgenössischer Kunst anregen zu lassen und großes Vergnügen daraus zu ziehen. Dafür sollte man allerdings zunächst eine Frage vergessen, die viel zu oft kolportiert wird, nämlich: Was will uns der Künstler damit sagen?

Sicherlich, wenn man sich für einen Künstler ganz besonders interessiert, lohnt es, sich mit seiner Biografie und den Umständen zu beschäftigen, unter denen seine Werke entstanden sind. Außerdem lassen sich im Internet zusätzlich Interviewäußerungen oder Artikel von Kritikern finden, die bei der Interpretation helfen. So werden Sie vermutlich besser verstehen, warum *Joseph Beuys* (1921–1986) in vielen seiner Installationen mit Fett und Filz gearbeitet hat, wenn Sie wissen, dass er im Zweiten Weltkrieg mit einem Flugzeug auf der

Krim abstürzte. Die Tataren, die den Schwerverletzten fanden, rieben ihn zum Schutz gegen die Kälte mit Talg ein und hüllten ihn in Filz. Die beiden Materialien symbolisierten seitdem für den Künstler Leben.

Wer seinen Blick bereits bei den Alten Meistern geschult hat, wird in der Modernen Kunst viele Anspielungen entdecken, zum Beispiel ähnliche Motive, Posen der Modelle, Bildausschnitte und Perspektiven. Dann wird schnell klar, dass der Künstler sein Werk in der Regel nicht »einfach so« macht, sondern damit zahlreiche Bezüge zur Kunstgeschichte herstellt.

Die viel wichtigere Frage lautet aber: Was sagt *mir* das Kunstwerk? Der persönliche Eindruck ist in der Kunst genauso viel wert wie die Intention des Künstlers selbst.

Bevor man bei besonders verstörenden Werken zu einem allzu schnellen Urteil gelangt, sollte man sich noch an einer zweiten Frage orientieren: Welche meiner Gewohnheiten und Erwartungen werden durch das Werk herausgefordert?

Diese beiden Fragen erschließen fast die gesamte Welt der modernen und zeitgenössischen Kunst. Den Künstlern heute geht es nämlich in erster Linie darum, die Betrachter dazu anzuregen, althergebrachte Denkmuster infrage zu stellen. Wie gut und hilfreich es ist, seine Denkweise zu überdenken, können Sie ganz einfach in Ihrem Alltag feststellen. Wenn Sie für ihre Strecke zur Arbeit nicht die üblichen Straßen und Gassen nehmen, sondern einen neuen Weg, entdecken Sie sehr wahrscheinlich reizvolle oder spannende Winkel in Ihrer Stadt, die Ihnen bislang entgangen waren. Genauso kann die Moderne Kunst zu neuen Sichtweisen und Erkenntnissen verhelfen.

Wir sollten uns hier ein Beispiel an den Kindern nehmen: Kinder sind gegenüber Moderner Kunst oft viel unbefangener als Erwachsene, weil sie ohnehin jeden Tag bislang Unbekanntes erfahren und ihr Geist noch nicht von so vielen Konventionen geprägt ist.

Unter diesem Aspekt fällt es auch gar nicht mehr so schwer, zwischen Trivialem und echter Kunst zu unterscheiden. Ein modernes Werk, das dem Betrachter nur bestätigt, was er ohnehin schon denkt und weiß, ist selten Kunst. Erst wenn Sie sich im ersten Augenblick vor den Kopf gestoßen fühlen, hat die Kunst ihr Ziel erreicht – nämlich Ihren Horizont zu erweitern.

Mit diesen Erkenntnissen wollen wir nun ein paar Schlüsselwerke der Modernen Kunst näher beleuchten.

Kasimir Malewitsch malt ein schwarzes Quadrat

Das Bild ist 79,2 mal 79,5 Zentimeter groß und gilt als Ikone der modernen Malerei. Ikone ist wörtlich gemeint. Der russische Maler *Kasimir Malewitsch* (1878–1935) stellte 1915 in St. Petersburg in einer Ausstellung mit dem Titel »0,10« 39 Bilder aus, auf denen nur geometrische Formen zu sehen waren. In einer Ecke des Raumes, knapp unterhalb der Decke, brachte er ein schwarzes Quadrat auf weißem Grund an. An dieser Stelle befindet sich bis heute in vielen russischen Wohnstuben die Hausikone. Eine Provokation also. In mehreren theoretischen Abhandlungen, wie zum Beispiel in den beiden »Suprematistischen Manifesten« von 1915 und 1924, begründete Malewitsch seine als Suprematismus bezeichnete Idee gegenstandsloser Malerei. »Die Erscheinungen der gegenständlichen Natur an sich [sind] bedeutungslos; wesentlich ist die Empfindung als solche, ganz unabhängig von der Umgebung, in der sie hervorgerufen wurde«, formulierte Malewitsch 1927 in einer Schrift mit dem programmatischen Titel »Die gegenstandslose Welt«.

Natürlich hat ein schwarzes Quadrat auf weißem Grund, das als Gemälde ausgegeben wird, zunächst etwas verstörendes (so empfanden es Malewitschs Zeitgenossen). Umso mehr wollen wir uns die Frage stellen: Welche Sehgewohnheiten durchbricht der Künstler? Verweigert er sich nicht der Erwartung, dass wir auf Gemälden eine Abbildung der Wirklichkeit vorfinden? In Wahrheit sehen wir aber nur Formen, denen unser Gehirn eine Bedeutung beimisst, die wir als Abbildung interpretieren. In diesem Sinne ging Malewitsch noch einen entscheidenden Schritt weiter als der surrealistische Maler *René Magritte* (1898–1967). Dessen Gemälde »La trahison des images« (»Der Verrat der Bilder«) von 1929 zeigt eine Pfeife. Unter das Bild schrieb der Maler »Ceci n'est pas une pipe«, also: »Das ist keine Pfeife«. Was es in der Tat nicht ist – sondern nur deren Abbild. Malewitsch erklärte nun die Abbildung selbst für überflüssig, weil sie nur vom Empfinden ablenke. Deshalb ließ er ausschließlich Farben und geometrische Formen zu, denen er jeweils eine philosophische Idee zuschrieb.

Marcel Duchamp stellt ein Pissoir aus

Malewitschs französischer Kollege *Marcel Duchamp* (1887 bis 1968) ging einen anderen Weg. Für eine Ausstellung installierte er 1917 unter dem Titel »Fontain« – ein Urinal. Es handelte sich noch nicht einmal um ein besonderes, selbst gestaltetes Pissoir, sondern um ein Industrieprodukt, das er mit einem Pseudonym signiert hatte. Duchamp erklärte noch zahlreiche weitere Alltagsgegenstände, sogenannte Readymades, zu Kunst, wie zum Beispiel einen Flaschentrockner. Welche Gewohnheiten fordert Duchamp damit heraus? In erster Linie unser Verständnis von Kunst. Kunst ist für viele

Menschen etwas Erhabenes, Abgehobenes, Schönes (für Friedrich Schiller war sie die »Tochter der Freiheit«) – nicht zufällig sprechen wir von den »Schönen Künsten«. Duchamp wollte sie in den Alltag zurückholen. Nach seiner Auffassung ist Kunst, was der Künstler dazu erklärt. Die Leistung des Künstlers ist in seinen Augen nicht die Ausführung (die ihn zum Kunsthandwerker machen würde), sondern die Originalität der Idee, des Konzepts dahinter. Deshalb wird Duchamp zu den sogenannten Konzeptkünstlern gezählt.

Die Provokation von 1917 gelang übrigens. Duchamp, der Mitglied der Ausstellungsjury war, wurde rausgeschmissen, und sein Urinal verschwand auf dem Müll (inzwischen finden sich in einigen Museen Reproduktionen).

Jackson Pollock spritzt mit Farbe

Zwei Jahre nach dem Ende des Zweiten Weltkriegs experimentierte in New York, das damals gerade Paris als Zentrum der Kunst abgelöst hatte, der Maler *Jackson Pollock* (1912 bis 1956) mit einer Methode, die er »Action-Painting« nannte. Er legte eine Leinwand auf den Boden, tanzte darauf herum und verspritzte Öl und Farbe aus einer durchlöcherten Dose. Man sieht auf Pollocks Bildern, die als »abstrakter Expressionismus« bezeichnet werden, Wirbel, Kleckse und Farblabyrinthe. Ein Abbild spontaner Bewegung. Expressionismus bedeutet, dass der Künstler mit dem Werk seine Empfindungen ausdrücken will.

Erneut die Frage: Welche unserer Erwartungen will der Künstler damit durchbrechen? Wir erwarten in der Regel, dass Bilder mit Farbe und Pinsel sorgfältig gemalt werden, dass der Künstler sich vorher genau überlegt, was er wie auf die Leinwand bringen möchte. Anders Pollock. Er sagte über seine Arbeit: »Wenn ich male, bin ich mir nicht bewusst, was ich tue. Erst nach einer Periode des ›Vertrautwerdens‹ sehe ich, was ich gemacht habe. […] das Gemälde hat ein Eigenleben. Nur wenn ich den Kontakt zum Bild verliere, ist das Ergebnis verpfuscht. Sonst ist es reine Harmonie, leichtes Geben und Nehmen, und das Bild fällt gut aus.« Jacksons Action-Painting kann uns das Sehen neu lehren. Es will uns vermitteln: Das Empfinden des Künstlers drückt sich in einem Werk auch dann aus, wenn es nicht das Ergebnis eines planvollen Prozesses ist.

Andy Warhol multipliziert Unfallbilder

Andy Warhol (1928–1987), Sohn galizischer Einwanderer in die USA, griff in gewisser Weise die Ideen von Duchamp auf, entwickelte sie aber in eine andere Richtung weiter. Sicherlich kennen Sie seine Bilder von Marilyn Monroe und von Campbells Suppendosen. Es gibt aber auch Bilder von ihm, auf denen er das Zeitungsfoto eines Autounfalls auf der Leinwand vervielfachte. Was uns als Einzelmotiv schockiert, verliert durch die Multiplikation seinen Schrecken.

Warhol hatte als Werbegrafiker begonnen, und diese Erfahrung setzte er in seiner späteren Karriere künstlerisch um – entgegen unserer gewohnten Wahrnehmung von Kunst sind seine Werke nicht mehr individuell und einzigartig. Er produzierte sie dutzendfach. Reproduktion und Original lassen sich nicht mehr unterscheiden. Warhol setzte sich mit der Frage von Echtheit und Original in der Kunst auseinander, über die der deutsche Gesellschaftstheoretiker Walter Benjamin 1935 einen viel beachteten Aufsatz mit dem Titel »Das Kunstwerk in den Zeiten seiner technischen Reproduzierbarkeit« verfasst hatte. Nach Benjamin verfügt das Original über eine Aura, die der Kopie nicht zu eigen ist. Von Warhol (und Benjamin) angeregt, können wir darüber nachdenken, warum uns ein Werk, das zum Beispiel Rembrandt selbst geschaffen hat, so viel wertvoller erscheint als eines, das nur aus Rembrandts Werkstatt kommt. Oder gar eine Fälschung ist.

Unser Verhältnis zur Kopie ist dabei gar nicht so eindeutig, wie es scheint. Im Internet können wir für wenige Euro Ölgemälde bestellen, für die fleißige chinesische Maler die Vorlagen alter Meister kopiert haben. Bei echten Kunstfreunden erntet man mit diesen Gemälden nur Verachtung. Warum eigentlich? In den Antikensammlungen der Museen gibt es schließlich unzählige Skulpturen, bei denen es sich um römische Kopien griechischer Originale handelt – oftmals Massenprodukte. Selbst eine der bedeutendsten Skulpturen der Welt, die Laokoon-Gruppe in den Vatikanischen Museen in Rom, ist nur eine Kopie (siehe Kapitel Bildhauerei). Darauf verweist Andy Warhols künstlerischer Ansatz.

Georg Baselitz übt den Kopfstand

Zum Schluss soll die Frage, welche Sehgewohnheiten der Künstler durchbrechen will, noch auf einen der wichtigsten deutschen Maler der Gegenwart angewendet werden, auf *Georg Baselitz*. Er wurde 1938 in der Oberlausitz geboren, in der DDR wegen »gesellschaftlicher Unreife« von der Ostberliner Kunstakademie geworfen und siedelte 1957 nach Westdeutschland über. In den 70er-Jahren begann er, seine Motive auf den Kopf zu stellen. Umgedreht erscheint dem Betrachter plötzlich selbst Gegenständliches abstrakt. Indem Baselitz unsere Erwartung, nämlich dass ein Bild »richtig herum« aufgehängt werden muss, durchbricht, lenkt er den Blick weg vom Motiv zurück auf die Malerei an sich.

Moderne Kunst versteht sich als Anstoß zum Weiterdenken. Natürlich ist es für uns Zeitgenossen schwierig zu entscheiden, welche Werke überdauern und welche dereinst vergessen sein werden. Der eingangs zitierte Albert Wolff war ja ein zu seiner Zeit sehr angesehener Kunstkritiker. Es ist deshalb nicht schlimm, wenn wir uns über Kunst einmal mächtig aufregen, zum Beispiel, wenn der Wiener Aktionskünstler Hermann Nitsch bei seinem Orgien-Mysterien-Theater sich und andere mit Blut und Schleim beschmiert. Aber wir sollten dabei nicht stehen bleiben. Wenn wir uns fragen »*Warum* rege ich mich so auf?«, lernen wir etwas über uns selbst. Damit hätte Moderne Kunst ihr Ziel erreicht.

Zehn bedeutende Künstler der Gegenwart

1. **Gerhard Richter** (*1932). Die deutsche Malerei der Gegenwart steht unumstritten weltweit an der Spitze. Und einer ihrer herausragenden Vertreter ist der in Dresden geborene Gerhard Richter. Richter experimentiert mit vielen Stilen. Es fällt auf, dass er oft Fotos als Vorlage für seine Gemälde benutzt.
2. **Sigmar Polke** (1941–2010). In Schlesien geboren, siedelte Polke mit seinen Eltern 1953 in den Westen über. Seine Bilder zeichnen sich durch Ironie und Witz aus. Zusammen mit Gerhard Richter war er Gründer einer Gruppe, die sich »Kapitalistischer Realismus« nennt – eine Anspielung auf den von Stalin verordneten Sozialistischen Realismus.
3. **Georg Baselitz** (*1938). Der Maler steht in der Tradition des deutschen Expressionismus. Übrigens: Baselitz besitzt eine der bedeutendsten Privatsammlungen afrikanischer Kunst in Deutschland.
4. **Bruce Naumann** (*1941). Der amerikanische Konzeptkünstler hat zunächst Physik und Mathematik studiert. Er schafft vor allem Installationen, eine Besonderheit der Modernen Kunst.

5. **Anselm Kiefer** (*1945). Ein weiterer deutscher Maler, der in seinen Bildern die nationalsozialistische Vergangenheit reflektiert.

6. **Ai Weiwei** (*1957). Der in Peking geborene chinesische Konzeptkünstler setzt sich mit der politischen Entwicklung seines Landes auseinander.

7. **Cindy Sherman** (*1954). Das Hauptinteresse der amerikanischen Fotokünstlerin gilt der weiblichen Körperlichkeit.

8. **Rosemarie Trockel** (*1952). Die in Schwerte geborene deutsche Konzeptkünstlerin nutzt von Installationen bis zu Bildern viele verschiedene Ausdrucksformen.

9. **Maurizio Cattelan** (*1960). Der italienische Künstler weiß zu provozieren. Besonders bekannt: seine Skulptur Papst Johannes Pauls II., der von einem Meteoriten getroffen wird. Titel: »Die neunte Stunde«.

10. **Pippilotti Rist** (*1962). Eine gern genutzte Form in der zeitgenössischen Kunst ist die Videoinstallation, in der Installation und filmische Aufnahmen verschmelzen. Die Schweizerin ist die bekannteste Vertreterin dieses Genres.

BILDHAUEREI

Im Februar 2010 erzielte eine lebensgroße Skulptur des Schweizer Künstlers *Alberto Giacometti* (1901–1966) mit dem Namen »Schreitender Mann« (eines der Lieblingsthemen vieler Bildhauer) bei einer Londoner Auktion den Rekordpreis von rund 75 Millionen Euro. Damit handelt es sich um das zweitteuerste je verkaufte Kunstwerk. Zum Vergleich: Ein kleines Wasserschloss in der Nähe von Düsseldorf bekommen Sie für bescheidene 3,5 Millionen Euro.

Nun mag es Ihnen niemand verdenken, wenn Sie weder für das eine noch für das andere gerade die Mittel flüssig haben. Aber vielleicht werden Sie sich fragen: Warum zum Teufel ist das Ding so teuer? Was macht überhaupt den Wert von Kunst aus? Darauf gibt es zwei Antworten, eine kunstorientierte und eine marktwirtschaftliche.

Die kunstorientierte lautet, dass Alberto Giacometti zu den bedeutendsten Bildhauern der Welt gehört. Seine sehr schlanken, strichartigen Figuren erkennen viele Menschen auf Anhieb wieder. Zudem sind diese Figuren originell, und sie verkörpern eine künstlerische Idee vom Menschen. Die marktwirtschaftliche Erklärung hingegen kommt ohne Kunstpathos aus. Wie auf jedem Markt entstehen auch auf dem Kunstmarkt die Preise nach Angebot und Nachfrage. Viele Werke von Giacometti befinden sich im Besitz von Museen und sind unverkäuflich. Also wenig Angebot. Es gibt aber offenbar einige sehr reiche Fans dieses Künstlers. Also finanzstarke Nachfrage. Und schon bildet sich ein außergewöhnlich hoher Preis. Mit Kunst verhält es sich nicht anders als mit

Gold und Geld: Ihr Wert besteht darin, dass Menschen glauben, dass sie einen Wert verkörpert.

Das sollte uns aber nicht daran hindern, Kunst zu genießen, auch wenn unsere Börse nicht so prall gefüllt ist. Für den reinen Kunstgenuss mögen die Werke der Bildhauerei sogar einen Vorteil gegenüber denen der Malerei haben: Sie sind aufgrund ihrer dreidimensionalen Beschaffenheit realistischer. Das mag auch der Grund sein, warum einige der ältesten Kunstwerke der Welt Skulpturen sind. Der Einfachheit halber benutzen wir übrigens, wie umgangssprachlich üblich, den Begriff der Skulptur für sämtliche dreidimensionalen Kunstwerke, egal, ob sie aus einem Grundstoff herausgemeißelt oder geschnitzt wurden (die Skulptur im eigentlichen Sinne) oder geformt oder gegossen (die Plastik). Eine weitere Sonderform, das Relief, sei aus Platzgründen nur am Rande erwähnt, zumal sie oft kunsthandwerklicher Natur ist.

Eine der ältesten Skulpturen wurde im September 2008 gefunden: Auf der Schwäbischen Alb stießen Archäologen vor einer Höhle im Schutt einer älteren Grabung auf eine sechs Zentimeter hohe, 33 Gramm schwere üppige Frauenfigur aus Mammutelfenbein. Eiszeitmenschen hatten sie vor 35000 bis 40000 Jahren angefertigt. Die Wissenschaftler nannten die Figur »Venus von der Alb«. Vermutlich handelt es sich um ein Fruchtbarkeitssymbol, worauf ihre breiten Schenkel und die dicken Brüste hindeuten. Solche Figuren besaßen einen kultischen Charakter. In der Tat dienten Skulpturen jahrtausendelang vor allem zwei Zwecken: der Verehrung der Götter oder der Verehrung irdischer Herrscher. Manchmal, wie bei den ägyptischen Pharaonen, fielen beide Zwecke zusammen.

Dem Laien fällt es schwer, ägyptische Skulpturen einer bestimmten Epoche zuzuordnen. Immerhin umfasst die Kunst des alten Ägypten eine Zeit von fast 3000 Jahren. Während der Unterschied zwischen einer römischen Kaiserstatue und dem »Schreitenden Mann« von Giacometti nun wirklich jedem ins Auge fällt, müsste man bei Grabstatuen des Alten Reiches und des Neuen Reiches auf Details der Ausfertigung achten. Das liegt daran, dass die ägyptische Kunst auf einen begrenzten Formenkanon zurückgriff. Schließlich diente die Kunst dazu, den Übergang vom Diesseits ins Jenseits zu ermöglichen – nicht der Selbstverwirklichung eines Künstlergenies. Veränderungen gingen deshalb wesentlich langsamer und weniger drastisch vonstatten.

Bei ägyptischen Statuen fallen vor allen Dingen drei typische Haltungen auf: zum Ersten die sitzende Figur mit steif nebeneinander postierten Unterschenkeln, die die Hände vor der Brust verschränkt hält – eine Andachtshaltung. Zum Zweiten der sitzende Schreiber. Und zum Dritten die sogenannte Standschreitfigur, von der eine eigentümliche Dynamik ausgeht. Den unentschiedenen Namen erhielt sie, weil den Kunsthistorikern nicht klar wurde: Steht oder geht die Person? Der Literaturnobelpreisträger Thomas Mann fand übrigens »beides!« und prägte in seinem Roman »Joseph und seine Brüder« die zungenbrecherische Formel »stehend im Gehen und im Stehen gehend«. Dieser Eindruck vermittelt sich, weil die altägyptischen Künstler das vorgestreckte Bein anatomisch inkorrekt verlängert haben. Die Figuren haben also zwei unterschiedlich lange Beine. Wenn Sie sich das einmal ansehen wollen, finden Sie im Ägyptischen Museum in Berlin reichlich Anschauungsmaterial.

Was die alten Griechen auf die Beine stellten

Mit dem Problem, wie man einen stehenden Menschen darstellt, schlugen sich die alten Griechen lange Zeit herum. Ihre frühen Statuen erinnern noch an die ägyptischen Standschreitfiguren. Bis sie einen Trick gefunden hatten: Das Gewicht wird auf ein Bein (das Standbein) verlagert, während das andere entlastet und leicht angewinkelt wird (das Spielbein). Das Becken rutscht dabei ein wenig aus der Senkrechten, die Hüfte aus der Waagerechten. So posieren auch heute noch Models, wenn sie besonders sexy aussehen wollen. Man nennt diese Haltung Kontrapost. Sie erst erlaubte, dass die Künstler sich nun ganz dem menschlichen Körper und seiner Anatomie zuwenden konnten. Die männlichen Jünglinge (Kouros) wurden dabei bevorzugt nackt dargestellt, damit ihre kraftvolle Muskulatur zum Vorschein kam. Ein Musterbeispiel für den Übergang zwischen alter Kunst und Klassik ist der Kritiosknabe der Athener Akropolis. Weibliche Figuren hüllten die Bildhauer in der Frühzeit in ein Gewand, später schufen sie die Göttin Aphrodite gern auch nackt.

Viele Körperhaltungen aus der griechischen Bildhauerkunst wurden in späteren Jahrhunderten kopiert, zum Beispiel der Diskuswerfer, der kraftvoll Schwung holt, und der Faun, der sich lasziv mit hinter dem Kopf verschränkten Armen und geöffneten Schenkeln auf einem Felsen oder Baumstumpf räkelt.

Die Römer waren von den bildhauerischen Werken der Griechen so begeistert, dass sie außer ihren Herrscherstandbildern nichts Neues hinzufügten. Außerdem kupferten sie hemmungslos von ihnen ab. Ein Glück für die Kunstgeschichte, denn viele griechische Statuen sind uns nur noch als römische Kopien erhalten. Das ist ungefähr so, als ob unsere Nachfahren von van Gogh nichts anderes zu sehen bekämen als die von fleißigen chinesischen Malern im Shenzhener Stadtteil Dafen im Auftrag von Einrichtungshäusern kopierten van Gogh'schen Sonnenblumen.

Die berühmteste römische Kopie eines griechischen Originals ist die Laokoon-Gruppe, eine Skulptur dreier Bildhauer aus Rhodos, die heute in den Vatikanischen Museen in Rom zu bewundern ist. Der bärtige Laokoon und seine zwei Söhne ringen verzweifelt mit Würgeschlangen – ein Todeskampf. Der Legende nach mussten die drei sterben, weil sie den Trojanern die hinterhältige List der Griechen mit dem Trojanischen Pferd verraten wollten.

Wer reitet da im Bamberger Dom?

In den Wirren der Völkerwanderung ging so manche künstlerische Fertigkeit verloren, auch in der Bildhauerei. Es ist nämlich gar nicht so einfach, eine frei stehende Statue zu schaffen, die nicht umkippt. Schon in der Antike hatten die Bildhauer Probleme mit der Statik. Der riesige »Koloss von Rhodos«, eines der sieben Weltwunder, brach bei einem Erdbeben an den Knien ein und fiel um. Die Trümmer lagen noch fast tausend Jahre in der Stadt herum. Waren die Skulpturen in Bronze gearbeitet, wie bei den Griechen üblich, ließen sie sich leichter stabilisieren. Römische Kopisten, die als Material Marmor bevorzugten, behalfen sich mit hinzugefügten Baumstümpfen und Köchern, die sie mit dem Standbein der Figur verbanden.

Im christlichen Frühmittelalter kämpfte man neben der Statik noch mit einem zweiten Problem. Es bestand nämlich die Gefahr, dass Statuen leicht zu Götzenbildnissen wurden (Idolatrie nennen das die Fachleute). Sie erinnern sich bestimmt an die Geschichte vom Goldenen Kalb, das die Israeliten umtanzten, als sich Moses vom Berge Sinai verspätete. Ein solches Risiko wollte man gar nicht erst eingehen, weshalb wir aus dem Frühmittelalter hauptsächlich wunderschöne Reliefs und Elfenbeinarbeiten, aber nur sehr wenige Stand- oder Reiterbilder kennen. Eines der schönsten Reliefs befindet sich in Hildesheim. Die Bernwardstür des dortigen Doms vom Anfang des 11. Jahrhunderts hat der unbekannte Künstler mit eindringlich kargen Szenen der Heilsgeschichte geschmückt. Einen Besuch in Hildesheim sollte man allerdings am besten bis 2015 aufschieben, wenn die Restaurationsarbeiten an Kirche und Tür abgeschlossen sind.

In der Zwischenzeit lohnt sich ein Ausflug nach Bamberg, wo es eines der eindrucksvollsten Reiterstandbilder des deutschen Hochmittelalters zu bewundern gibt, den »Bamberger Reiter«. Diese überraschend kleine Figur stellt vermutlich einen Heiligen dar, vielleicht den heiliggesprochenen König Stephan von Ungarn. Dem unbekannten Künstler ist es gelungen, eine detailgenaue und lebensecht wirkende Skulptur zu schaffen. Eine Abbildung davon findet sich heute in vielen Geschichtsbüchern über das Mittelalter. Ausgerechnet den heiligen Ungarn haben übrigens die Nationalsozialisten später zum Symbol deutschen Edelrittertums stilisiert.

Ansonsten begegnet uns die Bildhauerkunst im Mittelalter vorwiegend in Form von Marienstatuen, Pietas und Heiligenfiguren an Domfassaden. Am Ende dieser Epoche, im Übergang von Gotik zu Renaissance, treffen wir auf zwei der bedeutendsten deutschen Bildhauer, auf *Tilman Riemenschneider* (1531–1479) und *Veit Stoß* (ca. 1447–1533). Wobei die nationale Zuordnung eine Sache für sich ist, denn Stoß arbeitete viele Jahre in Krakau und wird heute von den Polen als einer der ihren angesehen. Im Mittelalter hingegen haben sich die Menschen um nationale Zuordnungen nicht geschert. Im Werk Riemenschneiders fallen insbesondere die individuellen Gesichtszüge auf (im Gegensatz zu den idealisierten Gesichtern des Mittelalters), bei Veit Stoß die Dramatik der Szenen und die Spannung der Figuren, die sich aus der Starre mittelalterlicher Plastiken lösen. Die wichtigsten Werke der beiden sind übrigens Altäre – womit sie sich gewaltig von jenen

Künstlern unterscheiden, die in Italien der Renaissance ihr eigentliches Gesicht gaben: Donatello und Michelangelo.

Zweimal David – die Höhepunkte der Renaissance

Die biblische Geschichte vom Knaben David, der den Riesen Goliath mit der Steinschleuder besiegt, gehört zu den beliebtesten Motiven der abendländischen Kunst. Die Florentiner mochten sie, weil sie sich mit David als Symbol ihrer Unbeirrbarkeit identifizierten. Allerdings ist fraglich, wie viel Identifikationspotenzial die lebensgroße Bronzefigur von *Donatello* (1386–1466) für die Bevölkerung hatte. Schließlich ist sie – nackt! Und seit der Antike hatte es kein Künstler mehr gewagt, eine Statue eines (bis auf Hut und Lederstiefel) unbekleideten Jünglings zu schaffen. Mit allen Merkmalen der alten griechischen Kunst: von Kontrapost über die knabenhafte Muskulatur bis hin zu der Tatsache, dass es sich um eine freistehende Vollplastik handelt. Donatellos sogenannter Florentiner Bronze-David besiegt nicht nur den Goliath, dessen abgeschlagener Kopf zu seinen Füßen liegt, er vertreibt auch das Mittelalter aus der Bildhauerkunst.

»Was der kann, kann ich schon lange«, mag sich *Michelangelo Buonarroti*, dem wir schon als Maler und Architekten begegnet sind, einige Jahrzehnte später gedacht haben. Nur größer! Aus einem einzigen Marmorblock schlug er innerhalb von drei Jahren seinen David. Und was für einen: Über vier Meter hoch wird der Riesenbezwinger selbst zum Riesen mit unnatürlich großen Händen und einem muskulösen Körper, dem man heute eine »Schwimmerfigur« attestieren würde. Michelangelo erwischt seinen David, eher Mann als Knabe, im Moment der Anspannung, als er die Steinschleuder gerade auf seine Schulter gelegt hat. Der Künstler betrieb übrigens der Genauigkeit wegen anatomische Studien an Leichen. Der David, der heute vor dem Palazzo Vecchio in Florenz steht, ist eine Kopie, das Original hat man 1873 zum Schutz vor der Witterung ins Museum (die Galleria dell'Accademia) gebracht.

Was verzückt die heilige Theresa?

Schnell geht die Reise weiter von der Hochrenaissance zum sinnenfreudigen Barock. Und von Florenz nach Rom. Dort begegnen wir in der Kirche Santa Maria della Vittoria einer Skulptur, der die Kunsthistoriker einige harmlos klingende Namen gegeben haben, die etwas pikant Offensichtliches zu verschleiern scheinen. Mal hat das Werk des Bildhauers *Giovanni Lorenzo Bernini* (auch Gianlorenzo; 1598–1680) den Titel »Mystische Vision der Heiligen Theresa von Avila«, mal »Mystische Vereinigung der Heiligen Theresa mit Gott«, mal »Die Entrückung der Heiligen Theresa«. Am bekanntesten ist es als »Die Verzückung der Heiligen Theresa«. Die Skulptur zeigt die heilige Theresa, wie ihr ein Engel den Pfeil der göttlichen Liebe in das Herz bohrt. Als ich vor einigen Jahren bei einem Rombesuch vor der Figur der hingestreckten Heiligen im fließenden Gewand stand und ihren Gesichtsausdruck erblickte, dachte ich wahrscheinlich das Gleiche wie viele zehntausend Kunstliebhaber vor mir: Diese Theresa erlebt einen Orgasmus! Was immer da dem großen Barockkünstler Bernini als Vorbild diente: eine verzücktere »Verzückung« hat die Kunstgeschichte nicht aufzuweisen. So viel Schamlosigkeit findet sich erst in der Moderne wieder.

Die Preußenprinzessinnen Luise und Friederike dagegen umarmen sich in einer Skulptur von 1795 des klassizistischen deutschen Bildhauers *Johann Gottfried Schadow* (1764–1850) mit solch liebreizender Unschuld, wie man sie in Wirklichkeit nicht einmal im puritanischsten Mädcheninternat finden würde. Mit der Unschuld Friederikes war es in der Tat nicht weit her. Die von ihrem versoffenen Ehemann vernachlässigte Prinzessin führte ein recht unstandesgemäßes Liebesleben.

Der Weg in die Moderne

Das 19. Jahrhundert beschert uns unzählige Helden- und Herrscherdenkmäler, das Hermanns-Denkmal mitten im Teutoburger Wald, am Deutschen Eck bei Koblenz das Kaiser-Wilhelm-I.-Denkmal und überhaupt in jedem Kleinstädtchen Kaiser-Wilhelm- oder Bismarck-Denkmäler. Da diese aus kunsthistorischer Sicht eher weniger zu bieten haben, lassen wir lieber die Moderne heraufdämmern und wenden uns einem großen Franzosen zu. Nein, nicht Napoleon, der in seinem Land ebenfalls an allen Ecken und Enden zum Denkmal erstarrte, sondern *Auguste Rodin* (1840–1917). Sein wichtigstes Werk kennen Sie mit großer Wahrscheinlichkeit: ein nackter muskulöser Mann, auf einem Felsen kauernd, das Kinn auf der Handoberfläche ruhend – »Der Denker«. Diese Figur verweigert sich dem klassischen Schönheitsideal. Die Oberfläche ist nicht makellos und glatt, die Körperhaltung nicht aufrecht und selbstbewusst. »Auch das Hässliche ist schön«, wird Rodin zitiert. Eine Aussage, die als Leitspruch die Moderne beschreiben könnte. Bei seinen Auftraggebern fand Rodin damit zunächst wenig Anklang. So 1886, als er im Auftrag des Rates von Calais ein Heldendenkmal für einige Bürger schaffen sollte, die sich im Mittelalter bei einer Belagerung der Stadt als Geiseln nehmen ließen und Calais damit vor der Plünderung bewahrten. Statt heroischer Gestalten präsentierte der Künstler barhäuptige Menschen in zerrissenen Gewändern mit einem Strick um den Hals. Immerhin nahmen die Stadtväter das Werk mit dem Titel »Die Bürger von Calais« an, stellten es jedoch auf einen Sockel und verbannten es auf einen abseitigen Platz.

Von Rodin gibt es einen bronzenen nackten »Schreitenden Mann«, dem der Kopf und die Arme fehlen – ein Torso. Das ist natürlich zunächst eine Anspielung auf die Antike, aus der uns viele bildhauerische Werke nur als Torso überliefert sind. Aber Rodin wollte mehr damit ausdrücken. Als man ihn fragte: »Warum hat die Figur keinen Kopf?«, antwortete er: »Braucht man zum Gehen einen Kopf?« Klar, in Wirklichkeit schon. Aber Rodin kam es auf die Abstraktion an.

Und damit sind wir mitten im zentralen Thema der Moderne, wo uns in der Bildhauerei unter anderen bekannte Maler wie Paul Gauguin, Henri Matisse und Picasso begegnen. Sie alle interessierten sich für die Form an sich und nicht mehr dafür, möglichst genau einen menschlichen Körper nachzubilden. In diesem Zusammenhang seien auch die runden Formen der Plastiken von Henry Moore erwähnt.

Von hier führt uns der Pfad der modernen (und postmodernen) Kunst weit über die Bildhauerei hinaus. Ab der zweiten Hälfte des 20. Jahrhunderts verschmolzen Installation und Skulptur. Wir lernen durch Installationen, was Raum bedeutet und wie wir ihn mit Objekten oder nur mit Licht füllen können. Von der »Venus von der Alb« bis zu den Licht-Raum-Installationen eines Dan Flavin zum Beispiel hat die Kunst einen weiten Weg zurückgelegt.

Zehn namhafte Bildhauer

1. **Phidias** (5. Jhr. v. Chr.). Zwei riesige, jeweils fast zwölf Meter hohe Statuen aus Gold und Elfenbein tragen den Ruhm dieses Bildhauers der griechischen Hochklassik durch die Jahrhunderte: sein »Zeus in Olympia« und die »Athene Parthenos« auf der Athener Akropolis. Beide sind zerstört und uns nur aus verkleinerten Kopien und Beschreibungen bekannt.

2. **Praxiteles** (4. Jhr. v. Chr.). Der Meister der »zweiten klassischen Blütezeit« schuf erstmals nackte Frauenbildnisse. Bei seiner »Aphrodite von Knidos« (ebenfalls nur in Kopie erhalten) nutzte er als Grund für die Entblößung, dass sich die Göttin zum Bade ausziehe. Diesen Vorwand haben zahllose nachfolgende Künstler übernommen.

3. **Niccolò** und **Giovanni Pisano** (ca. 1225–1278 und ca. 1245 bis 1314). Hierbei handelt es sich nicht nur um Meister der italienischen Hochgotik, sondern auch um Vater und Sohn. Von Giovanni, dem Sohn, stammt eine »Madonna mit dem Kinde« in der Arenakapelle von Padua (die von Giotto ausgemalt wurde). Zur Bildhauerfamilie Pisano gehörten auch noch Andrea und Nino.

4. **Josef Anton Feuchtmayer** (1696–1770). Die süßlichen Putten und der überladene Stuck, die uns in vielen süddeutschen Kirchen ins Auge fallen, sind ein Werk des Rokoko. Ein Meister dieser Epoche, die als Verfeinerung des Barock gilt, war der Linzer Stuckateur und Bildhauer Feuchtmayer. Bei ihm ist süßlich wörtlich zu verstehen. Sein bekanntester Putto (kindliche Engelsfigur) schleckt Honig (zu sehen in Birnau am Bodensee).

5. **Antonio Canova** (1757–1822). Der Italiener versuchte die klaren, kühlen Formen im Rückgriff auf die Antike (Klassizismus) mit dem Schwung des Rokoko zu vereinen. Beispiel: seine wonnevoll verschlungenen »Amor und Psyche«, heute im Louvre in Paris.

6. **Bertel Thorvaldsen** (1770–1844). Der Däne war ein weiterer Meister des Klassizismus. Ein schönes Beispiel aus seinem Werk ist eine Plastik mit antikem Motiv: der hübsche Hirtenknabe

Ganymed mit dem liebestollen, in einen Adler verwandelten Göttervater Zeus.

7. **Wilhelm Lehmbruck** (1881–1919). Mit ihm kommen wir in der Moderne an. Auffallend bei Lehmbruck sind seine in die Länge gestreckten Figuren, zum Beispiel »Die Kniende« von 1911.

8. **Ernst Barlach** (1870–1938). Die Kunstrichtung des Expressionismus übte großen Einfluss auf den norddeutschen Bildhauer aus. Er war eng mit der Zeichnerin und Bildhauerin *Käthe Kollwitz* (1867–1945) befreundet.

9. **Arno Breker** (1900–1991). Mit seinen muskulösen Heroengestalten zur »Verherrlichung des [deutschen] Menschen nach Gottes Ebenbild« wollen wir Ihnen Adolf Hitlers Lieblingsbildhauer nicht unbedingt ans Herz legen. Aber vor einiger Zeit diskutierte das Feuilleton, ob man bei Breker künstlerischen Wert und politische Gesinnung trennen könne. Deshalb sollten Sie den Namen kennen.

10. **Duane Hanson** (1925–1996). Der Amerikaner ist berühmt für seine absolut lebensechten Plastiken aus Kunstharz von Menschen in Alltagssituationen, zum Beispiel Putzfrauen, Polizisten und Bauarbeitern – ein bisschen wie Madame Tussauds Wachsfiguren.

FOTOGRAFIE

Wir sind heute so sehr von Bildern umgeben, dass wir uns eine bilderlose oder auch nur bilderarme Welt gar nicht mehr vorstellen können. Fotografien sind fast überall zu finden: im Internet, in Zeitungen und Zeitschriften, als Wandkalender, auf Plakaten. Selbst mit dem Handy können wir wo und wann auch immer fotografieren. Die Fotografie hat unser visuelles Erleben verändert wie nichts zuvor – dabei ist sie kaum 200 Jahre alt.

Wenn wir auf dem Speicher alte Fotos von Großvater und Großmutter entdecken, kommen diese meist in einem gelblich-braunen Ton daher, den man sepiafarben nennt. Zudem sind bei Fotos aus dem 19. Jahrhundert die Ränder unscharf. Das Bild fließt gleichsam in alle Richtungen aus. Manche Fotofreunde finden diese Anmutung so ansprechend, dass sie ihre Digitalbilder mithilfe einer Software am PC nachbearbeiten. Moderne Digitalkameras erlauben es sogar, einen Sepia-Effekt einzustellen.

Während wir heute mit dem Handy mal eben ein Foto schießen, mussten die Fotografen um die Mitte des 19. Jahrhunderts Kameras, Kollodiumplatten und Dunkelkammerzelte mit sich herumschleppen. 50 Jahre später, um 1900, wurde in Chicago sogar eine Kamera gebaut, die 625 Kilogramm wog und von 15 Männern bedient werden musste. Da hatte die Entwicklung der Fotografie bereits einen langen Weg zurückgelegt, seit sie 1826 von dem französischen Forscher *Joseph Nicéphore Niépce* (1765–1833) erfunden worden war. Niépce bannte das Bild eines Scheunentors seines Anwesens mithilfe einer Camera obscura nach acht Stunden Belichtungszeit auf eine Zinnplatte. Auf dem Foto war nicht viel zu erkennen – aber solche Unzulänglichkeiten sind nicht selten, wenn große Erfindungen gemacht werden. (Die ersten Testworte, die Philip Reis über sein neu erfundenes Telefon sprach, lauteten angeblich: »Das Pferd frisst keinen Gurkensalat.«) Eine Camera obscura ist übrigens ein dunkler Kasten, in den durch ein kleines Loch Licht einfällt. Schon Aristoteles wusste, dass man auf diese Weise ein naturgetreues Abbild von Objekten auf die Rückwand des Kastens projizieren kann, wenngleich dieses Bild seitenverkehrt ist und auf dem Kopf steht.

Die Erfindung der Fotografie muss in der Luft gelegen haben, denn Niépces Landsmann *Louis Jacques Mandé Daguerre* (1787–1851) gilt ebenfalls als ihr Erfinder, obwohl er sein erstes Foto über zehn Jahre später machte – allerdings war sein Verfahren besser. Die beiden Erfinder arbeiteten zunächst zusammen. Nach dem Tod Niépces (und einer kleinen Intrige Daguerres) nannte alle Welt die neue Methode, Bilder auf eine Platte zu bannen, Daguerrotypie. Daguerre wurde ein reicher und berühmter Mann.

Zwei Richtungen: Kunst und Dokumentation

Kaum war die Fotografie erfunden, entwickelte sie sich in zwei Richtungen, die im Folgenden näher erläutert werden. Außerdem stellen wir noch zwei Sonderwege vor.

Die beiden Hauptrichtungen der Fotografie waren und sind: Kunst und Dokumentation. Wie fast überall gibt es natürlich auch hier Überschneidungen, dennoch lassen sich diese beiden Kategorien gut zur Beurteilung von Fotografien heranziehen. Das gilt auch für all jene Fotos, die wir – mehr oder weniger laienhaft – selbst erstellen: Die Nahaufnahme eines Schneekristalls fiele in die Kategorie »Kunst«, die Fotos von Tante Helgas und Onkel Herberts Silberner Hochzeit in die Kategorie »Dokumentation«.

Fotografie als Kunst

Fotografie als Kunst bedeutete zunächst, dass die Fotografen mit den Malern konkurrierten. Sie wollten eigene künstlerische Werke schaffen, weshalb sie ihre Motive kunstvoll arrangierten. Wenn man Kunstfotografien aus der Zeit um etwa die Mitte des 19. Jahrhunderts betrachtet, fällt auf, dass sie Menschen in gestellt wirkenden, überinszenierten Alltagsszenen zeigen. Das liegt daran, dass sich viele frühe Fotografen der Kunstrichtung der Präraffaeliten verbunden fühlten, die einer kruden Mischung aus Romantik, Naturalismus und mystischer Überhöhung anhingen.

Der erste Kunstfotograf, dessen Namen Sie sich merken sollten, wurde allerdings eher durch seine Seebilder berühmt. Sie erinnern an die Malerei der Romantik, einer Epoche, die damals gerade zu Ende gegangen war. Dieser Fotograf hieß *Gustave Le Gray* (1820–1882). Er wurde zum gemachten Mann, nachdem ihn Kaiser Napoleon III. zu seinem Hoffotografen ernannt hatte. Zudem erfand Le Gray eine der ersten Methoden der Bildbearbeitung: Er montierte zwei Negative zusammen, um zum Beispiel Wolken und Schiffe mit unterschiedlicher Belichtungszeit auf ein Bild zu bekommen.

Ein Fotograf, der über ein halbes Jahrhundert später ebenfalls von der Kunst seiner Zeit geprägt wurde, war *Man Ray* (1890–1976), ein Amerikaner, der eigentlich Emmanuel Rudnitzky hieß. Man Ray begeisterte sich sowohl für die Surrealisten und Dadaisten als auch für Marcel Duchamps Theorie vom Ready-made als Kunstwerk (siehe das Kapitel Moderne Kunst). Rays Bilder zeichnen sich durch Dunkelkammerexperimente aus, die das Motiv in verzerrter Perspektive wiedergeben.

Ganz anders sind die Porträtfotografien des Deutschen *August Sander* (1876–1964) zu verstehen. Gut möglich, dass Sie seine Aufnahmen schon einmal in einem Geschichtsbuch über die Weimarer Republik gesehen haben. Sanders großes Projekt war ein Zyklus von »Aufnahmen deutscher Menschen des 20. Jahrhunderts« mit dem Titel »Antlitz der Zeit«. Er inszenierte die Menschen, die er fotografierte, und stellte sie in typischen Posen auf: den wohlbeleibten Konditor mit der Rührschüssel, den Kohleschlepper mit seiner Last oder die rauchende Intellektuelle mit Bubikopffrisur.

Was Sander für die Zwischenkriegszeit war, sind zwei Frauen für die zweite Hälfte des 20. Jahrhunderts. Die Porträts der Amerikanerin *Annie Leibovitz* (*1949), eine der bestbezahlten Fotografinnen der Welt, und der Deutschen *Herlinde Koelbl* (*1939) versuchen, den Charakter der Abgebildeten ebenso zu zeigen wie den Geist der Zeit. Von Herlinde Koelbl ist insbesondere die Fotoserie mit dem Titel »Spuren der Macht« bekannt, die Politiker wie Joschka Fischer und Gerhard Schröder über mehrere Jahre hinweg mit abnehmender Vitalität zeigt.

In der Kunstfotografie der Gegenwart gehören zwei Deutsche zur Weltspitze. Ich ärgere mich noch heute, dass ich in den 80er-Jahren dem mir flüchtig bekannten *Wolfgang Tillmans* (*1968) keine Fotos abgekauft habe. Damals waren sie für ein paar hundert D-Mark zu haben. Heute kostet ein Foto von Tillmans, inzwischen Träger des renommierten englischen Turner-Preises (als erster Nicht-Engländer!), einige zehntausend Euro. Tillmans fotografiert gerne scheinbar zufällige Situationen, in denen sich seine Freunde oder Lebensgefährten befinden. Der Leipziger *Andreas Gursky* (*1955), der zweite deutsche Fotograf von Weltruhm, spielt hingegen am liebsten mit den Möglichkeiten der digitalen Bildbearbeitung. Typisch für Gursky sind monumentale Aufnahmen von Städten, Landschaften oder Fabrikanlagen.

Fotografie als Dokumentation

Digitale Bildbearbeitung ist der Schreckensbegriff für alle Fotojournalisten, die sich der zweiten Kategorie der Fotografie verpflichtet fühlen, nämlich der Dokumentation. Ihnen geht es um die unverfälschte Darstellung von Wirklichkeit. Dazu zählen das Foto vom Vereinsjubiläum in der Lokalzeitung ebenso wie die preisgekrönten Fotoreportagen aus Kriegsgebieten und Elendsvierteln. Viele der bedeutenden Fotoreporter erheben den Anspruch, mit ihren Aufnahmen politische und soziale Missstände aufzudecken. Einige ihrer Fotos haben sich in unser kulturelles Gedächtnis eingebrannt. Dazu gehört Eddie Adams' Foto des südvietnamesischen Generals Nguyen Ngoc Loan, wie dieser gerade einen Vietcong-Kämpfer erschießt, und das Foto des Fotografen Nick Út von der Agentur Associated Press, das ein neunjähriges vietnamesisches Mädchen zeigt, wie es nackt und schreiend nach einem Napalm-Angriff flieht. *Robert Capas* (1913–1954) Aufnahme eines von der Kugel getroffenen, vornüber stürzenden republikanischen Milizionärs im Spanischen Bürgerkrieg steht als Dokument eines Krieges in einer Reihe mit *Francisco de Goyas* (1747–1828) berühmtem Gemälde »Die Erschießung der Aufständischen am 3. Mai 1808 in Madrid«.

Capa gehörte zur bedeutendsten Gruppe von Fotoreportern der bis heute bestehenden Agentur Magnum, die er unter anderen zusammen mit Henri Cartier-Bresson und David

Seymour 1947 ins Leben rief. Viele ihrer Aufnahmen erschienen in der Zeitschrift »Life«, die sich seit ihrer Gründung 1936 auf Fotoreportagen spezialisiert hatte. Damit fügte sie sich in die Tradition der »Berliner Illustrierten Zeitung«, einer ungemein erfolgreichen Illustrierten des Verlegers Leopold Ullstein in der Zeit der Weimarer Republik. »Life« stellte im Jahr 2000 ihr Erscheinen ein. In Zeiten der digitalen Bilderflut sah das Magazin keine Zukunft mehr für sich.

Zwei Sonderwege

Bleiben noch die beiden angesprochenen Sonderwege der Fotografie. Erstens die Aktfotografie. Man könnte auch erotische Fotografie dazu sagen, was allerdings weniger künstlerisch anmutet. Zumal manches, was heute als Kunst gehandelt wird, vor Jahren oder Jahrzehnten als Pornografie galt. *Wilhelm von Gloeden* (1856–1931) zum Beispiel versorgte das wilhelminische Deutschland mit Aufnahmen nackter Hirtenjungen aus der sizilianischen Stadt Taormina, die er antikisierend posieren ließ. Die Bilder wurden als Postkarten verkauft, und sogar der Kaiser persönlich stattete dem Fotografen einen Besuch ab. Musste Gloeden den homoerotischen Charakter seiner Fotos noch verschleiern, schockierte der Amerikaner *Robert Mapplethorpe* (1946–1989) die Öffentlichkeit von Anfang der 70er- bis Ende der 80er-Jahre durch seine zum Teil sadomasochistischen homosexuellen Motive. Der gebürtige Berliner *Helmut Newton* (1920–2004) musste sich von Alice Schwarzer vorwerfen lassen, seine Aktaufnahmen seien sexistisch. Sie mögen Ihr eigenes Urteil fällen, aber bitte bedenken Sie dabei, dass Akte seit der Antike zum Bestand abendländischer Kunst gehören.

Der zweite Nebenweg der Fotografie verwischt die Grenze

zwischen Kommerz und Kunst endgültig: die Modefotografie. Die Werbeaufnahmen von Mert Alas, Marcus Pigott, Steven Klein oder Bruce Weber für Modelabels und Markenparfüms werden längst in Galerien, Ausstellungen und Museen gezeigt.

Was macht ein gutes Foto aus?

Natürlich ist nicht jedes Foto Kunst. Um das zu bemerken, braucht es nicht viel. Aber worauf achtet man, wenn man ein Foto richtig beurteilen möchte? Der Fototrainer und Buchautor Michael Jordan nennt drei Kriterien: Ein Bild sei gut, »1. wenn es dich berührt; 2. wenn es eine Geschichte erzählt, 3. wenn es neu oder originell ist«. Man könnte drei technische Aspekte hinzufügen: Wie geht der Fotograf mit dem Motiv um? Welchen Bildausschnitt wählt er? Wie teilt er den Raum auf? Gute Fotografen halten nicht einfach drauf, sondern überlegen sich, wie sie das Bild gestalten. Vor diesem Hintergrund gewinnt auch das Durchblättern einer Illustrierten einen neuen Reiz.

Fünf wichtige Fotografen der Gegenwart

1. **Wolfgang Tillmanns** (*1968). Der gebürtige Remscheider stellte seine ersten Bilder im Hamburger Schwulencafé Gnosa aus. Heute hängen sie in Museen für Moderne Kunst in aller Welt.
2. **Andreas Gursky** (*1955). Der Leipziger Fotograf mag es gerne im Großformat und bearbeitet seine Bilder digital.
3. **William Eggleston** (*1939). Der »Spiegel« bezeichnet Eggleston als »Fotografielegende«. Kein Wunder: Er erhob die Farbfoto-

grafie zur Kunst. Vor ihm glaubten die Fotokünstler, Farbe sei modischer Schnickschnack.

4. **Sebastião Salgado** (*1944). Die Literaturnobelpreisträgerin Nadine Gordimer sagt über den sozialdokumentarischen Fotoreporter: »Erst Sebastião Salgado zeigt uns mit Bildern, die einen nicht mehr loslassen, wie wenig wir von den Männern und Frauen wissen, auf deren Schultern die Last der Welt liegt.«

5. **Bettina Rheims** (*1952). Frauen, die sich der erotischen Frauenfotografie widmen, müssen Pariserinnen sein – wie Bettina Rheims.

Fünf wichtige Fotografen der Vergangenheit

1. **Nadar** (eigentlich: Gaspard-Félix Tournachon, 1820–1910). Die berühmtesten Schriftsteller seiner Zeit ließen sich von dem Pariser fotografieren. Nebenher baute er noch ein Luftschiff.

2. **August Sander** (1876–1964). Sein Zyklus mit Porträtfotos von Bürgern der Weimarer Republik ist ein unvergleichliches Zeitdokument.

3. **Man Ray** (eigentlich: Emmanuel Rudnitzky; 1890–1976). Berühmt für seine experimentellen Bilder, verdiente der New Yorker auch reichlich Geld mit Werbefotografie.

4. **László Moholy-Nagy** (1895–1946). Der Ungar übertrug den Stil des Bauhauses (»Die Form fügt sich der Funktion«) auf die Fotografie.

5. **Walker Evans** (1903–1975). Im Auftrag von Präsident Franklin D. Roosevelt dokumentierte Evans in den 1930er-Jahren das Elend der Landarbeiter in den USA.

FILM

Braucht man wirklich eine Gebrauchsanweisung, um ins Kino zu gehen? Nein, natürlich nicht. Kino ist eine Kunst, die sich seit der Geburtsstunde des Films 1895 stets an ein großes Publikum gerichtet hat, prinzipiell verständlich sein wollte, überraschend und mitreißend für jedermann. Wer eine Kinovorstellung besuchen will, der darf sich einfach im Kinosessel zurücklehnen und entspannen.

Um einen großen Kinofilm zu sehen, muss man inzwischen nicht einmal mehr aus dem Haus und in eines der über 900 Kinos in Deutschland gehen: Filme gibt es nicht nur im Fernsehen, Filme kann man sich auf DVD ausleihen, per Internet nach Hause bestellen oder überhaupt gleich komplett aus dem World Wide Web herunterladen. Und trotzdem gibt es noch ein paar Dinge, die Sie zum Thema Film wissen sollten.

Mehr wissen – mehr sehen!

Es gibt vor allem zwei Gründe, warum man bei der Kunstform Film von Hintergrundwissen profitiert. Erstens gab und gibt es seit der ersten Stunde des Films Produzenten und Regisseure, die nicht nur auf den kommerziellen Erfolg aus sind, sondern ein eigenes künstlerisches Programm verfolgen. Das Ergebnis ist dann das von den Kritikern sogenannte anspruchsvolle Kino.

»Da musste man ja mitdenken«, klagen manche Zuschauer nach einem Film, der ihnen in diesem Sinne irgendwie zu anstrengend vorkam. Andere finden gerade das spannend. Der 1920 geborene französische Regisseur *Eric Rohmer* zum Beispiel hat zeit seines Lebens Kinofilme gemacht, die recht anspruchsvoll waren und deshalb kein Massenpublikum erreichten. Seine handlungsarmen, stark wortlastigen und eher kühl inszenierten Filme über die Liebe und das Leben (»Pauline am Strand«, »Das grüne Leuchten«) sind in der Tat nicht jedermanns Geschmack.

Aber genau das war Rohmers künstlerisches Konzept. Als er im Januar 2010 starb, erklärte der Filmkritiker Thomas Klingenmaier in einem Zeitungsnachruf die Idee Rohmers folgendermaßen: »Rohmer war der Meinung, dass Filme, die alles richtig machen, etwas Wesentliches falsch machen. Dass sie zwar Publikum locken, aber eigentlich kein Publikum mehr brauchen, weil sie sich selbst erklären. Es gibt in ihnen nichts zu entdecken, zu erfahren, zu deuten und zu suchen.«

Unabhängig vom Werk Rohmers ist das eine schöne Beschreibung für anspruchsvolles Kino: Filme, in denen es etwas zu entdecken gibt, aber eben nur dann, wenn der Zuschauer sich aktiv auf diese Entdeckungsreise begibt. Neugier und manchmal ein wenig Geduld sind die wichtigsten Ausrüstungsgegenstände – wie in der Kultur ganz allgemein, da unterscheidet sich das Kino nicht vom Theater oder von einer Galerie. Und ein wenig Hintergrundwissen als Werkzeug macht diese Art von Expedition noch spannender, wie dieses Kapitel zeigen wird.

Das ist selbst dann der Fall, wenn Sie gar keine Lust haben auf anspruchsvolle Kunstfilme aus Dänemark, Frankreich, Algerien oder China (um nebenbei das Vorurteil zu bedienen, dass vor allem aus diesen Ländern anspruchsvolle Filme kämen), sondern vielmehr Fan von leichten, bunten, temporeichen Breitwand-Thrillern oder Komödien aus Hollywood sind. Denn häufig bieten auch Unterhaltungsfilme noch viel mehr, als auf den ersten Blick zu erkennen ist. Und das ist der zweite Grund für dieses Buchkapitel: Wer mehr weiß, der sieht auch mehr.

Natürlich funktionieren die großen Unterhaltungsfilme vor allem auf einer leicht zugänglichen Oberfläche, die Spannung oder Witz transportiert. Doch der kundige Kinogänger kann auch eine tiefere Ebene erkennen: vom Regisseur versteckte Anspielungen, Hinweise oder Tricks, die dem Film das zusätzliche gewisse Etwas geben – und über die sich nach dem Ende einer großen Vorstellung noch lange spannend diskutieren lässt.

Als Beispiel seien hier die Filme von *Alfred Hitchcock* (1899–1980) genannt. Ob »Psycho«, »Die Vögel« oder »Der unsichtbare Dritte«: Hitchcock hat Meisterwerke geschaffen, die bis heute ein Massenpublikum begeistern und so spannend sind, dass man sie sich gern ein zweites und drittes Mal ansieht. Denn aufgrund ihrer Vielschichtigkeit lässt sich in der Wiederholung vieles entdecken, was beim ersten Zuschauen noch gar nicht auffällt – zum Beispiel bestimmte Perspektiven der Kamera, bestimmte Ausschnitte der Wirklichkeit, bestimmte Cuts der Bilder, mit anderen Worten: formale Tricks, mit deren Hilfe Hitchcock es geschafft hat, die Zuschauer auf besondere Weise erschaudern zu lassen. Doch darauf kommen wir später noch zurück.

Außerdem war Hitchcock – der als Privatmensch selbst von vielen Ängsten geplagt war – ein Meister der psychologischen Anspielungen. So ist einem aufmerksamen Zuschauer einmal aufgefallen, dass Hitchcock zwar ständig Filme über Verbrechen gedreht hat, aber in keinem einzigen die Polizei eine positive Rolle spielt. Hitchcock scheint in seinen Filmen der Polizei grundsätzlich zu misstrauen. Aber warum? Dazu muss man wissen, dass er als Kind einmal von einem Polizisten wegen eines kleinen Vergehens zu Unrecht festgehalten worden war. Seitdem kannte der Regisseur das schreckliche Gefühl, hilflos und ohnmächtig einer Ordnungsmacht ausgeliefert zu sein. Eben diese Konstellation kann der Zuschauer in vielen Hitchcock-Filmen entdecken, zum Beispiel in »Der falsche Mann« (1956), in dem ein New Yorker Barmusiker unter Verdacht gerät, einen Mord begangen zu haben – und vor Gericht schließlich nur durch Zufall der wahre Sachverhalt aufgedeckt wird.

Zuschauer, die so etwas wissen, werden Hitchcock-Filme immer noch spannend finden – aber sehen sie jetzt mit anderen Augen und mit noch größerem Gewinn.

Keine Frage: Filme müssen trotzdem einfach gut gemacht sein. Ein schlechter, langweiliger oder überambitionierter Film wird nicht deswegen besser, weil man hinterher in der Zeitung, im Internet oder in einem Buch lesen kann, was der Regisseur eigentlich Wichtiges damit sagen wollte. Aber viele gute, unterhaltsame Filme werden noch besser, wenn man einen Blick für die kleinen Anspielungen und Effekte der Regisseure bekommt – siehe Hitchcock. Und manche auf den ersten Blick spröden Filme gewinnen etwas Interessantes, Spannendes, wenn man sich zunächst einmal mit Neugier und Geduld auf das Ungewohnte, Sperrige einlässt – siehe Rohmer.

Warum das Kino immer nach dem Neuen sucht

Ein Erfolgsgeheimnis des Films ist: Er war von Anfang an Kunst für die breite Masse. Schließlich war sein Geburtsort der Jahrmarkt, das Varieté. Kein Medium war im 20. Jahrhundert erfolgreicher und erreichte mehr Menschen als das Kino. Doch gerade deshalb mussten und müssen die Filmschaffenden stets auf der Suche nach Neuem sein, nach neuen Talenten, überraschenden Inhalten, zukunftsweisenden Darstellungen. Der Film muss im Gespräch der Menschen bleiben. Denn anders als das Theater oder die Oper konnte sich das Medium Film nie darauf verlassen, im Zweifel vom Staat finanziert zu werden (auch wenn die europäischen Staaten heute gern Filmförderung betreiben).

Deswegen ist das Kino schon seit über 100 Jahren eine ebenso erfolgreiche wie produktive Kunstform. Wer Visionen und ungewöhnliche Bilder im Sinn hat, für den ist das Kino der Ort, um sie einem großen Publikum vorzustellen. Und selbst der knallharte Produzent, der profitorientierteste Finanzier weiß, dass er die Zukunft seines Verdienstes nur sichern kann, wenn er stets Ausschau hält nach hoffnungsvollem Nachwuchs mit neuen Ideen.

Manche Kritiker versuchen, das »gute«, weil anspruchsvolle Kino gegen das »schlechte«, weil oberflächliche Massenkino abzugrenzen. Dabei haben beide Arten ihre Berechtigung – solange jede für sich gut gemacht ist. Anhand des deutschen Filmregisseurs *Rainer Werner Fassbinder* (1945 bis 1982) können wir demonstrieren, wie die Kunst namens Film wirklich funktioniert: Fassbinder war von Jugend an ein Filmbesessener, verbrachte viele Nachmittage, Abende, Nächte im Kino und begeisterte sich für die Filme aus dem alten Hollywood – Liebesfilme, Krimis, Western, die es zu ihrer Zeit größtenteils noch nicht mal in die Filmkritikspalten der Zeitungen geschafft hatten.

Zweifellos zählt Fassbinder zu den wichtigsten Filmregisseuren Deutschlands, der eine Reihe von bedeutenden Kunstwerken geschaffen hat (»Lili Marleen«, »Angst essen Seele auf«) – aber nicht etwa *trotz* seiner Lust an der Massenware Film, sondern gerade weil er aus dieser Filmsprache für ein Massenpublikum zu seiner eigenen Sprache als Künstler gefunden hat. Übrigens zählen auch Fassbinder-Werke zu jener

Art von Filmen, in denen der Zuschauer stets etwas Neues entdecken kann. Und überall auf der Welt, wo sich Menschen für deutsche Filme interessieren, hat der Name Rainer Werner Fassbinder bis heute einen guten Klang.

Die Sternstunden des Kinos

Machen wir einen kleinen Streifzug durch die Geschichte des Films, anhand dessen wir entscheidende Neuerungen und wichtige Wendepunkte in der Entwicklung des Kinos beleuchten können.

Das Geburtsjahr des Films haben wir bereits erwähnt: 1895. Im Berliner Varieté Wintergarten präsentierten die Brüder Max und Emil Skladanowsky im Mai mittels einer Apparatur namens Bioskop einen etwa 15-minütigen Film mit kleinen Szenen aus dem Artistenleben. Ein halbes Jahr später stellten die Brüder Auguste und Louis Lumière in Paris ihren Cinématographen vor. Dessen Filme waren anfangs sogar nur wenige Sekunden lang und zeigten Szenen aus dem trauten Familienleben.

Die französische Technologie setzte sich durch. Herumreisende Schausteller präsentierten in ihren Zelten die »bewegte Fotografie«, und das Publikum bestaunte Menschen wie du und ich in Alltagsszenen – wenn man so will, begann das Kino mit einer Urversion von »Big Brother«. Der entscheidende Schritt zur freien Filmkunst war dem Pariser Unternehmer Georges Méliès zu verdanken: Er entschied sich dafür, die »bewegten Bilder« in einem festen Theaterbau zu zeigen. Was wiederum zur Folge hatte, dass er den Gästen in regelmäßigen Abständen immer neue Programme bieten musste, denn sonst wären die Leute ja schon bald lieber daheim geblieben. Das war der Anlass und fortan der Antrieb für eine ständige Produktion an Filmneuheiten, an immer neuen Filmgeschichten.

Was folgte, waren die großen Stummfilmjahre. Wenn wir heute Werke aus dieser Zeit sehen, beeindruckt die Ausdruckskraft der Schauspieler und die Art, wie ihre Geschichten auf das Wesentliche konzentriert sind. Zwar wird ab und zu mal eine Texttafel eingeblendet, aber der einzige Ton ist die begleitende Musik des Klavierspielers oder des Orchesters (und das Rattern des Filmprojektors). Am Anfang der Kunstform Film stand nicht das endlose, alles erklärende Gespräch – sondern die Kraft der Bilder, die nur aufgrund des Zur-Schau-Stellens schon eine klare Botschaft hatten.

1927 geriet das Kino dann in die erste große Krise: Der Tonfilm wurde erfunden. »Wie konnte das zu einer Krise führen?«, wird sich mancher vielleicht fragen. Handelte es sich dabei nicht um einen technischen Fortschritt, also um eine objektive Verbesserung des Mediums? Zweifellos. Aber der Tonfilm stellte zugleich die über knapp drei Jahrzehnte entwickelte künstlerische Sprache des Films auf den Kopf. Die Schauspieler mussten plötzlich verständlich sprechen können (was vielen nicht leichtfiel) und auf ihre großen, überdeutlichen Gesten und die weit aufgerissenen Augen verzichten, die in Verbindung mit den gesprochenen Dialogen nur noch lächerlich wirkten.

Wenn man so will, lässt sich dieser Schritt also auch als Verlust sehen: Die Bilder des Films hatten ihre Selbstständigkeit verloren. Die Produzenten und Regisseure waren fortan der Gefahr ausgesetzt, mittels Sprache zu viel von der Geschichte zu erklären, statt Bilder sprechen zu lassen. Der schon erwähnte Regisseur Alfred Hitchcock, den viele Zuschauer so bewundern und dessen erste Werke noch Stummfilme gewesen waren, weigerte sich darum zunächst, die neue Technik zu nutzen. Zwar hat er es sich später zum Glück anders überlegt, aber die kraftvolle, eigenständige Bildersprache, welche die Hitchcock-Filme auszeichnet, hat ihre Wurzeln ganz klar im Stummfilm. Im Übrigen sind es bis heute vor allem die Bilder, an die wir uns nach einem großen Film erinnern – und nur sehr selten die Dialoge der Schauspieler.

Die nächste Krise hatte das Kino in den 1950er-Jahren zu meistern. Inzwischen war Hollywood zum Zentrum der weltweiten Filmproduktion geworden. Aber zugleich entwickelte sich in den USA das Fernsehen zum Massenmedium. Das erwies sich einerseits als praktisch, weil das Fernsehen auch Kinofilme senden konnte. Aber andererseits gab es dadurch weniger Gründe für die Menschen, das Wohnzimmer zu verlassen und ins Kino zu gehen, zumal das Fernsehen bald begann, eigene Filme – eben Fernsehfilme – zu produzieren.

Mit dieser Konkurrenz muss das Kino bis heute leben. Sein Erfolgsrezept in diesem Wettstreit lautet: Kino muss schöner, aufregender, interessanter sein als Fernsehen. Das Breitwandformat wurde entwickelt, und die Produktionen wurden immer größer, aufwendiger und spektakulärer. Gerade weil fast alle Filme früher oder später im Fernsehen laufen oder auf DVD erhältlich sind, muss der Zuschauer das Gefühl haben, dass er den wahren Filmgenuss nur im Kino hat – durch die Macht der Bilder, der Musik, des Tons, der Effekte, die sich nur auf der großen Leinwand voll entfalten.

Und damit wären wir schon beim nächsten Wendepunkt am Ende der 70er-Jahre. Eine neue Filmaufnahmetechnik setzte sich damals durch: die Videotechnik. Videos waren viel schneller und preiswerter zu produzieren als ein Film auf klassischem Zelluloid. Das sorgte vor allem im Musikgeschäft für Furore, sodass im Laufe der Zeit jeder Popstar zu jedem neuen Hit ein eigenes Musikvideo auf den Markt brachte. Diese Videos entwickelten rasch eine ganz eigene Ästhetik: Sie waren schnell und hart geschnitten, die Bilderfolge war dem Rhythmus der Musik angeglichen mit aufwendigen Farben und Effekten. Viele Filmregisseure übernahmen diese Ästhetik bald in ihre Arbeit, insbesondere bei Filmen, die ein junges Publikum ansprechen sollten wie Thriller, Teenager-Komödien oder Science-Fiction.

Diese Entwicklung verstärkte sich noch mit der zunehmenden Verbreitung von Computer und Internet und den damit verbundenen technischen Möglichkeiten. Die Digitalisierung der Bilder, also ihre Produktion als Datensatz, eröffnet heute dem Regisseur und dem Produzenten ganz neue Gestaltungswege. Was zunächst nur im Bereich der Spezialeffekte von Bedeutung war, hat inzwischen die gesamte Bildersprache verändert. Die großen Kinoerfolge der vergangenen Jahre, »Harry Potter« und »Herr der Ringe«, wären ohne die Arbeit am Computer und die Erschaffung virtueller Fantasiereiche gar nicht möglich gewesen. Und das geschieht so täuschend echt, dass der Zuschauer den Unterschied zwischen realen und simulierten Bildern nicht bemerkt.

Die Kinoindustrie hat längst begriffen, mit welchen Geschichten Kinder und Jugendliche heute groß werden – weshalb manche Filme in ihrer Bildsprache inzwischen an Computerspiele erinnern. Folgerichtig sollen Filme jetzt in 3-D-Technik dem Zuschauer einen neuartigen Bildgenuss bieten, wie James Camerons 2009 gedrehter »Avatar«. Für diesen besonderen Kinospaß ist zwar das Tragen einer klobigen 3-D-Brille unerlässlich, dafür hat das Publikum das Gefühl, selbst inmitten der Filmlandschaft zu stehen und die Handlung hautnah mitzuerleben. Filme solcher Art werden dem Kino erstmals einen kleinen Vorsprung vor seinem aktuellen großen Konkurrenten verschaffen, dem Computer.

Nach diesem Blick auf die technische Entwicklungsgeschichte des Films lässt sich festhalten: Wie keine andere Kunstform stand der Film unter ständigem Erfolgs- und Konkurrenzdruck. Das hat zu manchen Verlusten geführt, das hat aber immer auch neue Kreativität und überraschende Innovationen bewirkt.

Allerdings gab und gibt es natürlich zu allen Entwicklungen auch stets eine Gegenbewegung – Regisseure, die auch nach der Erfindung des Tonfilms hauptsächlich auf die Magie der Bilder bauten, Produzenten, die gegen die Flut von spektakulären Großproduktionen bewusst auf kleine Filme und intime Geschichten setzten. Nirgendwo ist das Spektrum der künstlerischen Möglichkeiten so breit wie im Kino. Und das wird noch deutlicher, wenn wir nun den einen oder anderen berühmten Namen ins Spiel bringen.

Die Stars des Kinos

Während es aus europäischer Perspektive die Regisseure sind, die den Filmen den wesentlichen künstlerischen Stempel aufdrücken, stehen in den USA eher die Produzenten im Mittelpunkt – also jene Menschen, die das Filmprojekt initiieren, das Team zusammenstellen und das unternehmerische Risiko tragen. Deswegen geht alljährlich der wichtigste Oscar, nämlich jener für den »Besten Film des Jahres«, nicht an dessen Regisseur, sondern an den Produzenten. Nichtsdestotrotz lässt sich sowohl die Geschichte des europäischen wie des Hollywood-Films nach Regisseuren und ihren Stilen wenigstens etwas gliedern.

Wie bei jeder Kunstform gibt es natürlich auch beim Film besonders schöpferische Künstler, in diesem Fall Regisseure, die den Stil eines Genres gestaltet und geprägt haben und auf die sich viele andere Regisseure wiederum beziehen. Deshalb kann es nicht schaden, ein paar der großen Namen zu kennen.

Wenn es um die Anfangsphase des Kinos geht, um die Stummfilmzeit, fällt sofort ein Name: *Charles Chaplin* (1889 bis 1977). Als Hauptdarsteller seiner eigenen Filme hat er eine Figur geschaffen, die noch heute fast überall auf der Welt von den Menschen erkannt wird: der Vagabund mit Wuschelkopf und Schnurrbart in zu kurzen Hosen und mit Melone und Spazierstock. Chaplins große abendfüllende Filme »Goldrausch« (1925), »Lichter der Großstadt« (1931), »Moderne Zeiten« (1936) und »Der große Diktator« (1940) haben durch ihren Humor, aber auch durch ihre menschliche, anrührende Botschaft bis in die Gegenwart hinein nichts von ihrem Rang verloren. Übrigens hat sich Chaplin – ähnlich wie Hitchcock – eine gewisse Zeit dem Tonfilm versagt: Er sah das pantomimische Spiel als Grundlage jeder Filmkunst durch gesprochene Dialoge in Gefahr. Deshalb gibt es in »Moderne Zeiten«, seiner großen Studie über die Gefahren eines entmenschlichten Kapitalismus, obwohl 1936 schon weit in der Tonfilmzeit uraufgeführt, noch immer geschriebene Zwischentitel, während menschliche Sprache nur als Geräuschkulisse vorkommt.

In der Stummfilmzeit war Hollywood aber noch keineswegs das Zentrum der Filmwelt. Die deutsche Filmgesellschaft Ufa in Berlin produzierte mindestens ebenso viele und wichtige Filme. Und da es ohne gesprochene Dialoge noch keine Verständnisprobleme gab – nur die Texttafeln mussten unter Umständen übersetzt werden –, war die Ufa damals international sehr erfolgreich. Zwei Regisseure stehen ganz besonders für diese Zeit: *Friedrich Wilhelm Murnau* (1888–1931) und *Fritz Lang* (1890–1976). Murnaus Vampirepos »Nosferatu« (1922) schuf eine Bildersprache für den Gruselfilm, die in ihren Grundzügen bis zum heutigen Tag gültig ist. Und mit der Zukunftsvision »Metropolis« (1927), dem Kampf um Liebe in einer Stadt voller seelenloser Menschen, hat Lang ein anderes wichtiges Kinogenre, den Science-Fiction-Film, mit-geprägt.

Dass die Ufa in den darauffolgenden Jahren den Wett-streit mit Hollywood verlor, hatte verschiedene Gründe. Zum einen gelang es den amerikanischen Produzenten, die großen Regietalente aus Europa für sich zu engagieren. Zum anderen flohen in den 30er-Jahren zahlreiche Künstler nach New York und Los Angeles, um dem Naziterror in Deutschland zu ent-kommen. Ein Aderlass, von dem sich das deutsche Kino im Grunde erst wieder in den 70er-Jahren erholen konnte.

Im Genre der Komödie gibt es zwei Namen, an denen kein Weg vorbeiführt: *Ernst Lubitsch* (1892–1947) und *Billy Wilder* (1906–2002) – beide übrigens jüdische Emigranten aus Mitteleuropa. Die Leichtigkeit, ja, Eleganz, mit der Lu-bitsch in »Ninotschka« (1939) und »Sein oder Nichtsein« (1942) die beiden totalitären Systeme jener Zeit, den Natio-nalsozialismus und den Kommunismus, der Lächerlichkeit preisgibt, ist bis heute beispielhaft. Wilders »Manche mögen's heiß« (1959; mit Marilyn Monroe, Jack Lemmon und Tony Curtis in den Hauptrollen) gilt vielen Filmfreunden bis zum heutigen Tag als beste Filmkomödie aller Zeiten – oft kopiert, bisher aber nie erreicht.

Wenn es um das europäische Kino geht, sollte man vor al-lem zwei große Filmländer beachten: Italien und Frankreich. Die Italiener haben nach dem Zweiten Weltkrieg mit beson-ders kargen, spröden, realistischen Bildern einen Stil geprägt, der zwar den Nöten der Zeit in Europa geschuldet war, aber zugleich bis nach Hollywood ausstrahlte. Für diesen Stil steht vor allem der Regisseur *Roberto Rossellini* (1906–1977; »Rom, offene Stadt«, »Stromboli«). Auch *Federico Fellini* (1920–1993) filmte zunächst in dieser Tradition, zum Beispiel sein wunder-bar poetisch-melancholisches Drama »La Strada« (1954). Spä-ter wurden seine Filme zusehends opulenter, beispielsweise

»La dolce vita« (1960), und bekamen schließlich etwas Revuehaftes, Groteskes wie »Fellinis Roma« (1972).

Als *der* französische Meisterregisseur gilt *François Truffaut* (1932–1984). Truffaut wollte mit dem nach Perfektion strebenden Kino brechen und forderte ein »unperfektes Kino der Autoren«. Ironischerweise sind gerade ihm einige Liebesfilme und Melodramen gelungen, die in ihrer Dichte und Melancholie bis heute ihresgleichen suchen. »Jules und Jim« und »Die süße Haut« aus den 1960er-Jahren sind zweifellos das, was viele Zuschauer als »typisch französische Filme« empfinden. Ein weiterer Filmerneuerer ist *Jean-Luc Godard* (*1930), der mit seinen Bild- und Erzählexperimenten Truffaut zweifellos noch übertrifft. Sein Gangsterdrama »Außer Atem« (1959) mit Jean-Paul Belmondo und Jean Seberg verwirrt den Zuschauer auf den ersten Blick mit harten Schnitten und Bildsprüngen. Bis heute lehnen sich zahlreiche experimentelle Filme an diesen betont obercoolen Klassiker an.

Von François Truffaut stammt übrigens eines der berühmtesten Bücher über das Kino. Seine Interviews mit Alfred Hitchcock, veröffentlicht unter dem Titel: »Wie haben Sie es gemacht, Mr. Hitchcock?«, zeigen Bewunderung für einen Hollywood-Regisseur, der seine Wurzeln im europäischen, britischen Kino hat. Hitchcocks große Kunst bestand im Aufbau von Suspense, also Spannung, oder besser gesagt: Anspannung. Ein Thriller ist nach Hitchcocks Philosophie nur dann gut, wenn er die Bedrohung eines Verbrechens, einer Bluttat nicht etwa direkt zeigt. Vielmehr sollen seine Bilder nur andeuten, dass gleich etwas passieren wird, sodass sich der Zuschauer die Schrecklichkeit des Geschehens viel wirkungsvoller in seiner eigenen Vorstellung ausmalt. Auf diese Weise löst der sich nähernde Schatten hinter dem Duschvorhang in »Psycho« (1960) mehr Horror aus, als es eine explizit gezeigte Mordszene je könnte. An diesem Grundprinzip des Spannungsaufbaus kommt bis heute kein Thriller-Regisseur vorbei.

In der Bundesrepublik Deutschland setzten die Produzenten im Kampf gegen das erstarkende Fernsehen zunächst vor allem auf Heimat- und Schlagerfilme, bis Ende der 60er-Jahre eine Welle von Aufklärungs- und Softsexstreifen die Kinos überschwappte. Gegen diese Verödung protestierte eine Riege jüngerer Regisseure: Der »Neue Deutsche Film« sorgte mit anspruchsvollen, politisch kontroversen Kinofilmen in den 70er-Jahren für zahlreiche Debatten, vor allem aber für neues Interesse am deutschen Film. *Volker Schlöndorff* (*1939) schuf 1978 mit der »Blechtrommel« nach dem Roman von Günter Grass eine der besten Literaturverfilmungen aller Zeiten und holte nach langer Zeit wieder einen Oscar nach Deutschland. *Wim Wenders* (*1945) drehte mit »Der amerikanische Freund« 1977 die bis dahin gelungenste Verfilmung eines Kriminalromans von Patricia Highsmith.

Im Mittelpunkt dieser Zeit stand aber der geradezu manisch filmschaffende Rainer Werner Fassbinder, dessen emotional erzählte Geschichten aus dem bundesdeutschen Alltag, vor allem aber über die deutsche Nazi- und Nachkriegszeit, bis nach Amerika für Aufsehen sorgten (»Die Ehe der Maria Braun«, 1978; »Lili Marleen«, 1980; »Die Sehnsucht der Veronica Voss«, 1982). Fassbinder ist die große tragische Figur des deutschen Kinos: Hätte ihn sein exzessiver Lebensstil nicht bereits mit 37 Jahren in den Tod geführt, wäre er heute vielleicht einer der ganz Großen der Filmgeschichte. Andererseits wären seine Filme ohne seine kompromisslose Lebensweise und der darin zum Ausdruck kommenden Weltsicht wahrscheinlich nicht zu jenen zeitlosen Kunstwerken geworden, als die sie uns bis heute begeistern.

Unter den Regisseuren des jüngeren Hollywood-Kinos ragen folgende Namen besonders hervor: *Francis Ford Coppola*

(*1939) und *Martin Scorsese* (*1942). Beide Regisseure haben die Kunst des amerikanischen Actionkinos seit den 70er-Jahren entscheidend verfeinert – und werfen mit ihren ungemein spannenden Filmen auch immer einen kritischen Blick auf die Gesellschaft. Coppola ist vor allem für seine Mafia-Trilogie »Der Pate« (ab 1972) und den Vietnam-Kriegsfilm »Apocalypse Now« (1979) berühmt. Scorsese sorgte 1976 mit seinem für diese Zeit ungewöhnlich brutalen Film »Taxi Driver« für Aufsehen. Alles, was er in jüngerer Zeit gedreht hat, ob »Gangs of New York« (2002), »Departed – Unter Feinden« (2006) oder »Shutter Island« (2010), zählt zu den besten Filmen ihrer Zeit.

In einer solchen Namensliste darf einer schließlich ganz bestimmt nicht fehlen: *Steven Spielberg* (*1946). Sein Weg zu einem der tonangebenden Regisseure und Produzenten des amerikanischen Films war nicht ganz einfach. Mit seinen Kassenknüllern »Der weiße Hai« (1975), »Indiana Jones« (ab 1981) oder »E. T.« (1982) sorgte er zwar für Furore, wurde aber lange Zeit gerade von deutschen Kritikern als Regisseur von effektvollen Unterhaltungsfilmen abgekanzelt. Entsprechend groß war die Aufregung, als Spielberg 1993 unmittelbar nach seinem Dinosaurier-Knaller »Jurassic Parc« das Holocaust-Drama »Schindlers Liste« ins Kino brachte. Viele bestritten Spielberg das Recht, angemessene Bilder für die Judenverfolgung in Europa finden zu wollen und zu können. Inzwischen aber ist nahezu unbestritten, dass »Schindlers Liste« eines der eindrucksvollsten, sensibelsten und im Übrigen auch filmisch stärksten Werke über die Grauen des Nationalsozialismus ist.

Zwei Filmgattungen kamen bisher noch gar nicht zur Sprache, obwohl das Kino ohne sie nur halb so interessant wäre: Da ist als Erstes der Dokumentarfilm, der im Gegensatz zum Spielfilm den Anspruch hat, keine erdachte Handlung, sondern die Wirklichkeit zu zeigen – im Grunde anknüpfend an die allerersten Kurzfilme der Brüder Skladanowsky und Lumière 1895. Der Dokumentarfilm hat es aufgrund seines kommerziell geringeren Erfolgs im Kino nie leicht gehabt. Zudem kam es im 20. Jahrhundert nicht selten vor, dass er von totalitären Regimen als Propagandamittel missbraucht wurde.

In jüngerer Zeit jedoch erlebt das Genre einen ungewohnten Aufschwung: Michael Moores polemisch zugespitzte Studien über die amerikanische Gesellschaft (»Fahrenheit 9/11«, 2004) oder »Eine unbequeme Wahrheit« (2006), Al Gores Beitrag zur Klimadebatte, haben ein großes, junges Publikum erreicht.

Sonderfall Nummer zwei hatte noch nie unter mangelnder Beliebtheit zu leiden: Der Trickfilm war schon immer ein Publikumsliebling. Vor allem mit den fantasievollen Märchenfilmen Walt Disneys sind schon Generationen von amerikanischen und europäischen Kindern groß geworden. Der Trickfilm profitiert natürlich ganz besonders von den neuen technischen Möglichkeiten der Digitalisierung; man nennt ihn darum auch längst Animationsfilm, um nicht mehr den Eindruck zu erwecken, sein Basismaterial seien noch immer handgezeichnete Einzelbilder.

Seine Vormachtstellung im Trickfilmbereich hat Walt Disney in jüngerer Zeit verloren. Insbesondere die konkurrierenden Pixar Studios haben mit einer Reihe von Streifen für Furore gesorgt, die mit viel Witz und Selbstironie auch ein erwachsenes Publikum begeistern konnten. »Findet Nemo«

(2003) beispielsweise zählte an den Kinokassen zu den erfolgreichsten Filmen des ersten Jahrzehnts des 21. Jahrhunderts.

Filmkunst als Entdeckungsreise

Kein Medium vermag so viele Menschen emotional zu berühren, wie der Film. Wer Lust hat, sich intensiver mit Filmkunst zu befassen, dem bieten sich zahlreiche Möglichkeiten. Jenseits des aktuellen Programms gibt es in einigen deutschen Städten sogenannte Kommunale Kinos, die den Auftrag haben, ökonomisch weniger erfolgreiche oder historische Filme zu zeigen. Kommunale Kinos organisieren häufig Filmreihen, innerhalb derer das Schaffen eines einzelnen Regisseurs oder Filme eines bestimmten Landes präsentiert werden. Das ermöglicht sehr interessante Einblicke und Vergleiche.

Filmreihen kann man sich aber auch selbst zusammenstellen – entweder bei einem guten DVD-Verleih in der Nähe oder bei den inzwischen zahlreichen Verleihangeboten im Internet. Eine Filmschau im eigenen Fernsehapparat kann natürlich nie mit einer Kinovorführung konkurrieren, hat aber den Vorteil, dass man nach eigenem Wunsch Einzelszenen oder interessante Bilderfolgen mittels Fernbedienung immer wieder und ganz genau in Augenschein nehmen kann.

Zehn Klassiker der Filmgeschichte

1. »**Goldrausch**« (1925) von **Charles Chaplin** (1889–1977). Ein Tramp stapft durch das winterliche Alaska auf der Suche nach dem Glück. Doch weder Reichtum noch Liebe sind auf die Schnelle zu bekommen. In seiner Not entscheidet sich Charlie, seine Schuhe zu verspeisen – mit Messer und Gabel, versteht

sich, und mit jenem Stil, mit dem ein Mensch selbst in großer Not seine Würde demonstrieren kann. Eine der berühmtesten Sequenzen der Filmgeschichte.

2. »**Citizen Kane**« (1941) von **Orson Welles** (1915–1985). Mit dem sehnsuchtsvoll geflüsterten Wort »Rosebud« stirbt der Zeitungsmagnat Charles Foster Kane auf seinem Traumschloss Xanadu. Ein Reporter macht sich auf die Suche nach dem Geheimnis des gefürchteten Mannes. Wer oder was ist Rosebud? Eines der ganz großen Rätsel der Kinogeschichte.

3. »**Casablanca**« (1942) von **Michael Curtiz** (1888–1962). Keine Bestenliste kommt an diesem Klassiker vorbei – Liebes-, Agenten-, Kriegsfilm und Melodram in einem. Mit Humphrey Bogart und Ingrid Bergman, dazu Claude Rains als undurchschaubarer französischer Leutnant Renault: ein zeitloser Filmgenuss.

4. »**Manche mögen's heiß**« (1959) von **Billy Wilder** (1906–2002). Auch diese Komödie ist auf jeder Bestenliste zu finden. Egal, wie oft man das Meisterstück auch gesehen hat, die Abenteuer von Sugar, Daphne und Josephine reizen jedes Mal aufs Neue zu Lachschauern. Und mit dem allerletzten Satz versteht man endlich den tieferen Sinn eines der beliebtesten amerikanischen Sprichwörter: »Nobody is perfect.«

5. »**Außer Atem**« (1960) von **Jean-Luc Godard** (*1930). Herrlich cool und verrückt versuchen der kleine Ganove (Jean-Paul Belmondo) und die schöne amerikanische Studentin (Jean Seberg) die Flucht vor der Pariser Polizei. Mit ganzer Wucht protestiert hier der Kinorevolutionär Godard gegen die Sehgewohnheiten des Publikums. Ein Meilenstein.

6. »**2001 – Odyssee im Weltraum**« (1968) von **Stanley Kubrick** (1928–1999). Nicht, dass man in dieser Zukunftsvision über geheimnisvoll klingende schwarze Steinmonolithen alles gleich verstehen würde. Aber Kubricks Verknüpfung grandioser Bilder mit der Filmmusik gilt zu Recht als Wendemarke der Bildsprache. Zwei Raumschiffe im Gleichklang des Walzertakts – das hat nach diesem Film keiner mehr gewagt.

7. »**Die Ehe der Maria Braun**« (1979) von **Rainer Werner Fassbinder** (1945–1982). Als nach dem Ende des Zweiten Weltkriegs

Marias Ehemann nicht mehr heimkehrt, muss sie sich allein um den Aufbau einer neuen Existenz sorgen. Doch eines Tages steht die Vergangenheit wieder vor ihrer Tür. Eine glänzende Parabel Fassbinders auf die deutsche Nachkriegsgeschichte. Und zugleich ein schönes Beispiel dafür, dass bei jedem wirklich guten Film zum Schluss für den Zuschauer eine wichtige Frage offen bleibt.

8. »Fanny und Alexander« (1982) von **Ingmar Bergman** (1918 bis 2007). Der schwedische Meisterregisseur entfaltet in diesem Alterswerk ein großes Panorama der bürgerlichen Familie: ihre Stärken und ihre Abgründe, ihre Lebenswärme und ihre Eiseskälte. Das Schicksal der beiden Geschwister Fanny und Alexander zeigt die unmittelbare Nähe von Liebe und Tod – und beschwört die rettende Kraft der Kunst.

9. »Blade Runner« (1982) von **Ridley Scott** (*1937). Harrison Ford als knallharter Polizist auf der Suche nach Kunstmenschen, die außer Kontrolle geraten sind. Ort des Geschehens: eine Stadt in der Zukunft, voller Dunkelheit und Dauerregen. Und nass von Angstschweiß ist der Zuschauer, wenn er diese beiden Sternstunden moderner Kinoästhetik überstanden hat. Nervenzerfetzend spannend!

10. »Schindlers Liste« (1993) von **Steven Spielberg** (*1946). Die Geschichte des Industriellen Oskar Schindler schafft ebenso bestürzende wie aufwühlende Bilder zum Holocaust. Spielbergs Meisterwerk erkundet dabei unser aller Humanität – ein Lichtblick der Hoffnung am Ende eines Jahrhunderts voller Schrecken.

OPER

Die Oper ist eine festliche Angelegenheit – immer noch.
Von all der Kultur, von all den Kunstformen, die man heutzutage erleben kann, hat die Oper das höchste Prestige. Wer
Freunden oder Kollegen erzählt: »Heute Abend gehen wir
in die Oper«, erntet fast immer anerkennende Blicke. Keine
Frage, die Oper macht mächtig was her. Wenn Sie aber mit
Ihrem Opernbesuch nicht nur Blicke ernten wollen, sondern
diesen tatsächlich genießen möchten, müssen Sie ein paar besondere Vorbereitungen treffen.

Vorbereitung auf den Opernabend

Zunächst einmal – Vorbereitung Nummer eins – schadet es
nicht, sich für den Besuch einer Opernvorstellung ein wenig
schicker oder eleganter zu kleiden als sonst. Eigentlich ist jede
Form von Kleiderordnung in unserem Kulturbetrieb längst
aufgehoben – eine überaus erfreuliche Entwicklung, sofern
eine bestimmte Kleiderordnung mit sozialen Schranken verbunden ist. Wer heute ins Museum, ins Konzert, ins Schauspielhaus oder gar zu einer Tanzperformance geht, kann sich
kleiden, wie er will. Ob vornehm oder leger, ob stilvoll, lässig
oder gar nachlässig, das ist völlig seinem persönlichen Ermes-
sen (und Selbstbewusstsein) überlassen.

Doch die Oper bleibt die große Ausnahme. Selbst für den
Besuch von Vorstellungen in kleineren Städten putzt sich das
Publikum im Allgemeinen immer ein wenig heraus. Wohlge-

merkt: Dies ist kein sozialer Zwang im klassischen Sinn. Auch in einem Opernhaus wird heute niemand mehr schief angeguckt, wenn er mit Jeans und T-Shirt bekleidet ist. Nein, vielmehr bleibt die Oper auch im 21. Jahrhundert eine der wenigen Kulturorte, deren Besuch die Menschen von vornherein in eine gewisse festliche Erwartung versetzt. Ein Opernbesuch hat etwas von Feiertag – selbst mitten in der Woche. Und die Wahl eines besonderen Outfits steigert die Vorfreude zumeist noch.

Ein Opernbesuch erfordert noch eine zweite Vorbereitung: Gerade, wenn man bisher nur selten oder noch gar nicht in der Oper war, sollte man zuvor einen Blick in einen Opernführer geworfen haben, in dem die Handlungen der wichtigsten Stücke und ihre Bedeutung erläutert werden. Das Gleiche gilt natürlich auch, wenn man als regelmäßiger Operngänger die auf dem Programm stehende Oper noch nicht oder zumindest nicht besonders gut kennt. Auf fast alle Kunstwerke dieser Welt kann man sich unvorbereitet einlassen: moderne Kunst, ein aktuelles Schauspiel, ein ungewöhnlicher Kinofilm, das Buch eines jungen Schriftstellers – all diese Kulturformen lassen sich ganz ungezwungen nach Lust und Laune wahrnehmen. Wenn man sich allerdings völlig unvorbereitet in eine Opernvorstellung setzt, steht einem ein sehr langer und sehr anstrengender Abend bevor. Und das sollte man besser vermeiden.

Warum ist das nur bei der Oper der Fall? In der Oper wird die Handlung gesungen, weshalb man oft nicht exakt versteht, was die Künstler auf der Bühne gerade zum Ausdruck bringen. In manchen Vorstellungen gibt es zwar den gesungenen Text als Übertitel zu lesen. Wenn man aber die ganze Zeit dort hinschaut, versäumt man vieles, was sich gerade auf der Bühne tut. Häufig ist zudem die Inszenierung so ungewöhnlich, dass man nicht unbedingt aus den Kulissen oder den

Kostümen Rückschlüsse auf die Handlung ziehen kann. Im Gegensatz zum Musical ist es in der Oper auch nicht unbedingt gesichert, dass es im Verlauf des Stücks wenigstens kurze Abschnitte gibt, in denen die Akteure miteinander sprechen und die Ereignisse dadurch wieder verständlich werden. Die meisten Opern sind tatsächlich reine Musiktheaterwerke. Da braucht man beides, um sie genießen zu können: Herz und Verstand. Und ein gewisses Vorwissen.

Gerade das ist das Besondere an der Kunstform Oper – hier spielt zusammen, was schon einzeln und für sich große Kunst sein kann: die Instrumente im Orchestergraben mit dem Gesang der menschlichen Stimmen, wobei diese Stimmen manchmal allein singen, manchmal zu zweit, zu dritt, zu viert oder im Chor. Dazu ein Bühnenbild, Kostüme, vielleicht sogar noch kombiniert mit den Auftritten von Tänzern oder speziellen Lichteffekten, wie das zeitweise in der Operngeschichte höchst beliebt war. In der Oper fügen sich verschiedene Künste zusammen und sind auf ein Ziel ausgerichtet: auf möglichst kunstvolle Weise eine Geschichte zu erzählen.

Ohne Orpheus wär' das nicht passiert

Dieses Miteinander der verschiedenen Ausdrucksformen prägte die Kulturgeschichte der Menschen von Beginn an. Die erste Oper im heutigen Sinn wurde aber erst 1607 von dem italienischen Komponisten *Claudio Monteverdi* (1567–1643) komponiert: »L'Orfeo« – zu Deutsch: »Orpheus«. Es ist kein Zufall, dass hier mit Orpheus ein berühmter Künstler der antiken Sagenwelt im Mittelpunkt steht, von den Göttern mit großen musikalischen Fähigkeiten und einer himmlischen Stimme begnadet.

Als seine geliebte Frau Eurydike stirbt, steigt Orpheus

höchstpersönlich in den Abgrund, um sie vom Totengott Thanatos zurückzuerbitten. Und tatsächlich: Mit seinem Gesang besänftigt er nicht nur die grauenhaften Furien, sondern rührt sogar die Götter. Ihm wird gewährt, was auf der Welt eigentlich unmöglich ist: die Rückkehr der Geliebten von den Toten zu den Lebenden. Nur eine Bedingung muss Orpheus erfüllen: Auf dem Weg zurück an die Oberfläche, also ins Leben, muss er vorausgehen und darf sich kein einziges Mal zu seiner Eurydike umdrehen. Natürlich kommt es, wie es kommen muss: Je weiter und steiler der Weg hinaufführt, desto stärker wächst in Orpheus der Zweifel, ob seine Geliebte ihm wirklich noch folgt oder alles nur ein böses Spiel der Götter ist. Er schaut sich um – und Eurydike muss wieder hinab ins Totenreich, nun mutmaßlich für immer und ewig.

Für die musischen Künste ist diese Orpheus-Geschichte ein zentrales Sinnbild, denn sie bringt eine wichtige Botschaft auf den Punkt: Letztlich vermag es nur die Kunst, das Menschenunmögliche möglich zu machen. Aber ihr Regiment ist von begrenzter Dauer, sie funktioniert nur für den schönen, schier irrealen Augenblick. Ist die Musik verklungen, hat uns die Welt mit ihren Regeln und Zweifeln zurück.

Und noch etwas Entscheidendes wird gleich mit diesem ersten Musiktheater der Kunst- und Musikgeschichte deutlich: Die Oper lebt von den großen Gefühlen. Ihre Themen sind Liebe, Hass, Schmerz, Tod, Trauer, Angst, Qual, Verzückung – die menschlichen Emotionen in ihrer reinsten und stärksten Form, zugespitzt auf den alles entscheidenden, dramatischen Moment. Deswegen handeln so viele Opern von Mythen und Sagen oder spielen zum Zeitpunkt großer historischer Ereignisse, und deswegen treten so viele Götter oder Herrscher in ihnen auf. Sicher kann auch der »kleine Mann« und sein Alltag einmal Thema einer Oper sein. Aber nur, wenn dieser Alltag kräftig pulsiert und irgendeine Sehnsucht, irgendein Gefühl zum dramatischen Ausbruch kommt, wie in der Oper »Peter Grimes« von *Benjamin Britten* (1913–1976), deren Hauptfigur ein einfacher Fischer ist.

Nach Monteverdi erlebte die Oper eine erste Blütezeit an den Fürstenhöfen des Absolutismus. Die barocken Herrscher liebten es, zu den verschiedensten Gelegenheiten Künstler auftreten zu lassen, und je mächtiger und reicher sie waren (oder zumindest wirken wollten), desto größer war der Aufwand, der auf der Bühne zu betreiben war. Die Opern jener Zeit waren zumeist sehr lang, dauerten bis tief in die Nacht und boten den Zuschauern auf ihrem Höhepunkt gern einmal ein großes Feuerwerk – wobei dieses Feuerwerk wahrscheinlich der einzige Zeitpunkt war, an dem der Fürst und seine Gäste vom künstlerischen Geschehen wirklich ungeteilte Notiz nahmen.

Eine Opernvorstellung, wie wir sie heute kennen, mit einem stillen, aufmerksamen Publikum, war der barocken Welt völlig fremd. Die Oper diente der Repräsentation; es wurde gegessen, getrunken, gelacht, geliebt, intrigiert – auf der Bühne, vor der Bühne, hinter der Bühne. Deswegen wirken barocke Opern aus heutiger Sicht häufig ein wenig statisch: Sie bestehen meist aus einer langen Reihe einzelner Nummern, zu denen die Sänger auf- und wieder abtreten. Zwischendurch gibt es auch mal ein kleines Ballett, und irgendwann im Lauf des Abends spitzt sich alles auf einen Höhepunkt mit Trommelwirbel und Fanfaren zu.

Ouvertüre, Arie, Finale – was eine Oper alles zu bieten hat

Die heutige Oper entwickelte sich über viele Jahrzehnte und ein, zwei Jahrhunderte hinweg. Sie beginnt zumeist mit der Ouvertüre – dem Eröffnungsstück, bei dem das Orchester noch unter sich und der Vorhang zumeist noch geschlossen bleiben. Diese fünf oder zehn Minuten sollen das Publikum auf die Grundatmosphäre der kommenden Ereignisse einstimmen; meist klingen dabei ein oder zwei zentrale Melodien des Stücks an. In vielen Opern ist es üblich, nach der Ouvertüre dem Orchester einen ersten Beifall zu spenden. Danach hebt sich der Vorhang.

Das Operngeschehen unterteilt sich in einzelne Akte – entweder zwei, drei, vier oder auch fünf – und in eine Folge musikalischer Einzelnummern. Wenn Sänger oder Sängerinnen zu einzelnen Darbietungen ansetzen, spricht man von Arien. Manche davon werden solo gesungen, andere zu zweit im Duett, zu dritt im Terzett oder zu viert im Quartett. In den Arien berichten die Figuren über ihren aktuellen Seelenzustand, und das zumeist sehr ausführlich, mit vielen Wiederholungen. Diese Ausführlichkeit mag auf den Opernneuling ein wenig übertrieben wirken. Aber eine Arie dient in erster Linie dazu, der Schönheit der Musik und den Möglichkeiten der menschlichen Stimme Ausdruck zu verleihen. Häufig, wenngleich nicht in allen Opern, ist es üblich, nach besonders schön dargebrachten Arien dem Sänger oder der Sängerin Beifall zu klatschen.

Um die Handlung im engeren Sinn voranzutreiben, wird zwischen den Arien häufig gesprochen. In manchen Opern schweigt dazu das Orchester ganz, dann sprechen die Sänger tatsächlich einige Minuten lang wie in einem Schauspiel. Oder sie singen zwar diese Teile, aber weniger schön, weniger arienhaft, sondern eher in einer Art Sprechgesang zu einer kleinen instrumentalen Begleitung. Der Fachbegriff für Letzteres lautet Rezitativ. Zum Schluss des Abends mündet meist alles in ein großes Finale – ein Schlussbild als dramatischer Höhepunkt mit allen Darstellern auf der Bühne und großem Schlussakkord des Orchesters. Danach: Beifall.

Im Verlauf des 19. Jahrhunderts versuchten übrigens immer mehr Komponisten, diese Nummernabfolge der klassischen Opernform – die für sie etwas von einer Zirkusrevue hatte – zu überwinden. Einer der wichtigsten Reformer auf diesem Gebiet war Richard Wagner – wir kommen später noch auf ihn zurück. Er wollte die Ernsthaftigkeit der Kunstform Oper dadurch betonen, dass er sie vom ersten bis zum letzten Takt ohne Pausen durchkomponierte. Dadurch entsteht ein musikalischer Sog, den ein Neuling anfangs kaum durchschauen wird, dem er sich aber wenigstens willenlos hingeben kann. Geklatscht wird hier natürlich nicht mehr zwischendurch, sondern nur noch nach den Akten und zum Schluss. Dafür dann meistens umso heftiger.

Die großen vier des Spielplans: Mozart, Wagner, Verdi, Puccini

Nach Monteverdi und seinem »L'Orfeo« ist das Opernrepertoire nach und nach ins beinahe Unermessliche gewachsen; und es kommen bis heute in jeder Spielzeit neue Stücke hinzu. Man nehme nur einen durchschnittlichen Opernführer zur Hand und blättere darin, um einen Eindruck von der Anzahl zu bekommen. Allerdings gibt es eine Reihe von Komponisten, die besonders stark in den Spielplänen unserer Opernhäuser vertreten sind. Und unter diesen sind es wiederum vier, deren Namen man nicht nur kennen, sondern mit deren Namen man auch eine gewisse Vorstellung verbinden sollte, um in der Opernwelt nicht völlig orientierungslos dazustehen: ein Österreicher, ein Deutscher und zwei Italiener – Mozart, Wagner, Verdi und Puccini.

Allein mit den Opern von *Wolfgang Amadeus Mozart* (1756–1791) könnten Opernhäuser mühelos die ganze Saison bestreiten. Dank ihrer schönen, auch für heutige Ohren leicht nachvollziehbaren Musik und ihrer prachtvollen Arien sind sie beim Publikum in aller Welt äußerst beliebt. Wobei man sich nicht täuschen lassen sollte: Bei aller Schönheit und Leichtigkeit der Oberfläche erschließt sich auch eine Mozart-Oper in ihrer ganzen Tiefe nur dem, der genau, mehrfach und intensiv hinhört und Energie in das Nachfühlen und Verstehen investiert.

Dennoch bieten die Opern des Salzburger Komponisten gerade dem Opernunerfahrenen die Möglichkeit eines sanften Einstiegs. Nicht umsonst ist Mozarts deutschsprachiges Werk »Die Zauberflöte« schon bei Kindern so beliebt. Hier haben wir zum einen eine ebenso märchenhafte wie vergnügliche Geschichte, in der ein Prinz namens Tamino viele Prüfungen bestehen muss, um eine Prinzessin zu erobern, während sein ebenso einfach gestrickter wie schreckhafter Begleiter Papageno alles falsch macht, obwohl er doch nur inständig auf der Suche nach seiner geliebten Papagena ist. Dies alles verknüpft sich zum anderen mit einer leichten, melodieorientierten, höchst abwechslungsreichen Musik. Im Übrigen gibt es in der »Zauberflöte« ein Gesangsstück, von dem fast jeder schon mal gehört, auch wenn er das Stück selbst noch nie gesehen hat: die Arie der Königin der Nacht. Diese ist von Mozart so dramatisch, so wild und in so hoher Stimmlage komponiert worden, dass nur die besten Sopransängerinnen damit wirklich zurechtkommen.

Nicht ganz so märchenhaft, aber ebenso mitreißend sind die anderen berühmten Opern Mozarts: »Don Giovanni« über das dramatische, rücksichtslose Liebesleben des Don Juan – und sein schreckliches, aber gerechtes Ende; »Die Hochzeit des Figaro«, in der Kammerdiener Figaro seine Vermählung mit Zofe Susanna plant, auf die es aber auch Graf Almaviva abgesehen hat; oder »Cosi fan tutte« (zu Deutsch etwa: »So machen sie es alle«), in der sich einige Liebespaare auf höchst verwirrende Art gegenseitig auf die Treue-probe stellen. Mozart hat übrigens noch sehr viel mehr Opern geschrieben. Aber zumindest von den eben erwähnten soll-te man als Operninteressierter eine ungefähre Vorstellung haben.

Um Opern von *Richard Wagner* (1813–1883) genießen zu können, bedarf es wesentlich intensiverer Vorbereitung. Aller-dings gibt es auch Opernliebhaber, die die Werke von Richard Wagner (die im Übrigen fünf bis sechs Stunden dauern kön-nen) grundsätzlich nicht ertragen. Wagner wollte, wie bereits angesprochen, die Oper reformieren und modernisieren. Des-wegen hat er seine Stücke durchkomponiert; das heißt, es gibt keine einzelnen Arien mehr, geschweige denn gesprochene Dialoge. Stattdessen hat er einen sehr anspruchsvollen Text vom ersten bis zum letzten Wort mit einer nicht minder an-spruchsvollen, der Handlung gemäßen Musik versehen. Wag-ners Themen sind große Sagen und Mythen der Deutschen: Es geht fast immer um Tod, Kampf, unerfüllte Liebe und Ver-dammnis. Das berühmteste Opernhaus, in dem regelmäßig Wagner-Opern aufgeführt werden, hat er 1876 mithilfe des bayerischen Königs Ludwig II. selbst begründet und bauen lassen: das Festspielhaus in Bayreuth. Die dort stattfindenden alljährlichen Sommerfestspiele sind wegen der ungewöhnlich guten Akustik des Hauses so beliebt, dass Wagner-Fans aus aller Welt jahrelang geduldig auf Eintrittskarten warten. Auch darf man in Bayreuth in aller Regel auf besonders gute Diri-genten und Sänger zählen. Viele Wagner-Opern sind nämlich derart anspruchsvoll komponiert, dass nur wenige Ausnahme-talente sie wirklich fehlerfrei singen können. Deswegen ist nach einer gelungenen Wagner-Aufführung der Jubel der Zu-schauer für die Musiker und Sänger auch besonders groß.

Die wichtigsten Wagner-Opern sind »Lohengrin« (in der ein Wunderheld auf einem Schwan einer von Rivalen bedrängten Fürstin zu Hilfe eilt), »Tannhäuser« (hier schwankt ein Rittersmann zwischen den Verlockungen der Erotik und der edlen, reinen Liebe), »Parsifal« (angelehnt an die Sagenwelt der Ritter der Tafelrunde), »Tristan und Isolde« (als Geschichte einer nur im Tod möglichen großen Liebe), die »Meistersinger von Nürnberg« (die einzig annähernd humorvolle Wagner-Oper, in der in der alten Reichsstadt ein Sängerwettstreit zwischen Tradition und Modernisierung tobt) und natürlich der »Ring des Nibelungen«. Wobei der »Ring«, wie er zumeist verkürzt genannt wird, wiederum aus vier einzelnen Opern besteht, die von einem großen Kampf um Liebe und Macht zwischen Göttern, Zwergen, Riesen und Menschen erzählen – hier treten dann beispielsweise Siegfried, der Göttervater Wotan, die streitlustigen Walküren und der finstere Mörder Hagen auf.

Jene Oper, die den vielleicht einfachsten Einstieg in die Kompositionen Wagners ermöglicht, ist übrigens »Der fliegende Holländer«. Warum? Erstens ist die Geschichte recht spannend – ein eigentlich auf ewig verdammter Seefahrer kann nur durch die Liebe der Kapitänstochter Senta gerettet werden, was allerdings gründlich schiefgeht. Und zweitens gibt es einige hübsche Chorszenen mit recht eingängigen Melodien, insbesondere den berühmten Matrosenchor »Steuermann, lass die Wacht«. Selbst wer zwischendurch Mühe hat, der Musik genau zu folgen, wird sich an diesen Stellen erfreuen und den musikalischen Faden wieder aufnehmen können.

Neben Deutschland ist Italien das berühmteste Opernland der Welt. Und der berühmteste italienische Opernkomponist ist *Giuseppe Verdi* (1813–1901). Er hat in seinem Leben so viele Opern geschrieben, dass man unmöglich alle hier erwähnen kann. Jedenfalls sind sie auch dem ungeübten Opernbesucher leicht zugänglich: Die Stücke strotzen vor entweder zarten oder hochdramatischen Arien. »Rigoletto« erzählt von einem Hofnarren, der seinen Herzog zu rücksichtslosen Liebesabenteuern anstiftet, bis die eigene Tochter dabei ihr Leben lässt. Im »Troubadour« ahnen ein Fürstensohn und ein junger Zigeuner lange nicht, dass sie eigentlich Brüder sind. In »La Traviata« erleben wir die traurige Liebesgeschichte eines jungen Mannes aus gutem Hause zu einer lungenkranken Kurtisane (Vorbild für Verdi war der berühmte Roman »Die Kameliendame« von Alexandre Dumas). »Aida« erzählt eine tragische Liebesgeschichte aus der Zeit der ägyptischen Pharaonen. In »Nabucco« befinden sich die Juden gerade in babylonischer Gefangenschaft (und singen darum den bekannten »Gefangenenchor«). Man sieht: Verdi hat keine Mühen und kein Thema gescheut, wenn es ihm nur Anlass bot, wunderschöne Arien und dramatische Orchesterpartien zu komponieren.

Noch ein wenig rührseliger und effektsicherer hat kurz nach Verdi dessen Landsmann *Giacomo Puccini* (1858–1924) komponiert. Die vier größten Opern des Meisters heißen: »La Bohème« (eine von Krankheit und Tod geprägte Liebesgeschichte aus dem Pariser Künstlermilieu), »Tosca« (in der eine mutige Italienerin einen diktatorischen Polizeichef erdolcht, um ihren Geliebten zu retten), »Madame Butterfly« (die einem amerikanischen Soldaten zum Opfer fällt, der in ihr während der Besatzungszeit in Japan nur die Kurtisane sieht und ihr schließlich noch das gemeinsame Kind raubt) und »Turandot« (in der Prinz Kalaf, vom Tod bedroht, die kniffligen Rätsel einer störrischen Prinzessin lösen muss). Auch, wenn Sie glauben, noch nie eine Puccini-Arie gehört zu haben – diese kennen Sie sicher: »Nessun dorma« – »Alles schläft« singt Turandot des Nachts, als er verzweifelt nach des Rätsels Lösung sucht. Und mit dieser Arie sorgen große Tenöre – und jüngst sogar der britische Superstar-Gewinner

Paul Potts – auf den Bühnen dieser Welt für Begeisterungs-stürme.

Platz für Oper ist nur in den großen Hütten

Eine Opernaufführung ist mit einigem Aufwand verbunden. Auch wenn als Grundlage zunächst nur das vonnöten ist, was auch ein Schauspieltheater braucht: eine entsprechend große Bühne, Werkstätten für Kostüme und Bühnenbild, Licht und Effekte. Aber statt der Schauspieler braucht man Sänger – und natürlich einen Orchestergraben, also eine Vertiefung zwischen Parkett und Bühnenrand, in der die Musiker des Orchesters und ihr Dirigent Platz finden. In Ausnahmefällen reicht eine kleine Besetzung, aber schon für Mozart-Opern ist ein mittelgroßer Klangkörper erforderlich, und bei Werken von Wagner oder Richard Strauss sorgen dann Pauken und Trompeten dafür, dass es ordentlich in die Breite geht. Also sind personelle und materielle Ressourcen notwendig – weshalb es in vielen Städten zwar häufig Schauspiele zu erleben gibt, Opernaufführungen aber aufgrund des Aufwands und der Kosten seltener sind.

Das erste feste Opernhaus der Geschichte wurde 1637 in Venedig eröffnet – nicht zufällig in einer reichen und mächtigen Stadtrepublik. Die großen Opernhäuser Deutschlands stehen in Hamburg, Frankfurt, Stuttgart, München und Berlin. Hier finden Aufführungen von einer Qualität ersten Ranges statt, die von den großen Medien des Landes beachtet werden – was keineswegs bedeutet, dass nicht auch in kleineren Stadttheatern wie in Bremen, Dortmund oder Nürnberg hervorragende Inszenierungen zu erleben wären. Auch die Häuser in Wien (Staatsoper) und Zürich stehen traditionell oben im Opernranking.

Drei Opernhäuser strahlen mit ihren Aufführungen in die ganze Welt hinaus: Da ist zum Ersten die Pariser Oper (die Opéra National de Paris). Hier haben in den letzten rund 200 Jahren eine Reihe der bedeutendsten Komponisten ihre Werke präsentiert. Noch einen Tick exklusiver zeigt sich die Mailänder Scala, ein Ort schier unzähliger bedeutender Uraufführungen der Musikgeschichte. Die Scala ist etwas ganz Besonderes – wer hier singt, spielt oder inszeniert, gehört zu den angesehensten Künstlern der Welt. Die alljährliche Saison der Scala beginnt übrigens immer am 7. Dezember, am Namenstag des Mailänder Schutzheiligen. Das ist eine der vielen besonderen Traditionen dieses vielleicht bekanntesten Opernhauses Europas.

Das wahrscheinlich berühmteste Opernhaus der Welt steht aber nicht in der Alten, sondern in der Neuen Welt: Die Metropolitan Opera in New York City, kurz Met genannt, wurde 1883 eröffnet und ist seit 1966 in einem riesigen, modernen Kulturzentrum untergebracht, an einem der schönsten Plätze der Stadt. Die besondere Aura der Met hat zu einem nicht geringen Teil auch damit etwas zu tun, dass es sich die Intendanten des Hauses stets zum Prinzip machen, nur die besten Sänger der Welt zu engagieren – was ihnen erstaunlich oft gelingt. Die Plätze in den besseren Rängen sind für Normalsterbliche unbezahlbar, in den oberen Etagen gibt es der Tradition nach aber immer Tickets für Normalverdiener. Und eine ganz besondere Atmosphäre herrscht bei den Außenübertragungen, wenn Menschen aus ganz New York kommen, um einen Opernabend im Freien auf der Plaza des Lincoln Center gratis zu genießen.

Nicht vergessen sollte man übrigens die beiden berühmtesten Opernfestspiele des Sommers: Die Richard-Wagner-Festspiele in Bayreuth, bei denen es in dem eigens dafür erbauten Theaterhaus ausschließlich Opern von Richard Wagner zu erleben gibt, und die Salzburger Festspiele. Hier stehen zwar auch Schauspiel und Literatur auf dem Spielplan, aber die elegante Prominenz besucht am liebsten die Opernabende.

Kleine Verhaltenstipps für die Oper

Generell gilt die Regel: In einem Opernhaus geht es gesittet zu. Allerdings gibt es durchaus Ausnahmen, wenn manche Opernfans – denen die großen Gefühle in Musik und Gesang wohl etwas zu Kopf gestiegen sind – am Ende einer Vorstellung in lautes Jubelgeschrei oder hemmungslose Buh-Rufe ausbrechen.

Wobei wir schon bei der ersten Verhaltensregel für den Neuling in einer Opernvorstellung sind: Denn wann klatscht man eigentlich? Den ersten Applaus des Abends gibt es noch bei geschlossenem Vorhang, wenn der Dirigent im Orchestergraben erscheint. Er verbeugt sich vor den Zuschauern, lässt vielleicht die Musiker kurz aufstehen. Das Ritual wiederholt sich nach der Pause.

Wenn die Oper eine abgeschlossene Ouvertüre hat, also einen musikalischen Auftakt, dann wird diese nach ihrem Ende vom Publikum ebenfalls kurz beklatscht. Danach wird die Sache etwas unübersichtlicher. Aber zumindest nach jedem Akt und natürlich zum Schluss darf ordentlich applaudiert werden. Manchmal bricht das Publikum auch nach einzelnen, womöglich berühmten Arien in Zwischenjubel aus; geübte Dirigenten und Regisseure lassen in der Inszenierung an solchen Stellen etwas Luft, damit für den Beifall genügend Zeit bleibt.

Je komplexer die Opernaufführung und die Inszenierung sind, desto mehr verzichtet das Publikum darauf, sie durch

Zwischenapplaus zu unterbrechen. Spätestens bei Wagner-Opern ist er völlig fehl am Platz, denn das Orchester und die Sänger arbeiten in einem Zug durch. Im Grunde ist man als ungeübter Opernbesucher auf der sicheren Seite, wenn man abwartet, bis die Opernkenner mit dem Beifall beginnen. Dann kann man, je nach Stimmung, mitklatschen.

Für den wichtigsten Verhaltenstipp gehen wir noch einmal zurück in die Zeit vor Beginn der Vorstellung: Niemand kann einen Opernabend wirklich genießen, der sich nicht wenigstens ein kleines bisschen vorbereitet hat. Den Opernführer zur Hand zu nehmen, um die Handlung nachzulesen, ist entscheidend, sonst verliert man bei der Fülle der Figuren und ihrer Taten schnell den Überblick. Noch besser wäre es natürlich – ein Tipp für die ganz engagierten Einsteiger –, die Oper auf CD ein oder zwei Abende vor der Vorstellung anzuhören. Meist liegen solchen CDs kleine Hefte mit dem Gesangstext bei, sodass man beim Hören die Handlung still verfolgen kann. Wer diese Zeit investiert, wird in der Vorstellung sicher vieles wiedererkennen und sich durch Aha-Erlebnisse seinen Opernabend erfolgreich gliedern können.

Auf den Geschmack gekommen?

Keine Frage, für den Besuch einer Opernvorstellung brauchen Sie als Einsteiger etwas Mut. Aber wer sich erst einmal traut, wird mit etwas Glück eine ganze Welt für sich entdecken. Natürlich nicht gleich beim ersten Mal. Es ist sogar sehr wahrscheinlich und ganz normal, dass vieles von der Musik an einem Opernneuling vorbeirauscht, er zwischendurch irgendwie den Anschluss verpasst und mit seinen Gedanken schließlich ganz woanders landet. Aber irgendeine kleine Arie, irgendeine Szene, irgendein Chor wird ihn sicher beeindrucken und ihm im Ohr bleiben. Das ist dann beim nächsten Mal schon eine kleine Insel, von der aus sich die Kulturexpedition vorsichtig fortsetzen lässt. Und die Fortsetzung lohnt sich, denn die Schätze, die es hier zu entdecken gibt, sind überaus reich!

Zehn sehenswerte Opern

1. **»Die Hochzeit des Figaro«** (1786) von **Wolfgang Amadeus Mozart** (1756–1791). Die Oper ist einer der zahlreichen Geniestreiche des Wunderkomponisten. In der unglaublich verwickelten Handlung geht es letztlich um die große Liebe zweier Menschen, deren Würde gegen Willkür und Dünkel der angeblich Bessergestellten beschützt werden muss.

2. **»Don Giovanni«** (1787) von **Wolfgang Amadeus Mozart**. Ein langer Opernabend, gespickt mit den schönsten Arien. Auf den ersten Blick geht es darum, den schrecklichen Lebensweg und das noch schrecklichere Ende des gnadenlosen Liebhabers Don Juan zu zeigen. Aber dieser Don Giovanni wirkt letztlich tausendmal interessanter als seine zahlreichen moralisch braven Widersacher.

3. **»Die Zauberflöte«** (1791) von **Wolfgang Amadeus Mozart**. Die Märchenoper erzählt von den Prüfungen eines Prinzen auf dem Weg zur Weisheit und von seinem lustigen Gesellen, der von den Freuden der Liebe träumt. Abwechslungsreiche Musik, dazu längere gesprochene Dialoge, welche die Handlung verdeutlichen – in diese Oper gehen viele Eltern gern mit ihren Kindern.

4. **»Fidelio«** (1805) von **Ludwig van Beethoven** (1770–1827). Der Meister der Sinfonie hat zeit seines Lebens nur eine Oper geschrieben – dafür aber ein Meisterwerk! Die hochdramatische Geschichte einer Frau, die sich als Mann verkleidet, um als Gehilfe des Gefängniswärters in den Kerker eines politischen Häftlings, ihres Gatten, zu gelangen, ist eine große Ode auf die Freiheit und die Kraft der Liebe.

5. **»Der Barbier von Sevilla«** (1816) von **Gioacchino Rossini** (1792–1868). Schöner Gesang im unterhaltsamen Geschehen – so hat der italienische Komponist den Sinn seines rastlosen Schaffens gesehen und der Welt eine lange Reihe wunderbarer Arien geschenkt. Das berühmte Figaro-Lied aus dem ersten Akt kennt fast jeder. Und auch der Rest wärmt das Herz.

6. **»Der fliegende Holländer«** (1843) von **Richard Wagner** (1813 bis 1883). Die unheimliche Geschichte eines verwunschenen Seemanns, der nur durch die Liebe einer treuen Frau gerettet werden kann, besticht vor allem durch ihre hübschen und überaus mitreißenden Chorszenen.

7. **»Rigoletto«** (1851) von **Giuseppe Verdi** (1813–1901). Eigentlich müssten mindestens fünf oder sechs Opern des Italieners in diese Hitparade. Doch weil hier eine Auswahl geboten wird, sei die hochdramatische Geschichte des Hofnarren Rigoletto gewählt, der seine Tochter vor der Liebessucht des Herzogs bewahren will – und sie gerade dadurch opfert.

8. **»Der Ring des Nibelungen«** (1869–1876) von **Richard Wagner**. Das bedeutende Monumentalwerk des sächsischen Komponisten besteht aus vier einzelnen, in sich geschlossenen Opern (»Rheingold«, »Walküre«, »Siegfried«, »Götterdämmerung«), die vom Kampf um ein Zaubermittel erzählen, das absolute Macht verleihen soll.

9. **»Hänsel und Gretel«** (1893) von **Engelbert Humperdinck** (1854–1921). Diese Märchenoper gehört zu den Top Ten, weil sie schon so viele Generationen junger Menschen in die Kunstform Oper eingeführt hat – und weil die zauberhafte, stimmungsvolle Musik einfach in jedem Alter Freude macht.

10. **»Tosca«** (1900) von **Giacomo Puccini** (1858–1924). Mit allen Mitteln will ein diktatorischer Polizeichef eine schöne Römerin erobern und schreckt dabei auch vor Folter und Mord nicht zurück. Diese Handlung und die hochdramatische Musik zieht jeden in ihren Bann!

MUSICAL UND OPERETTE

Eigentlich müsste dieses Kapitel genau umgekehrt überschrieben sein: Operette und Musical. Denn zuerst war die Operette da. Beziehungsweise zuallererst die Oper, aus der sich im Laufe der Zeit die Operette entwickelte, aus der wiederum das Musical entstand. Aber mittlerweile zählt das Musical zu den beliebtesten Kulturangeboten überhaupt, während die Operette nach und nach von den Spielplänen verschwindet und ihren Platz höchstens noch im Kurkonzert hat.

Dabei gibt es unter den Operetten manch kleine Schätze zu entdecken, während im Musical wahrlich nicht alles Gold ist, was glänzt. Aber der Reihe nach. Denn auch in diesem scheinbar so einfachen und populären Kultursektor kann ein bisschen Grundlagenwissen nicht schaden. Wobei übrigens die Vorab-Lektüre des Kapitels Oper sehr von Nutzen sein mag. Vieles, was in Operetten und Musicals geschieht, erklärt sich letztlich aus der Tradition des großen Musiktheaters, der Oper.

Was bei Musical und Operette geboten wird

Ob nun »Zigeunerbaron«, »Land des Lächelns«, »Jesus Christ Superstar« oder »Cats«: In allen Fällen geht es hier um unterhaltsame Theateraufführungen mit Musik, Gesang und oft auch Tanz. Der Zuschauer darf beschwingte, gefühlsbetonte, mitreißende Abende erwarten, auf die sich Einsteiger viel leichter einlassen können als auf die große Oper. Auch die Umgangsformen unter den Zuschauern sind wesentlich ungezwungener; bei manchen Musicalproduktionen geht es inzwischen sogar ebenso laut und hektisch zu wie bei einem Popkonzert. Die Kleidung des Publikums ist meistens schick, aber leger. Deswegen sieht man hier auch häufiger Menschen, die ansonsten vor dem Besuch eines großen Theaterhauses zurückschrecken.

Dabei hängen die drei Theaterformen sehr eng miteinander zusammen. Die Operette hat ihren Namen, weil sie eine kleine Oper sein sollte – Operette ist gleichsam die Verniedlichungsform von Oper. Sie darf dazu kürzer, ein wenig leichter und weniger dramatisch und existenziell daherkommen als ihre große, vornehme Schwester. Sie sollte von Beginn an jene Menschen ansprechen, denen die Oper zu anspruchsvoll war. Deswegen wurden aus den Arien nach und nach eingängige Lieder, schöne Gesangsnummern, die leichter ins Ohr gingen. Um die Handlung besser zu vermitteln, fügten die Komponisten und Autoren Szenen mit langen gesprochenen Dialogen ein – die Darsteller mussten nicht nur singen, sondern auch schauspielern. Und oft sogar tanzen.

Operetten und Musicals machen ebenso viel Spaß wie Wundertüten – weshalb anspruchsvolle Kulturfreunde manchmal etwas hochnäsig auf sie herabsehen. Doch damit tun sie diesen Kulturformen Unrecht. Kaum etwas ist schwieriger und herausfordernder, als ein Publikum auf hohem Niveau gut zu unterhalten. Ein Blick in die Geschichte zeigt, dass auch in diesem Bereich große Komponisten Werke von bleibendem Wert geschaffen haben.

Entstanden ist die »kleine Oper« um die Mitte des 19. Jahrhunderts, als die Theater immer stärker gezwungen waren, neben der ganz großen Kunst auch Produktionen für ein breites Publikum anzubieten – weil sie dessen Eintrittsgelder zum Überleben brauchten. Solche Stücke mussten einerseits populär sein, andererseits aber auch einen eigenen, unverwechselbaren Stil besitzen, um sich auf dem großen Markt der städtischen Vergnügungen durchsetzen zu können.

Der geniale Schöpfer dieser neuen Form war der aus Köln stammende *Jacques Offenbach* (1819–1880), der im quirligen Paris des 19. Jahrhunderts lebte: ein begnadeter Musiker und kritischer Zeitgenosse, dessen leichte, spritzige, gefühlvolle Musik die Zuschauer zum Mitsingen animierte, und der in seinen Geschichten gern satirische Anspielungen auf die korrupten Zustände seiner Zeit machte, was seine Produktionen zum Tagesgespräch werden ließ.

Seine wichtigste Operette heißt »Orpheus in der Unterwelt« – und wer das Opernkapitel in diesem Buch gelesen hat, weiß jetzt gleich Bescheid. Denn sinnigerweise haben wir es hier wieder mit jenem großen, mythologischen Stoff zu tun, über den Claudio Monteverdi 1607 das erste große Musiktheater der Menschheit geschaffen hatte, »L'Orfeo« – die Geschichte vom Ursprung der Kunst: Der Sänger Orpheus steigt hinab in die Unterwelt, um durch betörenden Gesang seine verstorbene Gattin Eurydike vom Totenreich zurückzufordern.

Bei Jacques Offenbach ist die Handlung allerdings wesentlich verzwickter: Orpheus ist nämlich eigentlich froh über den Tod seiner Gattin, die ihn entsetzlich genervt hat, und muss erst von der öffentlichen Meinung zum Marsch in die Unterwelt gezwungen werden. Eurydike wiederum hat so gar keine

Lust, zu den Lebenden zurückzukehren, weil Gott Pluto in seiner Unterwelt für Abwechslung und frivol-prickelnde Stimmung sorgt. Ihre Wiederbelebung geschieht folglich eher pro forma. Beim überraschenden Schluss bricht die ganze Gesellschaft auf der Bühne in einen wilden Cancan aus – jenen für die damalige Zeit gewagten Tanz mit entblößtem Damenbein, dessen Melodie wir selbst heute noch im Ohr haben. Man merkt: Offenbach hat eine wunderbare Parodie auf die große, ernsthafte Oper geschaffen – auf musikalisch höchstem Niveau.

Übrigens hat es Offenbachs »Orpheus« immer mal wieder auf den Spielplan großer, ernsthafter Opernbühnen geschafft. Das gilt auch für das wichtigste Werk seines Wiener Kollegen *Johann Strauß* (1825–1899): »Die Fledermaus«. Der schon zu seinen Lebzeiten weltberühmte Komponist ist vor allem durch seine Walzer und Polkas bekannt. Aber er schuf auch einige Stücke, die zum Grundstock der über viele Jahrzehnte so populären Wiener Operette wurden, neben dem »Zigeunerbaron« ebendie »Fledermaus«. Diese dreiaktige Geschichte über einen reichen Lebemann, der eigentlich zu einer kleinen Gefängnisstrafe verurteilt worden ist, stattdessen aber einen ausschweifenden Ball besucht, ist voller Doppeldeutigkeiten, Anspielungen und musikalisch überaus anspruchsvoll. Deswegen ist sie auch immer wieder gern von großen, der ernsthaften Kunst verpflichteten Opernregisseuren inszeniert worden.

Dank Johann Strauß wurde Wien für einige Zeit zur Operettenhauptstadt der Welt. Seine Nachfolger *Franz Léhar* (1870–1948; »Die lustige Witwe«) und *Oscar Straus* (1870 bis 1954; »Ein Walzertraum«) erweiterten das musikalische Spektrum in der Tradition alter Habsburgerseligkeit in Richtung südosteuropäischer Folklore. Doch mit dem Untergang der alten Adelsgesellschaft schienen auch die Bezugspunkte der Operette verloren zu gehen. An die Stelle ironischer Spitzen und Doppelbödigkeiten traten zusehends Pathos und Schmalz – ein Grund, warum viele dieser Stücke aus heutiger Sicht trotz ihrer musikalischen Qualitäten kaum noch ernsthaft aufzuführen sind.

Let's dance! Von der Energie des Musicals

In den 1920er- und 30er-Jahren verlagerte sich das Zentrum des unterhaltsamen Musiktheaters aus der Alten in die Neue Welt. Nicht mehr Wien war der Ort des Geschehens, sondern New York, und hier – der Broadway!

Wer hier Theater machen will, der darf auf keinen Dollar öffentlicher Zuschüsse hoffen, der kann nur von einem leben: von der Gunst des Publikums. Die Zuschauer müssen mit perfekten, unterhaltsamen, faszinierenden Inszenierungen zu den Kassenhäuschen der Theater gelockt werden, sonst können diese bald wieder ganz schließen. Das ist einerseits ein gnadenloser Druck. Andererseits erzeugt dies bei vielen Künstlern einen ungeheuren Schub an Kreativität – und war ausschlaggebend für die Entstehung des Musicals, das auf noch unterhaltsamere und mitreißendere Art als die Operette das Publikum in seinen Bann ziehen sollte. Hier spielt der Komponist zwar auch weiterhin eine wichtige Rolle, ist aber dennoch nur ein Teil eines großen Ensembles: Der Autor der Geschichte, der Texter der Songs, der Regisseur, der Choreograf und die Tänzer sind mindestens ebenso wichtig. Und das letzte Wort hat dabei immer der Produzent, der in die Show sein Geld investiert und natürlich irgendwann mit dem ganzen Projekt einen dicken Gewinn machen will. (Es gibt ein schönes und sehr böses Musical, das die Jagd der Produzenten nach Kassenerfolgen auf die Schippe nimmt: »The Producers«, geschrieben und produziert von Mel Brooks.)

Das Musical, das unter diesen Bedingungen entsteht, muss also auf die Wünsche des Publikums, auf den Unterhaltungsmarkt ausgerichtet sein. Doch trotz dieses kommerziellen Hintergrunds hat das 20. Jahrhundert wahre Kunstwerke an amerikanischen Musicals hervorgebracht. Das ist vor allem Künstlerpersönlichkeiten wie *George Gershwin* (1898–1937) und *Cole Porter* (1891–1964) zu verdanken. Beide waren hervorragende Musiker; von Gershwin stammen sinfonische Werke und eine Oper (»Porgy und Bess«), die bis heute zum klassischen Kanon gehören. Ebenso unermüdlich schufen Gershwin und Porter Broadway-Musicals, von denen einzelne Songs und Melodien weltberühmt sind. Zum Beispiel »So in Love« aus »Kiss me, Kate« und »Anything Goes« aus dem gleichnamigen Musical von Cole Porter sowie »Summertime« aus Gershwins »Porgy und Bess«.

Musicalkomponisten müssen stets ein Ohr für die neuesten Trends der Unterhaltungsmusik haben, also für das, was den Massengeschmack prägt. Das war in der ersten Hälfte des 20. Jahrhunderts der Jazz und vor allem der Swing. Natürlich konnte die Orientierung am Massengeschmack auch schiefgehen, und es entstanden eher seichte und wenig originelle Produktionen – die heute längst vergessen sind. Aus der Feder guter Komponisten stammen jedoch Stücke, die durch ihre musikalische Qualität und ihren Mut zu sperrigen Themen zum Tagesgespräch wurden und bis heute aufgeführt werden. Das gilt für »Oklahoma« von Richard Rogers (1943), das gilt für »Kiss me, Kate« von Cole Porter (1948), und das gilt erst recht für »My Fair Lady« von Frederick Loewe (1956) und »West Side Story« von Leonard Bernstein (1957).

Leonard Bernstein (1918–1990), einer der bedeutendsten Musiker des 20. Jahrhunderts, ist der eindrucksvollste Beleg dafür, wie fremd den Amerikanern die Trennung zwischen ernsthafter Klassik und unterhaltsamem Musical ist: Als Dirigent der New Yorker Philharmoniker hat Leonard Bernstein Konzerte gegeben, die sowohl die klassische Musikkritik als auch das Publikum überzeugten; als Komponist von »West Side Story« hat er das musikalisch vielleicht anspruchsvollste und zugleich weltweit erfolgreichste Werk des Musical-Genres geschaffen.

Ende der 60er-Jahre öffnete sich das Musical den neuesten Musiktrends, den Rhythmen der Pop- und Rockmusik. Die Hippiegeschichte »Hair« (1967) von Galt MacDermot und das Passionsstück »Jesus Christ Superstar« von Andrew Lloyd Webber sind einerseits massenwirksame Unterhaltungsshows. Andererseits sind sie auch Zeitdokumente jugendlicher Subkulturen, die beim Publikum hitzige Diskussionen hervorriefen. Ebenso wie die Produktion »Tommy« von der Rockgruppe The Who, die von einem autistischen Jungen erzählt, der zum Messias wird.

Immer diese Katzen: das Musical als Unterhaltungsprodukt

Einer der erfolgreichsten Musicalkomponisten aller Zeiten ist der Brite *Andrew Lloyd Webber* (*1948). Mit seinen Werken, die in allen Metropolen rund um den Erdball aufgeführt werden, erklomm das Genre den Gipfel des globalen Erfolgs. Das ist zweifellos der in aller Regel großen musikalischen Qualität von Webbers Stücken zu verdanken, die einerseits eingängige Songs bieten, andererseits aber die Tradition des Musiktheaters bis weit ins 19. Jahrhundert zurück aufgreifen.

Bei den Stoffen allerdings scheut Webber fast jedes Risiko. Während er mit »Jesus Christ Superstar« immerhin noch einige Kirchenvertreter schockierte, weil er die Heilandsgeschichte als Stück der Popkultur präsentierte, kleidete er seine späteren Stücke fast ausschließlich in historische oder märchenhafte Gewänder – als wollte er möglichst niemandem auch nur irgendwie zu nahe treten. Bei den Inszenierungen überlässt Webber nichts dem Zufall. Wo auch immer in der Welt der Zuschauer die Katzengeschichten von »Cats« (1981) oder das maßvoll schaurige »Phantom der Oper« (1986) sieht – er sieht identische Aufführungen. Webber will dem Publikum perfekt durchgestylte Shows bieten und feiert damit riesige Erfolge.

Das führte in den 90er-Jahren zu dem Trend, Musicaltheater als eine Art von Vergnügungszentren zu bauen, die über lange Zeit hinweg stets die gleiche Produktion zeigen und damit den Produzenten (und den jeweiligen Städten und Gemeinden) sichere Einkünfte liefern sollten, wie zum Beispiel in Hamburg, Stuttgart, Essen, Berlin, Bochum, Bremen … Der Erfolg war letztlich bescheidener und weniger anhaltend, als von den Verantwortlichen erhofft – aus verschiedenen Gründen. Einer davon ist der künstlerische Aspekt: Nur wenige der neuesten Musicals können jene Qualität bieten, die ein Komponist wie Andrew Lloyd Webber noch garantiert. Vieles klingt heute beliebig und austauschbar und wie eine Aneinanderreihung sanfter Liebesduette mit dramatischen Ensemblenummern. Man merkt den Produktionen allzu deutlich an, dass sie nichts weiter sein wollen als Produkte. Auf Dauer aber fühlen sich viele Zuschauer dann doch bedeutend unter Wert gekauft.

Auf der verzweifelten Suche nach dem Publikumsgeschmack

Wer heute eine Operette sehen möchte, wird noch von einigen Stadttheatern und Tourneeproduktionen bedient. In welcher Qualität, das entscheidet das Engagement der Intendanten und der Produzenten solcher Aufführungen. Im Grunde

jedoch ist die Entwicklung der Kunstform Operette abgeschlossen – was sicher nicht zur Lebendigkeit aktueller Inszenierungen beiträgt.

Anders beim Musical. Dieses Genre wird vielfach gepflegt.
Kleinere Theater in Deutschland kümmern sich um die alten
Perlen der großen Broadway-Zeit, schaffen zum Teil auch mit
geringen Mitteln erstaunlich erfolgreiche neue Werke (wie
»Linie 1« von Birger Heymann und Volker Ludwig, ein Stück
des Berliner Kindertheaters »Grips« über das komplizierte,
aber auch lustvolle Großstadtleben).

Darüber hinaus gibt es Musical-Großproduktionen, die –
gerade aufgrund ihrer Größe und weil die dahinter stehenden
Privatunternehmer von den Zuschauern hohe Eintrittspreise
verlangen müssen – mit einer gewissen Ängstlichkeit auf den
mutmaßlichen Massengeschmack hin konzipiert sind. Um
dabei auf Nummer sicher zu gehen, hatten einige Produzenten die Idee, die Musik eines Stücks gar nicht mehr neu
zu komponieren, sondern erfolgreiche Popsongs zu nehmen
und in eine halbwegs originelle Handlung einzubetten. Nach
diesem Prinzip funktionieren sehr effektvoll beispielsweise
»Mamma Mia« (1999) mit den Titeln der schwedischen Popgruppe Abba, »We will rock you« (2002) nach Queen oder für
die Freunde des deutschen Schlagers »Ich war noch niemals in
New York« (2007) von Udo Jürgens.

Kein Zweifel: Niemand, der Freude an diesen Produktionen hat, muss sich dessen schämen. Doch wenn dieser, nennen wir es mal: Zweit- und Drittverwertungstrend anhält,
droht die Entwicklung des Musicals ähnlich zu versanden, wie
einst jene der Operette. Das wäre schade um eine Kunstform,
die über viele Jahrzehnte hinweg ein großes künstlerisches
Potenzial bewiesen hat.

Diesen Abschnitt können wir erfreulich kurz halten. Denn für einen Abend im Musical bedarf es wenig Übung. Allzu viele Informationen über das Stück und seine Entstehung könnten sogar eher dem Vergnügen hinderlich sein. Wie jede gute Unterhaltung will ein Musical den Zuschauer da abholen, wo er gerade ist, will ihn einfangen und mitreißen, faszinieren, begeistern und überraschen. Wenn das am Ende nicht funktioniert hat, liegen die Gründe dafür wahrscheinlich bei der Aufführung – ganz sicher aber nicht beim Zuschauer.

Zehn wichtige Operetten und Musicals

1. **»Orpheus in der Unterwelt«** (1858) von **Jacques Offenbach** (1819–1880). Eine herrliche Parodie auf die große Oper und auf die Blasiertheit des scheinbar anständigen Bürgertums. Ein Lobgesang der Lebensfreude und der Sinnlichkeit. Wie Orpheus die Götter mit schönem Gesang lockt, um zum Schluss den wilden, rassigen Cancan zu ernten, das ist ganz große Kultur.
2. **»Die Fledermaus«** (1874) von **Johann Strauß** (1825–1899). Ein im Grunde braver Bürger drückt sich vor dem Gefängnisarrest und zieht stattdessen lieber auf einen ausschweifenden Ball – musikalisch ist dies von großer Finesse, darstellerisch in gelungenen Inszenierungen ein wahres Fest der Doppelbödigkeit.
3. **»Die lustige Witwe«** (1905) von **Franz Lehár** (1870–1948). Reicher Mann liebt armes Mädchen, das aber nicht standesgemäß ist. Armes Mädchen zieht in die Ferne, wird reich und kehrt Jahre später wieder zurück. Doch bis es sein großes Glück findet, dauert es noch. Zugegeben, die Handlung ist voller Klischees, doch die Musik lässt weltweit die Herzen der Operettenfans höher schlagen.

4. **»My Fair Lady«** (1956) von **Frederick Loewe** (1901–1988). Nach einer Komödie von George Bernard Shaw: Ein verschrobener Professor wettet, dass er mittels Sprach- und Sprechunterricht aus einer einfachen Blumenverkäuferin eine Dame von Welt machen kann. Die Musik dieses zeitlos eleganten Stücks bietet zahllose Evergreens.

5. **»West Side Story«** (1957) von **Leonard Bernstein** (1918–1990). Womöglich das beste Musical aller Zeiten: Der Komponist verlegte Shakespeares »Romeo und Julia« in das New York der 50er-Jahre. Die harten Bandenkämpfe, die dramatische Liebesgeschichte, das tieftraurige Ende, vor allem aber die mitreißende und anspruchsvolle Musik begeistern das Publikum bis zum heutigen Tag.

6. **»Anatevka«** (1964) von **Jerry Bock** (*1928). Das Stück um den jüdischen Milchmann Tewje, der einerseits unbedingt die Traditionen pflegen, andererseits seine Töchter glücklich sehen will, spielt in der versunkenen Welt des Ostjudentums. Das Lied »Wenn ich einmal reich wär'« kann fast jeder noch mitsummen.

7. **»Cabaret«** (1966) von **John Cander** (*1927). Die Geschichte um den Berliner Kit-Kat-Club und seine Sängerin Sally Bowles aus dem Jahr 1932 beweist, dass man sogar die Schrecken des Nationalsozialismus angemessen in einem Musical darstellen kann. Weltberühmt wurde »Cabaret« 1972 durch die Hollywood-Verfilmung von Bob Fosse mit Liza Minelli in der Hauptrolle.

8. **»Hair«** (1968) von **Galt MacDermot** (*1928). Lange Haare als Protest gegen das Spießertum und gegen den Vietnamkrieg der USA – die subversive Kraft dieses Musicals um eine Hippie-Gang im New Yorker Central Park ist in Musik und Handlung bis heute spürbar. Der tschechische Regisseur Milos Forman hat es 1979 kongenial verfilmt.

9. **»Cats«** (1981) von **Andrew Lloyd Webber** (*1948). Der britische Komponist hat hier die Katzengeschichten von T. S. Eliot zu einer abwechslungsreichen Revue montiert. Emotionaler Höhepunkt ist der Song »Memory« der alten Katzendame Grizabella.

10. »**Das Phantom der Oper**« (1986) von **Andrew Lloyd Webber.** Ein grässlich entstellter Mann lebt in den Katakomben des Pariser Opernhauses und verliebt sich in eine junge Sängerin. Musikalisch ist »Das Phantom der Oper« Webbers anspruchsvollstes und vielfältigstes Werk. Seine effektvolle Inszenierung machte die Produktion zum Maßstab des modernen Produktmusicals.

TANZ

Was soll man nun vom Ballett halten? An dieser Frage scheiden sich die Geister wie sonst kaum in der Kunst. Für die einen ist ein klassischer Ballettabend mit einer großen Tanzkompanie, mit schönen Kostümen und dramatischer Musik, mit Spitzentanz und gezierten Sprüngen, mit wirbelnden Pirouetten und gewagten Hebungen ein traumhafter Theaterabend. Für die anderen wirkt das Ganze verstaubt wie in einem schlechten Museum, die Handlung süßlich, das Gebaren der Tänzerinnen affektiert, die Strumpfhosen der Tänzer albern und überhaupt die ganze Veranstaltung eher wie eine akrobatische Übung im Zirkus. Ein Freund von uns war einmal während einer Aufführung eines klassischen Balletts felsenfest davon überzeugt, einer Parodie beizuwohnen.

Ballettfans jedoch genießen die Ästhetik, die Eleganz und scheinbare Leichtigkeit der Tänzerinnen und Tänzer, hinter der die harte Arbeit bis zur technischen Perfektion kaum noch zu erahnen ist. Und sie schätzen die Kunst des Choreografen, ganz ohne Worte, nur mit Musik und den dazu geschaffenen Bewegungen und Schritten, eine große, komplizierte Geschichte zu erzählen.

Warum der Tanz an jedes Theater gehört

An den großen Staatstheatern ist das Ballett die gleichberechtigte vierte Sparte neben Oper, Schauspiel und Konzert. Diese großen vier gehören untrennbar zusammen. Sie haben die gleichen Wurzeln im religiösen Ritual antiker Zeiten, und sie haben sich über die Jahrhunderte hinweg stets gegenseitig beeinflusst.

Die Kunst, ohne ein Wort Handlung und Gefühle zum Ausdruck zu bringen, ist nicht nur bewundernswert, sondern auch ungemein produktiv. Sie zwingt den Choreografen (also den Schöpfer des Tanzstücks) und die Tänzer dazu, sich ganz auf den Kern der Geschichte und Inhalte zu konzentrieren und dabei doch die Nuance, den Zwischenton nicht aus den Augen zu verlieren. Das erfordert höchste künstlerische Sensibilität.

Bewundernswert ist die Tanzkunst auch deswegen, weil ihre professionelle Ausübung fast nur in einem frühen Abschnitt des Lebens möglich ist. Wer im klassischen Ballett auftreten will, muss nicht nur von klein auf sehr fleißig und engagiert Unterricht nehmen, sondern erreicht seinen künstlerischen Zenit bereits zwischen dem 20. und 30. Lebensjahr. Ganz ähnlich wie im Spitzensport sind die körperlichen Belastungen der Balletttänzer so groß, dass sich ab einem Alter von 30 Jahren fast unweigerlich Abnutzungserscheinungen an Knochen und Gelenken bemerkbar machen.

Das bedeutet: Im Unterschied zu Oper und Schauspiel, wo die Künstler mit fortschreitendem Alter beständig an künstlerischer Reife zulegen, müssen Tänzer bereits in jungen Jahren zu Spitzenleistungen finden. Das betrifft sowohl die Technik als vor allem auch den Ausdruck, ohne den die großen Rollen des Tanzes nicht überzeugend darzustellen sind.

Der frühzeitige körperliche Verschleiß der Tänzer ist übrigens häufig ein wichtiges Argument, das die Kritiker des Balletts gegen diese Kunstform vortragen. Sie bemängeln vor allem die ihrer Meinung nach völlig unnatürlichen Bewegungen der Damen beim Tanz auf der Fußspitze sowie die aberwitzigen Sprünge und Hebefiguren der Herren. Zum einen wird diese Kritik von einigen zeitgenössischen Choreografen geteilt. Der moderne, nachklassische Tanz verzichtet deshalb in seiner Formensprache auf diesen sehr anstrengenden Stil und ermöglicht damit Tänzerinnen und Tänzern, auch im fortgeschrittenen Alter in der Kompanie ihren Platz zu finden.

Zum Zweiten: Niemand fordert einen Profifußballer dazu auf, sich weniger hart ins Zeug zu legen, nur um sich fürs Alter zu schonen. Und auch in der Oper wünscht das Publikum Stücke, deren musikalische Anforderungen die Stimmapparate der Sänger stark strapazieren. Soll heißen: Trotz oder gerade auch aufgrund der hohen körperlichen Anforderungen gehört das Ballett unbestritten ans Theater. Und ein guter Choreograf oder Ballettintendant wird ohnehin die Karriere seiner Tänzer und die künstlerischen Projekte sehr sorgfältig nach deren körperlichen Möglichkeiten ausrichten.

Eine kleine Geschichte des Tanzes

Die Tradition des großen Tanzes als künstlerische Form entwickelte sich im Barock. Wobei es zunächst die höfische Gesellschaft selbst war, die den Tanz aufführte, oft sogar mit dem König an ihrer Spitze. Aus dem Festsaal heraus wanderte die Kunstform dann (zunächst in Frankreich) auf die Bühne des Opernhauses und wurde dort von professionellen Tänzern ausgeführt, die ihre Fähig- und Fertigkeiten entsprechend verfeinerten und zur Schau stellten.

Der Tänzer *Jean-Georges Noverre* (1727–1810), tätig unter anderem an den Höfen von Berlin, Stuttgart und Wien, versuchte als Erster, den Tanz als eigenständige darstellende Kunst neben Schauspiel und Oper zu etablieren. Er wollte auf der Bühne nicht nur einzelne Tanznummern zeigen, sondern eine Geschichte erzählen. Die Grundlage solcher Handlungsballette sollten nicht länger traditionell vorgegebene Tanzschritte sein, sondern die »Nachahmung der Natur«.

Das Ballett als eigenständige, abendfüllende Theateraufführung, eingeteilt in einzelne Szenen und mehrere Akte, etablierte sich im 19. Jahrhundert vor allem in St. Petersburg und Paris. »Ein wahrer Tänzer muss auch ein guter Schauspieler und im Herzen ein Poet sein«, forderte der Choreograf *Charles Didelot* (1767–1837), um die Gleichrangigkeit von Technik und Ausdruck klarzustellen. In dieser Zeit entstanden die großen romantischen Ballette »La Sylphide« (1832) und »Giselle« (1841), Märchengeschichten über feenhafte Wesen, bei denen eine einzelne Tänzerin, die Primaballerina, im schneeweißen Kostüm im Zentrum stand.

Im russischen St. Petersburg kreierte in der zweiten Hälfte des 19. Jahrhunderts der Choreograf *Marius Petipa* (1818–1910) jenen klassischen Ballettstil, der noch heute auf vielen Bühnen gepflegt wird – mit großen geometrisch angeordneten Tableaus der Tänzer, mit Spitzentanz und Sprüngen, vor allem aber als Höhepunkt mit einem großen, dramatischen ZweierTanz der Primaballerina mit dem besten Tänzer der Truppe: einem Pas de deux (»Schritte zu zweit«). Gemeinsam mit dem Komponisten Peter Tschaikowsky entstanden so die Märchenballette »Dornröschen«, »Nussknacker« und »Schwanensee« – Stücke, die bis heute in der ganzen Welt ein großes Publikum verzaubern.

Der Künstler *Sergej P. Diaghilew* (1872–1929) und der Tänzer *Michail Fokin* (1880–1942) setzten zu Beginn des 20. Jahrhunderts neue Impulse, zunächst von St. Petersburg und Moskau aus, weswegen man hier vom Ballets Russes spricht. Für Diaghilew war der Tanz ein Gesamtkunstwerk. Deswegen wollte er statt nummernhafter Abende mit Zwischenapplaus des Publikums durchkomponierte Ballettdra men schaffen und arbeitete dabei eng mit Musikern und Literaten zusammen.

In diesem Sinne wurden die drei großen Ballette Igor Strawinskys, »Der Feuervogel« (1910), »Petruschka« (1911) und »Le Sacre du Printemps« (»Die Frühlingsweihe«, 1913) zu Meilensteinen der Ballettgeschichte – und das »Sacre« zu einem der größten Skandale in der Geschichte des Theaters überhaupt. Als das Pariser Publikum am 29. Mai 1913 feststellte, dass es sich bei der im Titel verheißenen Weihehandlung um ein Menschenopfer handelte, vor allem aber, als es die revolutionäre Musik Strawinskys erstmals hörte, brach es zunächst in Gelächter, dann in wütendes Gebrüll aus. Heute ist die Bedeutung des Werkes dagegen unbestritten. Das Stück gehört zum Kern des Ballettrepertoires und hat Choreografen stets zu neuen Interpretationen angeregt.

In der zweiten Hälfte des 20. Jahrhunderts entwickelte sich die Tanzsprache weiter. Der britische Choreograf *John Cranko* (1927–1973; er war langjähriger Ballettdirektor am Staatstheater Stuttgart) modernisierte in den 60er-Jahren das Ballett, indem er die klassischen Formen mit künstlerischen Impulsen vor allem aus Amerika belebte und zudem die darstellerische Kraft seiner Tänzer neu forderte. Die Tänzer wurden somit zugleich zu Schauspielern. Tänzerische Glanznummern waren bei Cranko nie Selbstzweck, sondern harmonisch eingefügt in die Handlung. Seine großen Stücke »Romeo und Julia« oder »Der Widerspenstigen Zähmung« sind weltweit beliebt.

Besonders konsequent wird diese Linie Crankos durch seinen ehemaligen Tänzer *John Neumeier* (*1942, seit 1973 Ballettchef in Hamburg) fortgeführt. Neben Handlungsballetten schafft Neumeier besonders gern Choreografien zu reinen Musikstücken, wie der Matthäus-Passion von Johann Sebastian Bach oder den Sinfonien von Gustav Mahler.

Im Gegensatz dazu haben Choreografen wie *Pina Bausch* (1940–2009) und *Hans Kresnik* (*1939) den Tanz vom klassischen Ballett entfernt und für andere Formen des Theaters geöffnet. Sprungfolgen oder Pirouetten spielen außer in ironischer Weise bei ihnen keine Rolle mehr, dafür sind Sprache oder Gesang sowie Pantomimen erlaubt. Diese moderne, für viele schwer zu entschlüsselnde Form des Tanzes nennt man Tanztheater. Fans des klassischen Balletts strafen es meist mit Verachtung, gilt es ihnen doch als überintellektuell und zu wenig tänzerisch.

Eine mittlere Position in diesem Streit nimmt der seit Langem in Deutschland wirkende amerikanische Choreograf *William Forsythe* ein (*1949), auch er einst ein Cranko-Tänzer. Seine Tanzsprache ist modern und abstrakt, doch zugleich emotional. Sie bricht ganz mit der Bewegungstradition des Balletts. Seine Aufführungen beschäftigen sich mit Themen wie Liebe, Schmerz, Krankheit, Abschied und Tod und sind ebenfalls nicht ganz einfach oder eindeutig zu entschlüsseln, nehmen aber durch ihre Dichte und Authentizität gefangen.

Wo Tanz zu sehen ist

Große Ballettkompanien mit einem breit gefächerten Programm finden sich im deutschsprachigen Raum an den Staatstheatern in Hamburg, Berlin, Stuttgart, München und Wien sowie am Opernhaus Zürich. Künstlerische Impulse gehen dabei besonders von Hamburg und Stuttgart aus. An weniger großen Theatern sind die Tanzkompanien auch kleiner und können von daher nicht die großen klassischen Handlungsballette auf die Bühne bringen. Choreografen wie Martin Schläpfer, Joachim Schlömer oder William Forsythe (Letzterer in Frankfurt und Dresden) haben aber gerade mit derart begrenzten Mitteln eindrucksvolle Programme geschaffen, wobei sie dem Publikum zumeist kleinteilige Ballettabende mit abstrakten Themen präsentieren.

Das Zentrum des Tanztheaters war viele Jahre lang das Theater Wuppertal, das sich aber nach dem Tod der weltweit bekannten und gerühmten Pina Bausch im Jahr 2009 noch neu finden muss. Das Tanztheater ist allerdings auch in der freien Szene stark verankert; hier bietet naturgemäß eine Metropole wie Berlin mit seinen alternativen Spielstätten immer neue Impulse.

Wer keine feste Tanzkompanie in der Nähe hat, kommt vielleicht zumindest in den Genuss von einzelnen Tanzaufführungen. Ballett und Tanz sind beliebte Gastspiele. Dabei gastieren in den Stadthallen und Konzerthäusern nicht nur die berühmten »Nussknacker«- und »Schwanensee«-Darbietungen russischer und osteuropäischer Theater, die ihre Nähe zur Akrobatikshow allerdings nie ganz verleugnen können, sondern auch künstlerisch hochwertige Produktionen großer Ensembles aus den USA, den Niederlanden, Spanien und Israel.

Wie sich Tanz besser verstehen lässt

Man muss einen Tanzabend eigentlich gar nicht sofort verstehen, denn ein solcher Anspruch kann – ebenso wie bei der Betrachtung von moderner Kunst – schnell überfordern. Ein Zuschauer darf einen Ballett- oder Tanzabend getrost als ästhetisches Ereignis erleben und genießen. Wenn es eine Handlung oder einen Aufhänger für das Tanzstück gibt, so wird dies mit großer Wahrscheinlichkeit im Programmheft erwähnt. (Im Gegensatz zu Oper, Konzert und Schauspiel erweisen sich Programmhefte bei Tanzaufführungen fast immer als wirklich nützliche Hilfsmittel noch während des Theaterbesuchs.) Der häufige Besuch von Tanzvorstellungen wird nach und nach die Sinne und die Blicke schärfen. Und wer Glück hat, wohnt in der Nähe der großen Bühnen von Berlin, Stuttgart oder München: Deren Kompanien pflegen ein sehr breites Repertoire an Stücken und bieten auf diese Weise einen Überblick über die Geschichte des Tanzes von der Romantik bis heute.

Zehn bedeutende Tanzstücke

1. **»La Sylphide«** (erstmals 1832). Dieses urromantische Ballett von Filippo Taglioni handelt von der Liebe zwischen einer Unsterblichen und einem Sterblichen, zwischen Waldfee und Schäfer. Insbesondere der große Reigen der Zauberwesen in ihren schneeweißen Bauschröcken verzückt das Publikum bis heute.

2. **»Giselle«** (erstmals 1841). Die vielfach choreografierte Geschichte handelt von den Willis – das sind junge Frauen, die vor ihrer Hochzeit verstorben sind, nun des Nachts tanzen und, wenn sie dabei einem Lebenden begegnen, diesen in den Tod reißen. Eine Paraderolle für Tänzerinnen, die für ihre schwierigen Soli in diesem Stück gern von den Fans bejubelt werden.

3. **»Schwanensee«** (erstmals 1877). Für viele das klassische Ballett schlechthin: Ein Prinz verliebt sich in eine Prinzessin, die aber eigentlich ein verzauberter Schwan ist. Der »Tanz des sterbenden Schwans« (nach der hochdramatischen Musik von Peter Tschaikowsky) ist sowohl der dramatische Höhepunkt des Abends als auch das Objekt zahlloser Parodien.

4. **»Der Nussknacker«** (erstmals 1892). Zur berühmten Musik von Peter Tschaikowsky erzählt das Ballett von der kleinen Klara, die nachts von einem großen Krieg im Spielzeugland ihres Kinderzimmers träumt.

5. **»Le sacre du printemps«** (erstmals 1913). Zu Beginn des Frühlings soll ein Menschenopfer die Natur gnädig stimmen – ein Meilenstein der Kulturgeschichte an der Wendemarke zur Moderne. Die aufpeitschende, visionäre Musik Igor Strawinskys hat schon zahlreiche Choreografen inspiriert.

6. **»Romeo und Julia«** (erstmals 1938). Die berühmteste Liebesgeschichte der Welt ist von Sergej Prokofjew mit besonders mitreißender Musik versehen worden. Eine erfolgreiche Choreografie dazu stammt von John Cranko am Staatstheater Stuttgart aus dem Jahr 1962.

7. **»Der Widerspenstigen Zähmung«** (erstmals 1969) von **John Cranko** (1927–1973). Die Shakespeare-Komödie um ein zänkisches Weibsbild wird auch auf der Tanzbühne zu einem höchst unterhaltsamen und parodistischen Spektakel.

8. **»Kontakthof«** (erstmals 1978) von **Pina Bausch** (1940–2009). Im Ambiente einer Tanzschule begegnen sich Damen und Herren in gepflegter Kleidung, nähern sich einander, nehmen Berührung auf, wehren sich ab. Ein beispielhaftes Stück Tanztheater.

9. **»Matthäus-Passion«** (erstmals 1981) von **John Neumeier** (*1942). Der Choreograf und Intendant wagte sich mit seinem Hamburger Ballett an das große Oratorium von Johann Sebastian Bach – und erstaunte sowohl die Musik- als auch die Tanzwelt mit einer tief bewegenden Studie über den leidenden Menschen.

10. **»Limb's Theorem«** (erstmals 1990) von **William Forsythe** (*1949). Ein Seil, eine Raute, ein halber Globus, dazu einige Tänzer und minimalistische Musik – in großer Kargheit gestaltete der Choreograf ein hoch spannendes Spiel der Körper, der Schatten und der Bewegung.

THEATER

Wir begeben uns in diesem Kapitel an einen ganz besonderen Ort – in das Theater. In vielen Städten dieses Landes gibt es Theater, große und kleine, bekannte und weniger bekannte, prachtvolle und einfache Theater. Aber das ist eigentlich gar nicht so selbstverständlich, wie es uns erscheinen mag.

Ein bisschen außerirdisch:
Warum das Theater ein besonderer Ort ist

Betrachten wir folgende Szenen im Theater einmal als Außenstehender, als jemand, der unseren Kulturbetrieb nicht kennt und nicht weiß, dass es Theater gibt oder was das überhaupt ist: Da versammeln sich elegant oder auch weniger elegant gekleidete Menschen, die erwartungsvoll gestimmt sind, sich zu einer bestimmten Zeit auf ihre Plätze im Zuschauerraum setzen, angesichts des verlöschenden Lichts ruhig werden und gespannt nach vorn blicken. Dann öffnet sich plötzlich langsam ein Vorhang, und in einem deutlich erhöhten, gut einsehbaren Raum namens Bühne treten Menschen auf, die so tun, als würden sie all die Zuschauer vor ihnen im Saal gar nicht bemerken. Stattdessen sagen sie Texte auf, singen kleine Lieder, vollführen Kunststücke, lieben oder hassen, bestürmen oder bekämpfen sich. Ja, manchmal bringen sich diese Menschen auf der Bühne sogar gegenseitig um – und der ahnungslose Beobachter fragt sich, wozu dieses Verhalten denn nun gut sein soll. Aber noch erstaunter ist er, wenn die Zuschauer am Ende auch noch applaudieren. Und vollends verwirrt betrachtet er, wie die gerade eben ermordeten und mit viel Blut befleckten Menschen auf der Bühne plötzlich quicklebendig wieder aufstehen und sich zum Applaus der Zuschauer verbeugen …

Vielleicht muss man einfach mal die Perspektive wechseln, um zu begreifen, wie außergewöhnlich das Geschehen in einem Theater an sich ist. Und das schon seit vielen Jahrhunderten – bis heute. Trotz moderner Technologien, trotz Büchern und Bildern, Film und Fernsehen, Computer und Internet, die uns auf die vielfältigste Weise Geschichten erzählen und zeigen, hat das seltsame Treiben der Menschen auf der Bühne und auf ihren Plätzen im dunklen Saal Bestand.

Das Theater ist und bleibt ein besonderer Ort. Ebenso wie die Theaterschauspieler eine ganz spezielle Aura zu umgeben scheint. Sicher, die Hollywood-Filmstars sind weltweit bekannt und füllen mit Glamour und Privatgeschichten die Klatschspalten der Medien. Dennoch übt das live erlebte Spiel auf der Bühne eine ganz besondere Faszination auf den Zuschauer aus. Warum ist das so?

Wer im Kino oder im Fernsehen einen Film sieht, der ahnt, wie oft die einzelnen Szenen geprobt worden sind und wie detailliert kleine Fehler korrigiert wurden, bis der Gesamteindruck den Vorstellungen des Regisseurs entsprach. Das alles ist beim Spiel auf der Bühne nicht möglich. Hier spielt der Künstler unmittelbar und direkt vor den Augen des Zuschauers – ohne Filter, ohne Korrekturtaste, ohne doppelten Boden. Deswegen beeindruckt uns die Fähigkeit des Theaterschauspielers, für die Dauer einer Vorstellung in die Rolle einer anderen Person zu schlüpfen, viel stärker als bei einem Film- oder Fernsehdarsteller.

Doch die Liste der Besonderheiten des Theaters setzt sich selbst noch nach dem Ende der Vorstellung fort. Denn warum verlassen die Zuschauer ein Theater in aller Regel viel gesprächiger und aufgeregter als ein Kino? Nun, wer einen Kinofilm gesehen hat, der kann natürlich davon begeistert sein. Aber er weiß genau, dass die nächsten Zuschauer bereits auf die nächste Vorstellung warten – und dass sie exakt denselben Film mit exakt denselben Bildern zu sehen bekommen wie er selbst.

Der Theaterzuschauer aber ahnt am Ende der Vorstellung, dass er Zeuge von etwas Einmaligem wurde. Auch wenn am nächsten Abend das gleiche Stück mit denselben Schauspielern wiederum auf dem Programm steht, wird keine Vorstellung der vorangegangenen zu 100 Prozent gleichen. Jeder Theaterabend ist auf seine Art einzigartig und unwiederholbar. Ein solches Kunstwerk hautnah zu erleben, es mit anderen zu teilen, das ist ein ganz besonderes Ereignis, das sich durch kein Medium dieser Welt ersetzen lässt.

Die Besonderheit des Theaters lässt sich übrigens auch dann festhalten, wenn den Zuschauern eine Aufführung überhaupt nicht gefallen hat. Denn im Gegensatz zur Enttäuschung über ein langweiliges Buch oder einen schlechten Film lassen die Menschen im Theater ihren Gefühlen freien Lauf: Da wird also nicht nur laut gejubelt, da wird manchmal auch laut und anhaltend gebuht. Kurz gesagt: In einem Theater kann man sich als Zuschauer auch mal so richtig vergessen.

Ziemlich antik: Wo das Theater seine Wurzeln hat

Wer seinen Urlaub einmal am Mittelmeer verbracht hat, der weiß, dass schon die alten Griechen Theater gespielt haben – in ihren schönen, eindrucksvollen Amphitheatern, die sich von den meisten Schauspielhäusern nur dadurch unterscheiden, dass sie im Freien liegen und die Bühne nicht erhöht liegt, sondern sich ganz unten am Fuß der Zuschauerränge befindet. Die Wurzeln des Theaters gehen aber noch weiter zurück – zur Religion! Von alten Zeichnungen wissen wir, dass die alten Ägypter ihren Göttern in theaterhaften Prozessionen vor Zuschauern huldigten. Und in den Theaterstücken der alten Griechen war die Anrufung der Götter, in dieser oder jener Weise auf die Geschicke der Welt Einfluss zu nehmen, keineswegs nur symbolisch, sondern sehr ernst gemeint.

Theater und Religion, Theater und Kult hängen historisch eng zusammen. Die Darsteller auf der Bühne waren so etwas wie Stellvertreter für die Zuschauer. In deren Auftrag, in deren Namen stimmten sie die Götter milde, oder sie spielten ihnen Geschichten vor, die den Zusammenhang von großer Weltordnung und kleinem Schicksal deutlich machen sollten. In diesem Sinne war Theater eine überaus ernsthafte Angelegenheit. Es war ein Mittel, das Miteinander der Menschen zu stärken. Und es sollte sie im besten Fall belehren und bessern. Damit sind wir bei den Grundlagen unserer Kultur angelangt.

Eine andere Wurzel des Theaters ist das menschliche Bedürfnis zu staunen, zu lachen und sich unterhalten zu lassen. Wer kennt den Effekt nicht: Jemand erzählt eine interessante oder witzige Geschichte nicht nur, sondern spielt sie richtig nach – und sofort werden ihm die Umstehenden ihre Aufmerksamkeit schenken. Was sich da abspielt, ist im Grunde nichts anderes als ein kleines, improvisiertes Theaterstück.

Erschütterung und Belehrung einerseits, Lachen und Unterhaltung andererseits – das waren von Beginn an die beiden Funktionen des Theaters, wie die zwei Seiten einer Medaille. Deshalb macht es wenig Sinn, diese beiden Seiten voneinander trennen zu wollen und entweder dem ernsthaften oder dem leichten Theater seine Daseinsberechtigung abzusprechen.

Schon die alten Griechen wussten das. Denn zu einem ordentlichen Theaterabend gehörte damals beides: Erst wurde eine Tragödie gespielt, dann schloss sich noch eine Komödie an. Die Zuschauer sollten zwar belehrt werden, doch nie sollten sie ohne ein Lachen nach Hause gehen. Ein Konzept, das an guten Schauspielhäusern noch heute gepflegt wird.

Nur kein falscher Respekt vor dem Theater

Natürlich sollte man künstlerischer Arbeit Respekt zollen. Aber niemand muss falschen Respekt vor Theatern haben, nur weil er um deren Ursprung in quasi-heiligen Handlungen weiß. Dafür gibt es viel zu unterschiedliche Theaterhäuser.

Wenn wir umgangssprachlich von Theater sprechen, sind damit meistens die Bühnen großer Städte gemeint. Diese heißen Staatstheater, Stadttheater oder Landesbühne, weil sie bei uns im Besitz der Länder und Kommunen sind. Zu sehen gibt es an ihnen keineswegs nur Schauspiel, sondern häufig auch Oper und Tanz. Da den beiden Letzteren in diesem Buch eigene Kapitel gewidmet sind, wenden wir uns im Folgenden ausschließlich dem Schauspielbetrieb zu.

An solchen großen Bühnen sind nicht nur Schauspieler beschäftigt, sondern auch viele technische und kaufmännische Mitarbeiter. Im Grunde sind Staats- und Stadttheater mittelständische Betriebe, deren Aufwand nur möglich ist, weil das Land oder die Stadt einen Teil der Kosten über öffentliche Gelder finanzieren. Dafür bekommen die Bürger etwas geboten: Von September bis zu den Sommerferien des kommenden Jahres bietet ein solches Haus einen bunt gemischten Spielplan, der zumeist von großen Klassikeraufführungen bis hin zu modernen Stücken alles beinhaltet.

Neben diesen großen Theatern, deren eindrucksvoller Betrieb vielleicht am Anfang etwas einschüchternd wirken mag, gibt es auch viele andere, kleinere Bühnen. Theater, die nicht »dem Staat« gehören, sondern im Besitz von Privatleuten sind. Solche Bühnen bekommen zwar auch öffentliche Zuschüsse, aber deutlich weniger. Deswegen müssen sie mehr auf die Wünsche und Bedürfnisse des Publikums eingehen. Ihre Spielpläne sind häufig volkstümlicher, die gezeigten Inszenierungen leichter zugänglich.

Andere Theater haben sich ganz auf Komödien oder Musicals spezialisiert. Es gibt auch Kinder- und Jugendtheater und Bühnen, die sich der Kunst des Puppen- und Figurentheaters widmen. Kleine Studiobühnen haben oft nur einige Dutzend Zuschauerplätze – mit dem Vorteil, dass die Zuschauer das Geschehen auf der Bühne ganz nah verfolgen können und zu den Darstellern einen besonders intensiven Kontakt bekommen. Außerdem gibt es Theater, in denen die Kunst der Pantomime, also des wortlosen Spiels, gepflegt wird. Und es gibt Theater, in denen allabendlich Kabarettisten auftreten, die mit ihren Programmen oftmals kleine Ein-Personen-Stücke liefern.

Wenn man dann noch einen Blick auf die vielen Freilichtbühnen wirft und beachtet, dass in zahllosen Gemeindehäusern, Schulaulen und Wirtsstuben Amateurtheater gespielt wird und dass eine ganze Reihe alternativer Schauspieltruppen bewusst ihr Spiel unter den freien Himmel auf die Straßen und Plätze verlegt, um noch näher an das Publikum heranzutreten – dann wird damit wohl endgültig klar, wie groß die Vielfalt ist, die sich hinter diesem scheinbar so schlichten Begriff Theater verbirgt.

Wo immer der Theaterabend auch stattfindet, ob nun im großen oder kleinen Haus, im Puppen- oder im Amateurtheater: Entscheidend ist der Moment, wenn das Publikum ruhig wird und das Stück beginnt. Die Magie eines Theaterabends besteht darin, dass der Zuschauer vom Spiel auf der Bühne eingefangen wird – egal, ob es ein lustiges oder dramatisches Stück mit oder ohne Musik ist. Und wenn er irgendwann nach ein paar Minuten vergessen hat, dass es sich nur um ein Spiel handelt – das ist dann der Augenblick, in dem Theater zur Kunst wird und Schauspieler und Publikum verschmelzen.

Ein kleiner Streifzug durch den Schauspielplan

Seit über 2000 Jahren spielen die Menschen Theater. Im Laufe der Jahrhunderte hat sich ein unglaublicher Schatz an Geschichten und Stücken angesammelt, aus denen sich die heutigen Bühnen bedienen können. Und es kommen ständig neue hinzu, denn natürlich schreiben auch heute Autoren auf der ganzen Welt Theaterstücke, die im Fachjargon Dramatik genannt werden.

Wer allerdings die Spielpläne deutscher Theaterhäuser genau studiert, entdeckt schnell, dass sich bestimmte Autorennamen häufen. Die meisten von ihnen sind längst tot, aber ihre Geschichten und ihre Sprache sind offenbar von solcher Qualität, dass sich die Menschen auch in der Gegenwart noch damit beschäftigen wollen. Knapp 20 dieser Autorennamen sind es, die die laufenden Saisonprogramme bereits zu rund zwei Dritteln abdecken. Deswegen wollen wir einen kleinen und notgedrungen recht flüchtigen Gang durch die Theatergeschichte nutzen, um diese bedeutenden Dramatiker vorzustellen.

Über die alten Griechen haben wir schon gesprochen. Doch von den großen Theaterautoren der Antike sollte man drei Namen auf jeden Fall präsent haben: *Aischylos*, *Sophokles* und *Euripides*. Ihre Stücke prägten die großen Theateraufführungen des 5. Jahrhunderts v. Chr., ihre Tragödien »Die Orestie«, »Antigone«, »König Ödipus« oder »Medea« werden noch heute wegen ihrer ungeheuren Kraft vielfach inszeniert. Dabei ist das Entscheidende einer antiken Tragödie, dass ihr Ausgang eigentlich von Anfang an klar ist: Sosehr sich die Hauptfiguren gegen ihr Schicksal sträuben und indem sie ihm zu entkommen trachten, rücken sie ihm immer näher und näher. Seitdem spricht man vom »tragischen«, also unausweichlich schlechten Ausgang einer Geschichte – und diesem Ausgang als Zuschauer beizuwohnen, bereitet zweifellos ebenso viel Schauder wie Nervenkitzel.

Aus dem Mittelalter sind heute keine großen Theaternamen oder Einzelstücke mehr bekannt, obwohl die Menschen damals sehr viel Theater gespielt und miterlebt haben. Vor allem die biblischen Geschichten wurden in gottesdienstähnlichen Gemeinschaftsaktionen nachempfunden. Immerhin gibt es auch heute noch zwei Arten von Theatererlebnissen, deren Wurzeln eindeutig im Mittelalter liegen: die Tradition der großen Passionsspiele (wie jene in Oberammergau, alle zehn Jahre) sowie die Krippenspiele, die im ganzen deutschsprachigen Raum besonders im Heiligabend-Gottesdienst viele Menschen erfreuen.

Mit einem großen Sprung über die Jahrhunderte und übers Mittelalter hinweg landen wir gleich beim Namen des unbestritten größten Dichters und Dramatikers der Menschheitsgeschichte: *William Shakespeare* (1564–1616). Von seinem Leben ist nicht sehr viel bekannt, doch dafür sind die 36 überlieferten Theaterstücke, Tragödien wie Komödien, umso bekannter: Auch wer »Hamlet«, »Romeo und Julia«, »Othello« oder »Ein Sommernachtstraum« vielleicht nie auf der Bühne gesehen hat, weiß – sie sind von Shakespeare!

Shakespeare hat zwar auch am englischen Königshof gespielt, vor allem aber trat er mit seinen Schauspielern in

Wirtshäusern auf und später in einem von ihm selbst geplanten und gebauten Theater. Deswegen musste er seine Geschichten so erzählen, dass sein Publikum von Anfang an davon gefangen war. Große Kulissen oder Illusionen gibt es auf der Shakespeare-Bühne nicht; im Mittelpunkt steht der Schauspieler mit seiner Darstellungskraft.

Auch wenn es in den Shakespeare-Tragödien (zum Beispiel in »Richard III.«) mindestens so blutrünstig zugeht wie bei den alten Griechen, so gibt es doch einen ganz gewichtigen Unterschied: Zwar haben auch fast alle Tragödien Shakespeares ein schreckliches Ende, aber nicht wegen irgendwelcher Götter oder eines Schicksals, sondern weil die Protagonisten selbst Irrtümer und Fehler begehen. Bei Shakespeare haben die Figuren ein Gewissen – und wenn sie ihm folgen würden, dann könnte sich die Geschichte noch zum Guten wenden. Aufgrund dieser klaren Position sind die Shakespeare-Stücke trotz ihrer altmodischen Sprache bis heute aktuell.

Von den Theaterautoren des französischen Barock im 17. Jahrhundert sei hier nur *Molière* (1622–1673) erwähnt, dessen Komödien beispielsweise über den »Geizigen« oder den »Eingebildeten Kranken« die allgemeinen menschlichen Schwächen so treffend und so lustig beschreiben, dass sie Jahrhunderte später immer noch gespielt werden. Darüber hinaus hat das Barocktheater den Bühnen dieser Welt vor allem die Gestaltungsmöglichkeiten aufwendiger und detailgetreuer Bühnenbilder und Kulissen geschenkt.

Dem italienischen Theater des 17. Jahrhunderts ist die Idee des Theatervorhangs zu verdanken – und das Streben, dem Publikum dank perspektivisch korrekt gearbeiteter Bühnenbilder die Illusion einer eigenen, zweiten Welt auf der Bühne zu vermitteln. Außerdem hat sich in Italien die besondere Theaterform der Oper entwickelt, die in der Folgezeit so machtvoll den Kontinent und die ganze Welt eroberte, dass wir ihr in diesem Buch ein eigenes Kapitel widmen.

Ein weiterer Sprung in der Theatergeschichte führt uns nach Deutschland, wo in der zweiten Hälfte des 18. Jahrhunderts *Gotthold Ephraim Lessing* (1729–1781) dem Gauklerwerk der durchs Land wandernden Theaterkompanien mit neuen Stücken und der Idee von festen Bühnenhäusern zu neuer Kraft und Ausstrahlung verhelfen wollte. Lessings »Emilia Galotti« markiert den Beginn der deutschsprachigen Tragödie – und wird bis heute gespielt. Seine »Minna von Barnhelm« steht am Anfang der deutschsprachigen Komödie – und wird ebenfalls bis heute aufgeführt. Sein »Nathan der Weise« ist schließlich das deutschsprachige Lehrstück, die Parabel schlechthin – und der darin enthaltene Aufruf zu Akzeptanz und Toleranz zwischen den Religionen ist zweifellos aktueller denn je.

Lessing verfolgte mit seinen Theaterstücken das Ziel, die Zuschauer zu belehren. Das hat allerdings einen kleinen Nachteil: Seine Figuren wirken manchmal ein bisschen hölzern, wenn sie gerade mit vielen Worten eine Idee oder eine These zu vertreten haben. Was fehlte, war das Gefühl mit seiner unberechenbaren Kraft. Dieses Manko erkannten und behoben dann die Stars der Weimarer Klassik.

Johann Wolfgang von Goethe (1749–1832) gilt vielen als der bedeutendste deutschsprachige Dichter überhaupt. Seine Theaterstücke allerdings sind (im Gegensatz zu seinen Romanen wie »Die Wahlverwandtschaften« oder »Wilhelm Meister«) für heutige Gewohnheiten etwas zu umständlich und wortlastig geraten – mit einer deutlichen Ausnahme: Sein »Faust«, der von dem Machtkampf zwischen Teufel und Gelehrten handelt, gehört zu den größten und mitreißendsten deutschen Theaterwerken – und jede dritte Zeile scheint im Deutschen zum geflügelten Wort geworden zu sein.

Friedrich Schiller (1759–1805) dagegen hat seine wichtigsten Werke für die Theaterbühne geschaffen. Mit den »Räubern«, »Kabale und Liebe«, »Don Carlos«, »Wilhelm Tell« oder »Wallenstein« bewies er nicht nur ein ungeheures Geschick für eine dramatisch aufgebaute, überraschende Handlung – er trieb das Theaterpublikum seiner Zeit auch stets aufs Neue bis zur Raserei!

Bei Shakespeare, Lessing, Goethe und Schiller scheitern die Menschen zumeist an den großen Ereignissen. Dass der Mensch aber auch an den scheinbar kleinen Dingen des Lebens scheitern kann und dass gerade dies eine Tragödie ausmacht, dieses Wissen haben wir den Stücken *Georg Büchners* zu verdanken. Büchner schrieb in seinem kurzen Leben (1813–1837) zwar nur wenige Texte, die aber bis heute Bestand haben. Das gilt vor allem für ein Werk, das sogar unvollendet geblieben ist: Das Fragment »Woyzeck«, in dem ein einfacher Soldat um Eigenständigkeit und Selbstachtung ringt und schließlich scheitert.

Damit sind wir im 19. Jahrhundert angekommen, dem Zeitalter des an Macht und Ansehen gewinnenden Bürgertums – dem vor allem zwei Dramatiker mit ihren Stücken den Spiegel vorhielten: Der Norweger *Henrik Ibsen* (1828–1906; »Gespenster«, »Nora oder Ein Puppenhaus«) kratzte an der Fassade bürgerlicher Anständigkeit und forschte nach den Lebenslügen der Kaufleute und Akademiker, mithilfe derer sie ihren Platz in der Gesellschaft zu erkämpfen und zu behaupten versuchten. Für den Russen *Anton Tschechow* (1860–1904; »Drei Schwestern«, »Der Kirschgarten«) befand sich die gesamte gute Gesellschaft des Landes in einem andauernden Dämmerzustand: Man will sein Leben ändern, weiß aber nicht, wie. Beide Autoren lieferten ungemein subtil komponierte Psychodramen, die auch den Theaterbesuchern des 21. Jahrhunderts noch Denkanstöße zu geben vermögen.

Und schon sind wir im 20. Jahrhundert, in einer Zeit wachsender politischer Spannungen und sozialen Elends. Die Lebenslage und die Not der Unterschichten realistisch auf die Bühne zu bringen, das war das Ziel von *Gerhart Hauptmann* (1862–1946; »Die Weber«, »Die Ratten«). Viele seiner Stücke führten aufgrund ihrer vom damaligen gut situierten Publikum als drastisch empfundenen Wirklichkeitsnähe zu handfesten Theaterskandalen. Sehr realistisch und ebenso skandalträchtig, wenngleich eher nach den inneren Abgründen der individuellen Psyche forschend, schrieb auch der Österreicher *Arthur Schnitzler* (1862–1931) seine Werke. Vor allem der »Reigen« ist noch oft in den aktuellen Spielplänen vertreten: Zehn Menschen, die scheinbar wahllos nach sexuellen Abenteuern suchen und dabei doch nie zu sich selbst finden – das klingt tatsächlich, als wäre es ein Stück von heute. Stanley Kubrick hat es unter dem Titel »Eyes Wide Shut« mit Tom Cruise und Nicole Kidman 1999 aktualisiert und kongenial verfilmt.

Wenn die sozialen Nöte der Gesellschaft schon den Sprung auf die Bühne geschafft haben, dann liegt es eigentlich nahe, das Theater selbst zum Instrument sozialer und politischer Veränderung zu erklären. Dafür steht vor allem das Werk von *Bert Brecht* (1898–1956), dessen Dramen von wüsten Gefühlsausbrüchen (»Trommeln in der Nacht«) über kommunistische Umsturzpropaganda (»Die heilige Johanna der Schlachthöfe«) bis hin zu großen, zeitlosen Lehrstücken über den Widerspruchsgeist des Individuums reichen (»Galileo Galilei«). Brecht ist zweifellos der bedeutendste deutschsprachige Dramatiker des 20. Jahrhunderts, wenngleich viele heute seine Sprache als zu schulmeisterlich empfinden und sein pädagogischer Ansatz nicht mehr recht in die nachideologische Zeit passt.

Sozusagen ein Brecht im Kleinen, aber wesentlich volkstümlicher, menschennäher und gänzlich ohne pädagogische

Absicht ist der kroatisch-habsburgische *Ödön von Horváth* (1901–1938; »Geschichten aus dem Wienerwald«, »Kasimir und Karoline«). Seine Werke erzählen von den kleinen und ganz kleinen Leuten, die ihr Leben gern verändern würden. Doch es sind eben nicht nur die Verhältnisse, die sie daran hindern, wie bei Brecht, sondern auch ihre eigene Begrenztheit und Fantasielosigkeit. Wer ein Horvath-Stück sieht, erlebt Theater, das bei aller Handlung, allen Aktionen scheinbar auf der Stelle tritt und sich die alte Frage der Aufklärer und der Klassiker nach Gewissen, Erschütterung und neuen Zielen nicht mehr stellen mag.

Deswegen soll das letzte Wort in diesem kurzen Überblick dem Iren *Samuel Beckett* gehören (1906–1989). Seine Stücke werden als »absurdes Theater« bezeichnet, weil die Situationen und Dialoge der Figuren völlig unsinnig und zusammenhanglos erscheinen. »Warten auf Godot«, uraufgeführt 1953 in Paris, ist ein Meilenstein des modernen Theaters: Auf der Bühne warten zwei Männer auf einen Herrn namens Godot, obwohl sie weder wissen, wer das ist, noch ahnen, was sie mit ihm anstellen sollen (oder er mit ihnen anstellen wird). Eine solche Nicht-Handlung mag beim ersten Lesen bizarr und geradezu abschreckend erscheinen. Aber im Theater kann »Warten auf Godot« mit guten Schauspielern und in einer klugen Inszenierung ein ebenso ergreifendes wie urkomisches Erlebnis sein.

Aischylos, Sophokles und Euripides, Shakespeare und Molière, Lessing, Goethe, Schiller und Büchner, Ibsen und Tschechow, Hauptmann und Schnitzler, Brecht, Horváth und Beckett – obwohl es auf unserer Reise durch die Theatergeschichte sogar nur 16 statt 20 Namen geworden sind, haben wir bereits mit diesen Autoren jene illustre Runde beleuchtet, aus deren Werk sich die Bühnen mühelos einen Spielplan für die ganze Saison zusammenstellen können.

Wer hat das Zeug zum Klassiker?

Wer von den aktuellen Dramatikern das Zcug zum Klassiker hat, lässt sich heute noch nicht absehen. Wie schon erwähnt, werden an jeder größeren Bühne in jeder Saison moderne, also aktuelle Theaterstücke uraufgeführt. Die meisten von ihnen verschwinden allerdings nach kurzer Zeit wieder in der Versenkung – was im Übrigen in früheren Zeiten ganz genauso war. Das, was wir als Klassiker wahrnehmen, ist ja selbst wiederum nur ein Bruchteil dessen, was auf den Bühnen dieser Welt schon alles gespielt wurde. Welche Texte des aktuellen Theaters so stark sind, dass sie in 20 oder 30 Jahren Anlass zu Neuinszenierungen geben werden, kann heute noch keiner wissen.

Immer diese Regisseure: der ewige Streit um die Inszenierung

Die Inszenierung eines Stücks, also die Art, wie der Regisseur den Text des Autors mit den Schauspielern auf die Bühne bringt, ist wohl einer der Hauptstreitpunkte im heutigen Theater, über den viele Zuschauer richtig schön diskutieren können. An den sogenannten modernen Inszenierungen alter Stücke scheiden sich die Geister. Viele Theaterfreunde können nicht verstehen, warum sich der Regisseur und seine Schauspieler offenbar leichtfertig über die Vorgaben des Autors hinwegsetzen, den Text kürzen oder bearbeiten und weder bei den Kulissen noch bei den Kostümen auf die Zeit achten, in der das Stück eigentlich spielt.

Solche Streitereien sind aus dreierlei Gründen völlig unsinnig. Man mag eine Inszenierung misslungen finden, aber der Umstand, dass ein Regisseur sich nicht punktgenau an die Vorgaben des Autors gehalten hat, ist für eine solche Meinung kein hinreichender Grund. Erstens haben alte Texte für uns ja nur dann einen Wert, wenn sie etwas zum Ausdruck bringen, das in unserer gegenwärtigen Situation von Belang ist. Sie müssen also aus heutiger Sicht gedeutet, interpretiert werden, und der Verantwortliche für diese Interpretation ist nun mal der Regisseur. Veränderungen im Text, bei den Kostümen und im Bühnenbild sind letztlich nur das Mittel, um diese Interpretation zu verdeutlichen und den Zuschauern den Zugang zu dem Stück zu erleichtern. So hat Theater von Anfang an funktioniert.

Wenn die Interpretation des Regisseurs überzeugend ist, dann wird sich im Übrigen kein Zuschauer im Saal weitere Gedanken über die Frage der Veränderung machen. Denn das ist – zweitens – natürlich stets Voraussetzung für einen gelungenen Theaterabend: Der Regisseur und die Schauspieler müssen das Publikum von ihrer Sicht auf den Text überzeugen. Häufig sind die Debatten darüber, ob diese oder jene Aktion auf der Bühne eigentlich vom Text gedeckt war, in Wirklichkeit nur ein Zeichen dafür, dass viele Zuschauer den Sinn besagter Aktion nicht verstanden haben. (Und es ist übrigens das gute Recht des Zuschauers, das zum Ausdruck zu bringen!)

Aber einen Text, der rein und unverfälscht auf die Bühne gebracht worden wäre, hat es – und das ist der dritte Grund – im Theater wahrscheinlich noch nie gegeben. Zu unserem Glück sehen wir die häufig überlangen Klassiker nie in der Form, in der sie in ganzer Wortpracht im Buche stehen. Die Texte Shakespeares sind vermutlich zu einem wesentlichen Teil erst auf der Bühne während der Probenarbeit entstanden. Und Schiller wusste sehr genau, dass fast alle seine Werke für einen Theaterabend viel zu lang geraten waren. Deswegen war er seinem Weimarer Regisseur Johann Wolfgang von Goethe ja so überaus dankbar, dass dieser beispielsweise bei der Uraufführung des »Wallenstein« kräftig Verse gestrichen hatte.

Es gibt gelungene Theaterabende – und misslungene. Es gibt Inszenierungen, die mit modernen Mitteln einen alten Text in neuem Gewand erscheinen lassen, sodass sich der Zuschauer wundert, wie die alten Worte so treffsicher auf die Gegenwart passen. Und es gibt andere Inszenierungen, die einfach nur laut und verwirrend sind und es zu keiner Zeit schaffen, das Publikum in ihren Bann zu ziehen. Es gibt auf der anderen Seite aber auch recht konservative Inszenierungen, deren Respekt vor der Sprache die Zuschauer sofort gefangen nimmt, gerade weil das Gesagte für heutige Ohren so ungewohnt klingt. Und es gibt wieder andere konservative Inszenierungen, die so holperig durch die alten Verse torkeln, dass alles blutleer und uninteressant bleibt wie bei einem verstaubten Ausstellungsstück im Heimatmuseum. Theater kann grandios erfolgreich sein – und es kann desaströs scheitern.

Vorbereitung auf den Theaterabend

Eigentlich bedarf ein Theaterabend keiner besonderen Vorbereitung – nur der Vorfreude auf das Spiel der Akteure. Kleider- und Verhaltensregeln gibt es an den Schauspielbühnen inzwischen fast gar nicht mehr. Und das Spektrum von den großen Bühnen bis hin zu den kleinen, freien Gruppen ist in vielen Städten so groß, dass man im Zuge einer Theater-Entdeckungsreise bestimmt den passenden Ort für sich finden wird.

Es gibt einige Schauspielhäuser im deutschsprachigen Raum, deren Inszenierungen überregional beachtet werden. Das Thalia Theater in Hamburg, das Deutsche Theater in Berlin, die Münchner Kammerspiele, das Zürcher Schauspielhaus und das Wiener Burgtheater gelten als tonangebend.

Doch die Qualität der Theaterlandschaft liegt gerade darin, dass selbst in kleineren Städten gute Bühnen zu finden sind, auf denen mit vielleicht geringerem Aufwand, aber ebenso großem Engagement allabendlich gespielt wird.

Natürlich kann es sehr hilfreich sein, sich vor dem Theaterabend in einem Schauspielführer über die Handlung des Stücks zu informieren. Und ist das Stück noch so neu, dass es in den Schauspielführern nicht verzeichnet ist, kann man sich zumindest im Internet über den Autor Informationen besorgen. Voraussetzung für das Verständnis des Theaterabends darf das aber eigentlich nicht sein. Denn die Inszenierung muss für sich selbst sprechen und hat jenes Publikum für sich zu interessieren, das sich just an diesem Abend im Zuschauerraum versammelt hat. Wer feststellt, dass das Schauspiel ihn trotz anfänglichem Interesse nicht erreicht – der darf das auch gerne zeigen. Zum Beispiel, indem er mit seinem Beifall geizt. Diese Sprache verstehen die Theaterleute.

Zehn Klassiker der Theatergeschichte

1. **»König Ödipus«** (erste Aufführung 425 v. Chr.) von **Sophokles** (um 497 v. Chr. – um 405 v. Chr.). Die Pest tobt in Theben, und König Ödipus lässt das Orakel befragen, warum die Götter so erzürnt sind. Der Spruch scheint eindeutig: Der Tod des letzten Königs, Laios, muss noch gesühnt werden. Ödipus beginnt mit Nachforschungen – und entdeckt Zusammenhänge, die ihn in den Abgrund stürzen.
2. **»Hamlet«** (1601) von **William Shakespeare** (1564–1616). Es ist was faul im Staate Dänemark. Prinz Hamlet sucht nach dem Mörder seines Vaters – und glaubt ihn im heutigen Regenten gefunden zu haben, seinem Onkel Claudius, der noch dazu seine Mutter Gertrude geheiratet hat. Das Stück aller Stücke über Sein oder Nichtsein.

3. **»Nathan der Weise«** (1783) von **Gotthold Ephraim Lessing** (1729–1781). Ein christlicher Tempelritter hat die Tochter des Juden Nathan gerettet, und ein muslimischer Sultan schuldet ihm Geld. Wie Lessing die Verstrickungen und das Miteinander verschiedener Weltanschauungen beschreibt, bleibt bis zum heutigen Tag spannend.

4. **»Faust«** (erste Aufführung 1829) von **Johann Wolfgang von Goethe** (1749–1832). Der erste Teil der Tragödie ist nicht nur ein Stück Weltkultur, sondern ein spannendes, packendes Theaterstück. Die Wette des Gelehrten Faust mit dem Teufel über jenen Augenblick, der so schön ist, dass man sich ihm auf Dauer hinzugeben wünscht, ist im Übrigen gar nicht so tragisch gemeint, sondern voller Spott und Ironie.

5. **»Don Carlos«** (1787) von **Friedrich Schiller** (1759–1805). Düstere Stimmung am Hof des spanischen Despotenkönigs Philipp II. Sein Sohn Carlos liebäugelt einerseits mit seiner Stiefmutter, andererseits mit den Gedanken der Freiheit. Schillers Werk über die Ideen von Freundschaft und Freiheit ist zugleich eine Studie über die Macht der Intrige.

6. **»Woyzeck«** (erste Aufführung 1913) von **Georg Büchner** (1813 bis 1837). Der Soldat Woyzeck sehnt sich nach Geborgenheit, misstraut seiner Geliebten, hört Stimmen und Befehle – dieses tiefschwarze Fragment Büchners beschäftigt Regisseure, Schauspieler und Zuschauer mit immer neuen Deutungen seit beinahe 100 Jahren.

7. **»Drei Schwestern«** (1901) von **Anton Tschechow** (1860–1904). »Nach Moskau! Nach Moskau!« sehnen sich die drei Damen in einer russischen Provinzstadt, allesamt unzufrieden mit ihren Ehen oder Verhältnissen. Eigentlich passiert in diesem Stück gar nichts. Aber gerade dieses Garnichts komponiert Tschechow meisterhaft.

8. **»Reigen«** (1912) von **Arthur Schnitzler** (1862–1931). Zehn Dialoge zwischen Menschen, die miteinander Sex haben – Reiche, Gelehrte, Eheleute, Dirnen. Das Stück war seinerzeit natürlich ein Skandal. Es weist formal weit in unsere Gegenwart hinein.

9. **»Die Dreigroschenoper«** (1928) von **Bert Brecht** (1898–1956)

und **Kurt Weill** (1900–1950) (eine Adaption des englischen Stücks »The Beggars Opera« von 1728). Die Geschichte um Einbrecherkönig Mackie Messer, der beinahe auf dem Schafott landet, ist trotz seiner mitreißenden Songs ausdrücklich ein Schauspiel – und eines der erfolgreichsten Theaterstücke aller Zeiten. Merke: »Erst kommt das Fressen, dann kommt die Moral.«

10. **»Warten auf Godot«** (1953) von **Samuel Beckett** (1906–1989). Estragon und Wladimir warten auf einer leeren Landstraße auf einen Herrn namens Godot. Kein Werk bringt die Abgründe des modernen Menschen besser, aber auch ironischer auf den Punkt. Ein Paradestück für gute Schauspieler.

Musik

KLASSISCHE MUSIK

Musik zu hören ist eine schöne Sache. Aber jeder, der ab und zu ein Konzert besucht, wird die Erfahrung kennen, dass Musik sich auch endlos in die Länge ziehen kann. Zum Beispiel, wenn man eigentlich lieber zu Hause geblieben wäre, sich aber dennoch in den Konzertsaal geschleppt hat, sich überhaupt nicht konzentrieren kann, die Gedanken abschweifen, man im Minutentakt auf dem unbequemen Stuhl hin und her rutscht, ständig heimlich auf die Uhr guckt – und dann, wenn endlich der letzte Ton verklingt und man erleichtert zu applaudieren beginnt, erntet man von den anderen Zuhörern auch noch Zischen und böse Blicke. Denn es war doch erst das Ende des zweiten Satzes, wie einem die Begleitung indigniert zuflüstert ... Ja, woher soll man das denn nun schon wieder wissen?

Das klassische Konzert – anstrengend und genussvoll

Tatsächlich geht es an keinem anderen Kulturort so streng zu wie in einem Konzertsaal – ausgenommen vielleicht in der Kirche. Das hat natürlich Gründe, einige gute sogar. Die ändern aber nichts daran, dass die Hemmschwelle für Neugierige und Zaungäste bei solchen Konzerten besonders groß ist. Man sieht sofort den Unterschied, wenn im Sommer in der Stadt oder auf dem Land ein Klassik-Open-Air geboten wird. Dann mischen sich plötzlich ganz andere Menschen ins Publikum, häufig viel jüngere Zuhörer. Es geht unkomplizierter und gelöster zu. Trotzdem ist der Beifall am Schluss mindestens ebenso groß – und die Musiker sind zumeist ebenso zufrieden.

Wer neugierig auf klassische Musik ist, aber noch nicht viel Erfahrung oder Hintergrundwissen besitzt, für den stellt der Besuch eines Konzertsaals eine hohe Hürde dar. Zwar kann auch eine Oper anstrengend sein – aber wenigstens passiert noch etwas auf der Bühne! Im Konzert dagegen starrt alles gebannt auf die Musiker, unterdrückt jedwedes Hüsteln und scheint sich im Übrigen mit allen Wendungen und Windungen der gerade aufgeführten Komposition bestens auszukennen. Und nach dem Ende geht es gerade so weiter. Denn was soll man als Einsteiger bloß antworten auf die beliebte Frage: »Wie hat es Ihnen denn gefallen?« Wie soll man über Musik, über Töne, über Klänge, über all jene Dinge sprechen, die man doch allenfalls nur flüchtig im Ohr hatte?

Trotzdem oder gerade weil der Konzertbesuch für viele eine heikle Angelegenheit ist, möchten wir dafür umso mehr werben: Denn Musik ist etwas ganz Besonderes, sie berührt den Zuhörer auf außergewöhnliche Weise. Und es gibt keinen schöneren Ort, um sich von Musik berühren zu lassen, als das Konzert. Da mag die Stereoanlage oder der MP3-Player daheim noch so großartig, da mögen die Kopfhörer technisch noch so perfekt sein – der lebendige, direkte, unverfälschte Klang der Instrumente in einem Konzert ist durch keine Technik zu ersetzen. Er geht direkt in Bauch und Herz. (Das gilt übrigens auch für falsche Töne, die in einem Live-Konzert auch ab und zu vorkommen.)

Hinzu kommt der direkte Kontakt zu den Musikern – anders als die Oper hat ein Konzert zwar keine Handlung, aber man kann den Künstlern bei der Arbeit zusehen. Man erlebt mit, wie sie ihr Instrument bearbeiten, sieht ihre Bewegungen, erkennt ihr Engagement, ihre Anstrengung. Ein Musikstück, was immer es sein mag, entfaltet eine ganz andere

Wirkung, wenn der Zuhörer sein Werden durch den Künstler unmittelbar miterlebt.

Dazu tritt etwas weiteres Wesentliches: Gerade weil uns auf der Bühne eines Konzertsaals optisch viel weniger als im Theater oder im Kino geboten wird, empfinden wir ein Konzert womöglich besonders intensiv. Der bewusste Genuss von Musik geht einher mit tiefer Konzentration. Die Klänge, die auf dem Podium entstehen, klingen im Zuhörer nach, wecken Gefühle, Erinnerungen, lassen Bilder entstehen. Nicht zufällig arbeiten viele Meditationsrituale mit Musik, um dem Meditierenden zu Ruhe und innerer Konzentration zu verhelfen. Die große Begeisterung vieler Konzertbesucher beim Schlussapplaus ist eine Reaktion darauf, diese positive Anspannung erlebt und womöglich Ruhe gefunden zu haben. Ein echtes und tiefes Glückserlebnis.

Wir alle haben, was Musik angeht, heutzutage leider große Probleme: Wir hören im Alltag einfach zu viel davon. Im Gegensatz zu früheren Jahrhunderten ist Musik dank der technischen Möglichkeiten allgegenwärtig geworden. Wenn man im Auto fährt, einkauft, auf die Zahnarztbehandlung wartet – fast immer läuft im Hintergrund Musik. Das hat unser Verhältnis zu ihr tief gewandelt. Es fällt uns nicht leicht, sie zur Abwechslung mal als Hauptsache wahrzunehmen und uns ganz auf sie zu konzentrieren.

Ein weiteres Problem bei Musik: Man bekommt sie im Alltag fast nur noch in Form kleiner, gefälliger Häppchen zu hören. In Arztpraxen und U-Bahn-Höfen klingen gerne einmal Mozart- oder Haydn-Stücke aus dem Lautsprecher, aber es sind die immer gleichen, wohlbekannten Musikfetzen: Bruchstücke, die aus dem großen Zusammenhang gerissen wurden, zum Beispiel aus einer Sinfonie, ebenjene kleinen Melodien, die von Mozart, Haydn und ihren Kollegen populär geworden sind. Warum, mag da so mancher denken, soll ich mir noch den ganzen langen Rest drumherum antun, der wahrscheinlich viel langweiliger ist und der mir erst mal gar nichts sagt?

Genau diese Frage wollen wir in diesem Kapitel beantworten. Vorab ist aber noch eine begriffliche Sache zu klären: Wir sprechen hier kurz und knapp von Musik – und meinen damit weder Pop noch Jazz (diesen beiden Abteilungen sind ja eigene Kapitel gewidmet). Wir meinen jene Musik, die wir in unserer Alltagssprache als »klassische« oder »ernste Musik« definieren. Dabei sind diese Bezeichnungen ungenau, denn die Klassik ist wiederum nur eine bestimmte Epoche innerhalb der »klassischen Musik«. Und ein nicht geringer Teil der sogenannten ernsten Musik ist gar nicht so furchtbar ernst, sondern ziemlich unterhaltend – während andererseits sehr viele Pop- und Jazzmusiker ihre Musik überaus ernst nehmen.

Wenn wir in diesem Kapitel also von Musik sprechen, dann meinen wir die Werke von Mozart, Beethoven & Co – zu hören auf den Kultur- und Klassikkanälen im Radio. Oder eben im großen, geheimnisvollen, manchmal etwas Furcht einflößenden und trotzdem unersetzlichen Konzert.

Mit einer Flöte fing alles an: Musik als Urbedürfnis

Ende 2008 fanden Archäologen der Universität Tübingen in einer Höhle auf der Schwäbischen Alb, 20 Kilometer westlich von Ulm, eine 22 Zentimeter lange Flöte. Die Untersuchungen ergaben, dass das Instrument mindestens 35 000 Jahre alt ist, also aus der Eiszeit stammt.

Man stelle sich vor: In unseren Konzerten erklingt Musik, die höchstens, aber wirklich allerhöchstens rund 1000 Jahre alt ist – ein für unser Empfinden schon riesiger Zeitraum. 35 mal länger aber ist es her, dass ein Eiszeitmensch in einer großen und zugigen Höhle auf der Alb die Idee hatte, aus dem Flügelknochen eines Gänsegeiers ein schmales Ding zu schnitzen und es mit fünf Löchern exakt an den richtigen Stellen zu versehen, um damit kleine Melodien pfeifen zu können.

Denn das ist das Erstaunliche an dieser kleinen Flöte: Sie produziert Töne, die uns sofort bekannt vorkommen. Als die Wissenschaftler ihren Fund 2009 in einer Ausstellung in Stuttgart präsentierten, waren über Lautsprecher die Töne dieser Eiszeitflöte zu hören (natürlich spielte man aus konservatorischen Gründen auf einer Rekonstruktion). Und es war geradezu rührend, mit welcher Andacht viele Besucher den Tonaufnahmen lauschten. Wer noch nie einen Gedanken daran verschwendet hat, wie seltsam innig unser Verhältnis zur Musik ist, bekam hier eine Ahnung davon.

Überall, wo es Menschen gibt, erklingt Musik. Menschen singen, klatschen, stampfen rhythmisch mit den Füßen. Menschen bauen sich Instrumente, mit denen sie Töne erzeugen können. Es gibt keine menschliche Kultur ganz ohne Musik. Woher dieses Urbedürfnis zum Musizieren und zum Musikhören kommt, darüber forschen Wissenschaftler seit vielen Jahrhunderten. Ganz sicher spielt eine Rolle, dass schon unsere allerersten Empfindungen im Mutterleib mit Musik verbunden sind – der Herzschlag der Mutter ist so etwas wie der Urrhythmus, den jeder von uns bereits lang vor der Geburt mitbekommen hat. Einige Wissenschaftler behaupten sogar, das Singen und Stampfen bilde den Ursprung der menschlichen Sprache.

Natürlich gibt es immer wieder Menschen, die von sich behaupten, ganz unmusikalisch zu sein. Die beim Singen wirklich keinen einzigen Ton treffen und die Mühe haben, selbst eine einfache Melodie aufmerksam zu verfolgen. Doch statt von Unmusikalität sollte man eigentlich besser von unterschiedlichen musikalischen Begabungen sprechen – ebenso wie manche Menschen leichter mit Zahlen umgehen können als andere. Aber völlig unmusikalisch könnte man eigentlich nur sein, wenn objektiv definiert wäre, was gute und was schlechte Musik ist – und manche Menschen dann mit ihrer Vorliebe für schlechte Musik zu den unmusikalischen zu zählen wären. Doch eines steht fest: Musikalisch im Sinne von urmusikalisch (man denke dabei zum Beispiel auch an das Gejohle von Fußballfans!) sind wir fast alle.

Wie die Musik in den Konzertsaal kam

Menschen musizieren wohl seit eh und je. Wir wissen heute, wie die Musik von damals klang, weil die Menschen sie aufgezeichnet haben – und das war vor Erfindung der technischen Aufzeichnungsmedien nur in schriftlicher Form auf Papier möglich.

In den Klöstern und Kirchen des Mittelalters entstand der Wunsch, die Lieder, die in christlichen Gottesdiensten gesungen wurden, zu vereinheitlichen. Deswegen entwickelten die Mönche ein erstes, noch sehr einfaches System, um unabhängig von der persönlichen Erinnerung des Sängers eine Tonfolge nachvollziehbar zu machen. Aus diesen allerersten Notenschriften hat sich dann über Jahrhunderte hinweg eine immer perfektere Schreibweise entwickelt – bis hin zu den grauen Notenzetteln mit ihrem Liniensystem, den Notenschlüsseln, den Taktlinien und den Einzelnoten, die selbst jenen vom Anblick her bekannt sind, die gar keine Noten lesen können.

Bei der von den Mönchen aufgezeichneten Musik handelte es sich um liturgische, also gottesdienstliche Gesänge, die von Männerstimmen zumeist in großen Kirchenräumen mit viel Hall vorgetragen wurden: eine schier endlose Abfolge von feierlichen, getragenen Tönen. Man nennt diese Gesänge Gregorianische Choräle, weil sich ihre Sammlung auf einen Papst namens Gregor (590–604) bezieht. Zwei Dinge werden an dieser Stelle deutlich: Das wichtigste Musikinstrument des Menschen ist seine eigene Stimme. Und ein besonders wichtiger Ort für seine Musik ist der Gottesdienst, also der religiöse Kult. Geistliche Musik, wie diese religiösen Kompositionen genannt werden, wird heute auch gern im Konzertsaal vorgetragen, aber ihr eigentlicher Aufführungsort ist und bleibt die Kirche.

Die ältesten Gregorianischen Gesänge sind einstimmig: Es singt zwar ein Chor an Männern, die aber wiederum alle die gleiche Melodie, also wie mit einer Stimme singen. Im Verlauf des Mittelalters entwickelten die Kirchenmusiker etwas bahnbrechend Neues: Sie teilten den Chor in mehrere Stimmen auf, zum Beispiel in drei oder vier. Und diese Stimmen singen unterschiedliche Tonfolgen, die aber in ihrer Logik, in ihrer Harmonie aufeinander bezogen sind. Die Stimmen singen somit eigentlich getrennt voneinander und doch gemeinsam. Keine Stimme ist dabei wichtiger als die andere, entscheidend ist allein ihr Zusammenklang im einzelnen Augenblick. Diese Mehrstimmigkeit, die ein großes harmonisches Ganzes ergibt, ist eine Art von Musik, die das Hören der Menschen im Abendland tief geprägt hat und ihnen über die Jahrhunderte hinweg gleichsam in Fleisch und Blut übergegangen ist. Der Fachbegriff dafür heißt Polyphonie.

Der nächste große Einschnitt in der Musikgeschichte ist die Epoche des Barock im späten 16. Jahrhundert. Zu dieser Zeit erstritten sich die weltlichen und geistlichen Herrscher Macht und Ansehen, und diese Macht wollten sie nach außen repräsentieren – in der Architektur, in der Kunst und in der Musik. Diese hatte nun nicht mehr nur in der Kirche ihren

Platz, sondern auch bei Festlichkeiten, im Theater oder auf Empfängen. Und der Fürst mochte bei dieser Gelegenheit nicht nur Männerstimmen hören, sondern möglichst ein ganzes Ensemble.

Im Grunde traten nun in der Barockmusik die Instrumente an die Stelle der verschiedenen Männerstimmen. Natürlich verfeinerte sich im Laufe der Zeit das Prinzip der Mehrstimmigkeit und wurde immer vielschichtiger. Es ist also kein Zufall, dass uns die großen Orchesterwerke ebenso wie die Opern des Barock überaus festlich in den Ohren perlen und die Tonfolgen so filigran und ziseliert wirken. Die einzelnen Themen und Melodien, die wir heraushören, tauchen mal in dieser, mal in jener Stimme, mal bei diesem, mal bei jenem Instrument auf. Als mindestens ebenso wichtig wie die Themen erweist sich der Rhythmus der Barockmusik, der entweder gleichmäßig schnell, vorantreibend und tänzerisch ist oder langsam, wiegend und innig.

Mit der Barockmusik hatte sich ein breites Spektrum an musikalischen Möglichkeiten entwickelt. Allerdings wohnt dieser Art von Musik auch eine gewisse Formelhaftigkeit inne. Zwar drückt sie einerseits große Gefühle aus, wie Festlichkeit, Ruhe, Trauer, Freude. Andererseits wiederholen sich die Ausdrucksformen recht stark, und die Dynamik der Mehrstimmigkeit scheint auf kein bestimmtes Ziel, auf keinen musikalischen Höhepunkt zuzulaufen. Der Hörer gewinnt somit den Eindruck, das Stück könnte im Grunde endlos weitergehen.

Am Ende des 18. Jahrhunderts kam es zu einer entscheidenden Weiterentwicklung der Musik durch zwei Komponisten: Joseph Haydn und Wolfgang Amadeus Mozart. Sie arbeiteten stärker an den schon angesprochenen musikalischen Themen, bauten sie aus, definierten unter den verschiedenen Stimmen ihrer Komposition eine Hauptstimme, die für das

Thema verantwortlich ist, es vorantreibt und früher oder später zu einem logischen Abschluss führt. Gemeinsam mit Ludwig van Beethoven fasst man diese drei Komponisten zum Kreis der Wiener Klassik zusammen (sie alle wirkten vorrangig in Wien). Das, was wir heutzutage spontan als »klassische Musik« bezeichnen, hat hier seinen Ursprung.

Im 19. Jahrhundert entwickelte sich diese Form der Musik immer weiter – in immer neuen Kombinationen und Varianten. Jetzt erreichte die Musik vor allem das Bürgertum. Nicht mehr die Herrscher an ihren Höfen waren das Zentrum und die Auftraggeber der Musik. Vielmehr entstand in den Städten ein musikalisches Leben, in dem der gesellschaftlich immer wichtiger werdende Bürger den Ton angab.

In dieser Zeit entstand übrigens auch das Konzertritual, wie wir es noch heute kennen. Für die barocken Herrscher und ihr Gefolge hatte die Musik keineswegs im Mittelpunkt gestanden. Ebenso wie die Oper dienten auch Musikaufführungen vor allem der Atmosphäre einer Zusammenkunft, währenddessen aß man, trank, feierte, liebte oder intrigierte. Für das Bürgertum aber rückte die musikalische Darbietung ins Zentrum des Geschehens. Man hatte sich ihr mit ganzer Kraft, mit ganzer Seele zu widmen. Ja, es schien ihnen, als wenn allein in der Musik sich die Seele eines Menschen öffnen und zu sich finden könne. Deswegen ist der Vergleich zwischen der Stimmung in einem großen Konzert und einem Gottesdienst gar nicht so falsch.

Die letzte für uns entscheidende Wegmarke ist das Jahr 1923. Bis dahin hatte bereits eine Vielzahl von Komponisten unzählige große Werke geschaffen – aber alle waren sie letztlich in dem logischen System der Tonalität verhaftet, die dem interessierten Laien einfach als Grundharmonie vorkommt: So ungewohnt oder schräg manches Werk zwischendurch auch klingen mag, früher oder später kommt es doch zu einem für unsere Ohren harmonisch und schlüssig wirkenden Ende.

Der Wiener Komponist *Arnold Schönberg* (1874–1951) wollte dieses Regelwerk durch ein anderes ersetzen. Er entwickelte die Zwölftontechnik. Wie der Name besagt, werden bei dieser Kompositionstechnik die insgesamt zwölf Töne einer Tonart nach ganz bestimmten Regeln einer nach dem anderen eingesetzt, um dann wieder von vorn anzufangen. Schönberg dachte, dass sich die Menschen an dieses neue und ganz andere Schema ebenso gewöhnen würden, wie sie sich einst in das Schema der Harmonik eingehört hatten.

Dazu ist es allerdings nicht gekommen. Stattdessen ist im Entwicklungsverlauf der sogenannten Neuen Musik nach und nach jegliches Regelwerk verschwunden. Komponisten schaffen heute Musik nach Gesetzen, die sie ganz für sich bestimmen, manchmal sogar mit Tönen, die viele Hörer gar nicht mehr als Musik beschreiben würden. Der Frage, wie man sich der Neuen Musik am besten nähern kann, widmen wir uns noch besonders.

In einem Punkt aber hatte Schönberg zweifellos recht: Das, was wir als ganz natürliche musikalische Harmonie empfinden, ist keineswegs natürlich oder unumstößlich. Wir sind in unserem abendländischen Kulturkreis einfach von Kind an darauf trainiert. Dass Musik auch ganz anders klingen und von Menschen dennoch als schön empfunden werden kann, zeigt der Blick in andere Kulturkreise wie in Asien oder Afrika. Man sollte also stets vorsichtig sein mit seinem Urteil, diese oder jene Töne seien unmenschliche Katzenmusik. Ähnlich wie unser Geschmack beim Essen und Trinken ist auch unser Sinn für musikalische Harmonie weitgehend kulturell geprägt, keineswegs biologisch.

Im Laufe der Jahrhunderte haben sich vielfältigste Formen der Musik entwickelt. Und ebenso vielfältig sind die Konzerte, die man erleben kann.

Es gibt Kirchenkonzerte, die – wie der Name schon sagt – in der Kirche stattfinden und in denen geistliche Musik vorgetragen wird, zum Beispiel von einem Chor oder von einem Organisten (wobei man bedenken sollte, dass jeder Gottesdienst, in dem die Gemeinde Kirchenlieder singt, eigentlich bereits ein kleines Konzert ist). Es gibt Barockkonzerte, in denen sich Musiker mit entsprechenden Instrumenten ganz auf die möglichst werkgetreue Wiedergabe barocker Musik konzentrieren.

Es gibt Kammerkonzerte, die deswegen so heißen, weil daran nur wenige Musiker beteiligt sind, die zur Not mit ihren Instrumenten in einem Privatzimmer, also in einer Kammer, Platz hätten. Das könnte zum Beispiel ein Trio aus Künstlern mit Instrumenten wie Geige, Fagott und Bass sein. Solche Konzerte haben einen intimen Charakter. Das gilt auch für Liederabende, an denen ein Sänger oder eine Sängerin zumeist von einem Pianisten begleitet wird. Dagegen füllen Pianisten, wenn sie gut und bekannt sind, wie in unseren Tagen der Chinese Lang Lang, schnell ganz allein große Hallen. Klavierkonzerte sind allgemein beim Publikum sehr beliebt.

Und dann ist da noch das klassische Orchesterkonzert, entweder von einem Orchester der Stadt dargeboten oder von auswärtigen Gästen. Häufig werden diese Konzerte im Abonnement angeboten; es finden fünf oder sechs pro Saison statt, also zwischen September und Juni. Solch ein großes Orchesterkonzert hat sehr oft folgenden Aufbau: Zum Auftakt gibt es ein kürzeres Stück, sozusagen zum Aufwärmen. Dann kommt

ein Solist dazu; gemeinsam mit ihm folgt ein Konzert beispielsweise für Klavier und Orchester, Violine und Orchester,
oder Oboe und Orchester. Wenn das Publikum begeistert ist
von seiner Leistung, darf der Solist noch ein oder zwei Zuga-
ben bringen. Dann gibt es eine Pause. Und nach dieser Pause
folgt eine große Sinfonie in mehreren Sätzen, sozusagen der
gehaltvoll-dramatische Höhepunkt des Abends.

Zu allen Konzerten gibt es Programmzettel, zu großen
Veranstaltungen richtige Programmhefte. Für den Einsteiger
sind diese Programmhefte meist kaum von Nutzen. Die Artikel, die darin zu finden sind, bedienen sich fast immer eines
anstrengenden Fachjargons. Aber zumindest zeigen die Hefte
oder Zettel den genauen Verlauf des Abends, also die Abfolge
der Stücke und ihrer einzelnen Sätze. Wer sich mit der aufgeführten Musik noch nicht auskennt, hat hier den wichtigsten
Anhaltspunkt, an welcher Stelle des Konzerts er sich gerade
befindet und was noch folgt. Und nebenbei gilt natürlich die
bekannte Regel: Geklatscht wird am Ende eines Stücks, niemals nach einem einzelnen Satz.

Die großen Namen des Konzertbetriebs

Die Schatzkammern der Musik sind schier unerschöpflich.
Aber ebenso wie mit den Spielplänen von Oper und Theater
verhält es sich mit dem Konzertkalender: Wenige Namen bestimmen zu einem Großteil das musikalische Geschehen. Das
liegt zum einen durchaus an der Qualität der Komponisten,
zum anderen aber auch am Sicherheitsdenken vieler Konzert-
veranstalter, die im Zweifelsfall lieber das bringen, was die Zuschauer ohnehin schon kennen und lieben.

Aus dem Barock kommt man an zwei Namen nicht vorbei:
Bach und Händel. Wobei *Johann Sebastian Bach* (1685–1750)

zweifellos eine Ausnahmestellung einnimmt. Sein riesiges Werk ist von solcher Tiefe und geradezu logisch-mathematischer Perfektion und bringt zugleich so viel Individualität und Innigkeit im Rahmen des barocken Regelwerks zum Ausdruck, dass die Beschäftigung mit seinem Schaffen allein ein Kapitel füllen würde. Neben den bekannten »Brandenburgischen Konzerten« muss man seine großen, abendfüllenden geistlichen Kompositionen im Blick haben: das »Weihnachtsoratorium«, die »Johannes«- und die »Matthäuspassion« sowie die »Messe in h-Moll«. Das Oratorium und die Passionen erzählen das biblische Geschehen zu Jesu Geburt und Tod und verknüpfen es mit Chorälen und mit dem Geschehen betrachtenden und bedenkenden Arien von Solisten. Die »h-Moll-Messe« wiederum beinhaltet alle liturgischen Gesänge eines Gottesdienstes, vom Sündenbekenntnis bis zum Dank für das Abendmahl.

Wenn man den Namen *Georg Friedrich Händel* (1685 bis 1759) nennt, wird man schnell seine berühmten Orchesterstücke, die prachtvolle »Feuerwerks«- und die »Wassermusik« im Ohr haben, sowie das »Halleluja« aus dem Oratorium »Der Messias«. Letzteres erzählt in Form eines langen Konzerts praktisch die ganze biblische Geschichte Jesu; man kann es immer wieder in Kirchen, aber auch im Konzertsaal hören.

Zum Trio der Wiener Klassik gehörte, wie bereits erwähnt, *Joseph Haydn* (1732–1809). Er war noch ein typischer Hofkomponist – und zwar ein besonders fleißiger: Allein 108 Sinfonien stammen aus seiner Feder, dazu ein umfangreiches Repertoire an Kammermusik, allesamt zur Unterhaltung der fürstlichen Gesellschaft erdacht. Dass diese der schönen Musik häufig nur wenig Aufmerksamkeit schenkte, ist bekannt – deshalb versuchte Haydn in seiner Sinfonie Nr. 94 nach überaus ruhigem Beginn mit einem großen Paukenschlag das Interesse der Zuhörer wenigstens kurzfristig auf seine Musik zu lenken.

Über das Werk von *Wolfgang Amadeus Mozart* (1756–1791) muss man nicht mehr viele Worte machen: Ob es seine Sinfonien, seine Solisten-Konzerte oder seine Opern sind – beinahe alles ist bereits beim ersten Hören von berückender Schönheit. Und je öfter man es hört, desto mehr erkennt man die Abgründe und Tiefen, die Mozart bei allem Glanz in seinem Werk zum Ausdruck zu bringen wusste.

Ludwig van Beethoven (1770–1827) markiert allein deswegen eine Wendemarke in der Musikgeschichte, weil er der erste selbstständige, frei wirkende und frei wirtschaftende Komponist war. Neun Sinfonien, davon die letzte mit dem berühmten Gesang »Freude, schöner Götterfunken«, fünf Klavier- und zwei Violinkonzerte, die Oper »Fidelio«, seine zweite Messe »Missa solemnis«, dazu Kammermusik, vor allem Streichquartette von geradezu übermenschlicher, visionärer Qualität und Wucht – mit Beethoven allein könnte ein Klassikfreund zweifellos ein langes Konzertleben füllen.

Für den Einsteiger ist gerade der erste Satz seiner Sinfonien besonders interessant, weil sich darin eine bestimmte Kompositionsart erkennen lässt, die Beethoven zunächst perfektioniert, dann aber auch überwunden hat: die Sonatenhauptsatzform. Sie besteht aus drei Teilen. Zunächst wird in der sogenannten Exposition ein musikalisches Thema entwickelt, eine kleine Melodie, auf die eine zweite folgt; danach werden beide in der Durchführung vielfach variiert; zuletzt folgt eine Wiederholung der beiden Themen (die sogenannte Reprise) und schließlich ein krönender Abschluss, bei dem das gesamte Orchester noch einmal kräftig auftrumpfen kann.

Franz Schubert (1797–1828) war zwar ein Zeitgenosse Beethovens, aber seine Sinfonien und seine Kammermusik weisen in ihrer Zartheit und betonten Emotionalität schon weit ins 19. Jahrhundert hinein. Sehr bekannt ist Schuberts achte Sinfonie, die deswegen »Unvollendete« heißt, weil der abschließende dritte, womöglich gar ein vierter Satz fehlten. Häufig sind in Konzerten aber seine beiden Liederzyklen »Die schöne Müllerin« und die todtraurige »Winterreise« zu hören, die von Männerstimmen zu Klavierbegleitung vorgetragen werden.

Robert Schumann (1810–1856) ist vor allem mit seinen Sinfonien stark im Konzertleben vertreten. *Frédéric Chopin* (1810–1849) bildet in dieser Reihe insofern eine Ausnahme, als dass er fast ausschließlich Klaviermusik geschrieben hat und darum besonders für die Pianisten von Bedeutung ist. Chopin mag sich für den Einsteiger etwas dahinplätschernd anhören, doch wer genau lauscht, entdeckt die große Präzision und den Einfallsreichtum dieses polnischen Komponisten. Bei *Johannes Brahms* (1833–1897) wird das Zuhören für den ungeübten Konzertbesucher schon schwieriger; seine Sinfonien und seine Kammermusik sind vielschichtig komponiert, wirken gern ein wenig wuchtig und sind nur mit besonderem Einfühlungsvermögen zu entschlüsseln.

An *Peter Tschaikowsky* (1840–1893) scheiden sich die musikalischen Geister. Den einen sind seine Sinfonien und Ballettkompositionen zu oberflächlich, zu durchschaubar, zu schlicht gestrickt. Der Melodienreichtum dieses russischen Komponisten, der ein eher trauriges und einsames Leben führte, begeistert andererseits auch viele, und deswegen stehen insbesondere seine fünfte und seine sechste Sinfonie häufig auf dem Programm großer Orchester.

Gustav Mahler (1860–1911) hat ein gewaltiges Werk hinterlassen. Aber dennoch wird man ungeübten Hörern kaum den Besuch einer der neun Mahler-Sinfonien als Einstieg empfehlen. Nicht nur, dass der Komponist die Grenzen der Tonalität weit ausreizte und die traditionelle Struktur der mehrsätzigen Sinfonie großzügig auslegte. Ein einziger dieser Mahler-Sätze ist häufig so lang wie bei anderen Komponisten das gesamte Werk. Deswegen stehen Mahler-Sinfonien meist als Solitäre, also Einzelaufführungen, auf dem Programm der Orchester.

Diese elf Komponisten sind natürlich noch lange nicht alles, was die musikalischen Schatzkammern zu bieten haben. Sie gehören jedoch zu den unbestrittenen Juwelen der klassischen Musik. Aber auch andere Komponisten werden häufig interpretiert, wie Felix Mendelssohn-Bartholdy, Claude Debussy, Richard Strauss oder Igor Strawinsky. Und es gibt eine weit darüber hinausgehende Legion an Musikschöpfern, die noch ihrer Entdeckung harren.

Und was wird aus der Neuen Musik?

Die Musik des 20. Jahrhunderts ab Arnold Schönberg, von zeitgenössischen Kompositionen ganz zu schweigen, ist das Problemkind des heutigen Konzertbetriebs. Große Teile des Publikums lehnen sie demonstrativ ab. Und das ist schade, denn dadurch bekommt die von den Orchestern und Konzertveranstaltern gepflegte Kunst etwas Museales – als wenn die Musikentwicklung mit Gustav Mahler oder Richard Strauss zum Abschluss gekommen wäre. Das ist schon deswegen eine bizarre Vorstellung, weil Bach, Mozart oder Beethoven zu ihrer Zeit auch unbedingt Neues schaffen wollten und beim Publikum oftmals zunächst nicht minder auf Unverständnis und Ablehnung stießen.

Große Orchester versuchen, die Entwicklung der Kunst in Gang zu halten, indem sie Uraufführungen zeitgenössischer Komponisten in das Programm ihrer Konzertreihen aufnehmen. Der Erfolg ist begrenzt. Eingekeilt zwischen eine Haydn- und eine Beethoven-Sinfonie gehen viele dieser Stücke unter. Manche Veranstalter nehmen darum die Neue Musik lieber ganz aus dem Wettbewerb und präsentieren sie in eigenen Konzerten und Festivals. Das berühmteste Festival für Neue Musik sind die Donaueschinger Musiktage in Baden-Württemberg, die alljährlich im Herbst stattfinden.

Das beantwortet aber noch nicht die Frage, wie man sich selbst dieser Musik nähern kann – die eben in aller Regel so ganz anders klingt, als wir das aus dem Radio oder von unseren Lieblings-CDs her gewohnt sind, und die offenbar alles andere als im herkömmlichen Sinne schön sein will.

Doch wenn man bereit ist, sich von den eigenen Erwartungen zu befreien, kann man viele positive Überraschungen in der Neuen Musik erleben. Man muss nämlich keineswegs auf Anhieb verstehen, was da passiert. Schließlich beruht auch das Verständnis eines Stücks von Mozart oder Beethoven nicht einfach darauf, dass man die eine oder andere Melodie darin wiedererkennt.

Und es gibt noch einen Gedanken, von dem man sich befreien sollte: Es ist ja gar nicht so, dass alle Musik, die uns umgibt, immer nur schön klingen würde. Man achte nur mal beim nächsten Kinobesuch auf die Klänge, die in einem ganz normalen Actionfilm auf uns niederprasseln. Wir nehmen solche schrägen Töne deswegen als passend wahr, weil sie mit den Bildern korrespondieren. Und womöglich ist gerade das ein Rezept für den Umgang mit Neuer Musik: die Augen zu schließen, sich ganz dem Hören hinzugeben, gar nicht darauf zu achten, wie diese Töne entstehen, sondern einfach nur zu erleben, welche Bilder sie im Inneren auslösen.

Wer neue, aktuelle Musik hört, hört das Werk eines Zeitgenossen. Dieser Komponist hat sich Gedanken gemacht, wie Töne in einer Welt klingen sollten, die voll ist von verwirrendem Krach und trügerischen Klängen. Das macht die ganze Sache ungemein spannend. (Übrigens ist es kein Zufall, dass manche Komponisten der Neuen Musik eng mit Vertretern der aktuellen Popmusik zusammenarbeiten; da gibt es erstaunliche Gemeinsamkeiten!) Und so, wie dieser Komponist überaus individuell mit seinem ganz persönlichen Regelwerk an die Musik herangeht, so haben Sie als Hörer das Recht, ebenso individuell und selbstbewusst zu entscheiden, ob Sie seine Komposition interessant oder einfach nur anstrengend finden. Aber zumindest einen Versuch zu wagen – das wäre die Sache allemal wert.

Vorbereitung auf den Konzertabend

Sie haben sich zum Konzert verabredet und wollen letzte Vorbereitungen treffen? So viel ist jetzt gar nicht mehr zu bedenken. Es gibt zwar einschlägige Konzertführer, die viele Werke der Komponisten aufführen und beschreiben. Deren Texte sind aber häufig fachsprachlich verfasst und darum eher etwas für Eingeweihte. Sollten Sie vorhaben, ein großes Oratorium zu besuchen, zum Beispiel die »Matthäus-Passion« von Bach oder Händels »Messias«, dann versuchen Sie am besten, sich ein Textheft zu besorgen. Es hilft sehr, wenn man beim Hören dieser gewaltigen Stücke die Texte des Chors oder der Arien während des Konzerts mitlesen kann.

Ansonsten aber gilt gerade im Bereich der Musik: Mit jedem Konzert, das man besucht, mit jedem Musikstück, das man hört, erweitert man seine Kenntnisse und vergrößert seinen Schatz an Hörerlebnissen. Mit der Zeit merkt man, wie sich eins zum anderen fügt, wie man Bezüge herstellen kann und Interesse an ganz neuen, unbekannten Stücken bekommt. Und das ebenso Schöne wie Praktische an der Musik ist: Sie lässt sich zwar nirgends so gut anhören wie im Konzert – doch nachempfinden und weiter ausbauen lässt sie sich wunderbar daheim mittels einer langsam wachsenden, ganz privaten Musiksammlung.

Zehn genussvolle Werke zum Einstieg

Zwecks Eindeutigkeit sind die Werke der Komponisten durchnummeriert; die Abkürzung dafür ist »op.« für »Opus« (»Werk«). Bei einigen Komponisten gibt es Werkverzeichnisse mit besonderem Namen.

1. **Brandenburgische Konzerte, Bach'sches Werkverzeichnis Nr. 1046–1051** (1721) von **Johann Sebastian Bach** (1685–1750). Im Auftrag des Markgrafen von Brandenburg stellte Bach diese sechs Orchesterwerke zusammen. Einige Einzelstücke davon sind sehr bekannt. Im großen Zusammenhang und möglichst von einem Spezialensemble für Alte Musik aufgeführt, zeigt diese Komposition die ganze Pracht des Barocks, aber auch seine Dynamik.

2. **Streichquartett C-Dur op. 76** (1797) von **Joseph Haydn** (1732–1809). Das sogenannte »Kaiserquartett« ist deswegen so beliebt, weil die deutsche Nationalhymne aus dem zweiten Satz stammt. Abgesehen von diesem Wiedererkennungswert kann man hier wunderbar studieren, wie ein Komponist eine Grundmelodie vielfach zu variieren vermag. Die drei übrigen Sätze sowie die feine Zusammenstellung von zwei Violinen, Viola und Violoncello zeigen zudem, wie intensiv Kammermusik klingen kann.

3. **Klarinettenkonzert A-Dur, Köchelverzeichnis Nr. 622,** (entstanden 1792) von **Wolfgang Amadeus Mozart** (1756–1791). Den zweiten Satz dieses Werks, das ruhige Adagio, kennen viele aus dem Film »Jenseits von Afrika«. Eingebettet ins Gesamtwerk gewinnt er aber noch enorm an Ausstrahlung. Und der Hörer lernt in einem solchen Instrumentalkonzert viel über das Zwiegespräch zwischen Solist und Orchester.

4. **Sinfonie Nr. 5 C-Dur op. 67** (1808) von **Ludwig van Beethoven** (1770–1827). Eines der berühmtesten Musikstücke der Welt sei nicht nur wegen des berühmten Schicksalsmotivs gleich zu Beginn empfohlen oder weil sich im ersten Satz die Sonatenhauptsatzform geradezu ideal studieren lässt. Am herrlichsten ist einfach der Übergang vom leisen dritten zum strahlend lauten

vierten Satz, der noch jeden trüben Tag zum Festtag machen kann.

5. **»Winterreise« op. 89, Liederzyklus** (1827) von **Franz Schubert** (1797–1828). Diese 24 Lieder fügen sich zu einer Geschichte zusammen: Ein Wanderer verlässt heimlich seine Geliebte, um wieder durch die Welt zu ziehen. Die Stücke sind nur selten fröhlich, bestechen aber durch ihre Tiefe, Dichte und Innigkeit.

6. **Zwölf Etüden op. 29** (1835) von **Frédéric Chopin** (1810–1849). Etüden sind eigentlich Übungsstücke für angehende Pianisten – und als solche waren sie auch vom Komponisten an einen Notenverlag geliefert worden. Doch bei Chopin sind selbst die Übungsstücke zu eigenständigen Kunstwerken geraten.

7. **Violinkonzert e-Moll op. 64** (1845) von **Felix Mendelssohn-Bartholdy** (1809–1847). Die Violine ist neben dem Klavier das Königsinstrument der Klassik – der Komponist lässt es hier im Austausch mit dem Orchester zu ganzer Pracht erstrahlen und schenkt dem Zuhörer insbesondere einen intensiv-ruhigen zweiten Satz.

8. **Sinfonie Nr. 5 op. 64** (1888) von **Peter Tschaikowsky** (1840 bis 1893). Manchem Musikfreund mag Tschaikowsky zu seicht sein. Doch gerade seine fünfte Sinfonie bietet eine spannende Mischung aus tief wirkenden Melodien und mitreißender Dynamik.

9. **»Kindertotenlieder«, Liederzyklus** (1904) von **Gustav Mahler** (1860–1911). Etwa 20 Minuten dauert die Aufführung dieser fünf Stücke, die Mahler auf Gedichte von Friedrich Rückert komponierte und die von einer Sopranistin oder einem Bariton zur Orchesterbegleitung gesungen werden. Am Ende dieser 20 Minuten ist der Hörer überwältigt von Traurigkeit, aber auch Sehnsucht und Liebe – und einem Hauch von Ewigkeit.

10. **Klavierkonzert F-Dur** (1925) von **George Gershwin** (1898 bis 1937). Zum Schluss ein Blick ins 20. Jahrhundert: Die Tonalität wollte George Gershwin gewiss nicht überwinden, aber der Amerikaner öffnete die Klassik mit vielen Jazzklängen einer neuen Zeit.

POP

Warum groß über Popmusik reden? Schließlich begleitet kaum etwas unseren Alltag so machtvoll wie die Pop- und
Rockmusik – aus den Lautsprechern des Autoradios, in Kauf-
häusern, Aufzügen, Hoteltoiletten oder über Kopfhörer des
MP3-Players. Die Popmusik ist ein weltweites Milliardenge-
schäft; die Menschen geben große Summen aus, um per CD
oder per Download ihre Lieblingstitel hören zu können. Jedes
Jahr tauchen neue Gruppen und Solisten auf. Manche verschwinden ganz schnell wieder, manche halten sich, und
manche wie Elton John, Madonna, Paul McCartney oder Bob
Dylan begleiten uns sogar ein Leben lang.

Popmusik funktioniert wie selbstverständlich und über-
schüttet uns mit immer neuen Angeboten. Wir brauchen
nicht viel nachzudenken, sondern nur dort zuzugreifen, wo
sie unseren ganz persönlichen Geschmack trifft. Und doch,
der Leser ahnt es schon, lohnt es sich, etwas genauer hinzu-
hören.

Popmusik – viel mehr als ein Ohrwurm

Jeder, der Musik hört, weiß, dass es in der Popmusik gewaltige
Unterschiede gibt. Jeder kennt Titel, die zwar recht unterhaltsam und eingängig sind, sodass man sie schnell mitsingen
kann, die aber genauso schnell, wie sie zum einen Ohr hinein-
und zum anderen hinausgeht, auch schon wieder vergessen
sind. Und jeder kennt Musikaufnahmen, die einfallsreich, ge-

witzt, interessant sind, sodass man sie nach 5, 10 oder 20 Jahren immer noch gerne hört.

Kurzum: Es gibt gute und schlechte Popmusik – so wie es gute, weniger gute und manchmal sogar schlechte klassische Musik gibt. Die gute Popmusik für sich zu entdecken, das kann ein ebenso großes Abenteuer sein, wie zum ersten Mal ein Konzert oder eine Oper zu besuchen. Und auch, wenn die Popmusikbranche scheinbar ganz aufs Hier und Heute ausgerichtet ist und nur das zählt, was aktuell Erfolg bei den Menschen hat – so hat Popmusik doch eine Geschichte, hat Traditionen und blickt auf große künstlerische Entwicklungen zurück. Kein guter Popmusiker wird leugnen, in dieser oder jener Tradition zu stehen und von diesem oder jenem musikalischen Vorbild beeinflusst zu sein. Popmusik ist es also wert, sie aufmerksam zu hören und zu verfolgen.

Was den Pop zum Pop macht

Guter Wille allein genügt nicht, um tieferen Zugang zur Popmusik zu finden. Im Grunde ist der Pop viel unübersichtlicher als die Klassik, denn während sich dort eine gewisse lineare Entwicklung durch die Geschichte nachvollziehen lässt, haben wir es hier mit einer verwirrenden Gleichzeitigkeit an Stilen zu tun. Persönliche Vorlieben, Sympathien und Antipathien des Publikums spielen eine viel größere Rolle. Künstler werden rasch zu Stars. Ihr Leben, ihr Kleidungsstil, ihr Auftreten, ihre Sprüche steuern viel zum Gesamteindruck der jeweiligen Musik bei.

Dabei ist es gar nicht so leicht, Popmusik zu definieren. Das Wort ist die Kurzform von Popularmusik, also von populärer Musik. Aber deshalb ist natürlich noch lange nicht jede Popmusik durchweg bekannt und beliebt. Und sie muss nicht unernst sein, nur weil man ihr Gegenstück manchmal »ernste Musik« nennt. Manche Fachbücher heben darauf ab, dass Popmusik leicht mitzusingen sei oder einen leicht erkennbaren Refrain, also eine mehrfach wiederkehrende Hauptstrophe habe. All das trifft sicher für vieles zu, was in die Hitparaden der Radiosender kommt. Aber für vieles auch wieder nicht.

Im Grunde zeichnet sich Popmusik durch ihren Erfolg und durch ihre Verankerung in breiten Schichten der Bevölkerung aus. Sie muss ein Massenphänomen sein – zumindest ihrem Anspruch nach, auch, wenn der nicht immer erfüllt wird. Außerdem kann sie voraussetzungslos gehört werden; sie ist also leicht konsumierbar, wie kritische Stimmen sagen. Popmusik ist in der Tat als Konsumprodukt gedacht, sodass Popmusiker vom Zuspruch ihrer Hörer leben können – oder zumindest gern leben würden.

Dabei spiegelt der gute Pop – mal mehr, mal weniger – drei mögliche Spannungen wider: Da ist zum einen die Spannung zwischen schwarzer und weißer Musik. Wesentliche Impulse für die Popmusik kamen aus Nordamerika und gingen hier speziell von der Musik der Schwarzen aus. Die Volksmusik der Sklaven und ihrer Nachfahren waren die Worksongs auf den Plantagen und die Spirituals in den Kirchen, später der Blues und der Gospel. Ein guter, einprägsamer, auch tanzbarer Rhythmus war hier ebenso wichtig wie eine eingängige Melodie – und musikalische Strukturen, die es ermöglichten, ohne große musikalische Kenntnisse oder Fähigkeiten gemeinsam in der Gruppe zu musizieren.

Die zweite Spannung besteht zwischen unten und oben. Häufig ist der Pop ein musikalisches Ausdrucksmittel der Unterschichten und der Ausgegrenzten. Ihre Musik ist stets ein akustisches Protest- und Abgrenzungszeichen gegen die kultivierten Klänge der Gebildeten und Höhergestellten, die nicht nur von den neuen Rhythmen, sondern auch von den womöglich aufrührerischen oder anzüglichen Texten provoziert werden sollen.

Die dritte Spannung ist jene zwischen Jung und Alt. Popmusik ist die Musik der Jungen. Die Eltern schütteln den Kopf und halten sich die Ohren zu, wenn ihre Kinder in ihren Zimmern mal wieder die Anlage zu laut aufdrehen. Ob Rock 'n' Roll, Hard Rock, Punk, Techno oder Hiphop, stets steckt ein gehöriges Stück Abgrenzung der Jungen gegen die Alten dahinter. Kinder hören einfach andere Musik als ihre Eltern. Hirnforscher können inzwischen belegen, dass die Musik, die wir in unserer Jugend hören, die größten Reize in unserem Gehirn auslöst. Damit wird klar, warum Popmusik mehr ist als nur Musik. Die Kinder kleiden sich natürlich auch anders als ihre Eltern, sie sprechen anders, ihnen sind andere Dinge wichtig. Popmusik und Jugendkultur gehören eng zusammen. Dieser Abgrenzungsprozess ist ebenso natürlich wie notwendig.

Das ist auch der Grund, warum sich die Popmusik so schnell verändert. Sie bedarf des ständigen Nachschubs. Die unkonventionelle Musik von heute ist die konventionelle Musik von morgen. Was heute noch die Musik der Jungen ist, wird schon in wenigen Jahren die Musik der Älteren sein, die ihrerseits Kinder haben. Anders als in der Klassik, in der viele Künstler gerade auf Kontinuität setzen, müssen Popmusiker stets ihre Originalität und Einmaligkeit beweisen. Und die jungen Fans der Popmusik müssen zeigen, dass ihre Lieblingsmusik völlig unvereinbar ist mit der Lieblingsmusik der Älteren.

Ein kurzer Streifzug durch die Stile

Die Geschichte der Popmusik beginnt mit dem Rock 'n' Roll. Das war zunächst schwarze Musik aus Amerika: Künstler wie *Litte Richard* oder *Fats Domino* spielten Ende der 50er-Jahre schnellere, lautere, aggressivere Stücke als ihre Kollegen. Sie verstärkten ihre Instrumente elektronisch und gebärdeten sich auf der Bühne gegen die üblichen Regeln (Little Richard beispielsweise spielte auf dem Klavier mit seinen Füßen). Die Erwachsenen waren entsetzt, die Jugendlichen begeistert und kreischten sich um Sinn und Verstand.

Die weiße Variante des Rock 'n' Roll verkörperte zeitgleich idealtypisch *Elvis Presley* (1935–1977). Er sang weicher, harmonischer als die schwarzen Sänger. Seine Unkonventionalität äußerte sich im lasziven Hüftschwung. Presley war einer der ersten Popkünstler, der von seinen Fans zum Star, zur Personifizierung eines geradezu religiös aufgeladenen Ideals erhöht wurde.

Anfang der 60er-Jahre fand die weitere Popentwicklung zunächst in Großbritannien statt. Entgegen der Konvention der großen Konzerte setzten vier junge Musiker aus Arbeitervierteln auf die Einfachheit der Rhythmen, der Melodien, der Texte und der Instrumente: drei Gitarren, ein Schlagzeug – die *Beatles* (1960–1970) schufen mit ihrer Musik ein globales Massenphänomen. Und sie waren kommerziell so erfolgreich wie niemand zuvor. Im Jahr 1964 belegten ihre Songs gleichzeitig die ersten fünf Plätze der amerikanischen Verkaufscharts.

Nach den Beatles kamen Gruppen, die härtere und auch aufwendigere Musik machten. Auf den Rock *(Rolling Stones, The Who)* folgte Ende der 60er-Jahre der Hard Rock *(Deep Purple, Led Zeppelin)*, und Musik und Texte bekamen einen noch stärkeren subkulturellen Charakter. Währenddessen definierte sich die schwarze Musik in Amerika programmatisch als Soul; ein Sammelbegriff, der sowohl die Emotionalität und Tanzbarkeit dieser Klänge markieren sollte als auch das Selbstbewusstsein der afro-amerikanischen Sänger: Soul bedeutet Seele.

Mitte der 70er-Jahre gab es erneut einen radikalen Schnitt, für eine deutliche Absage an das längst Etablierte gekommen. In jenen Arbeiterbezirken Englands, in denen die Lebensqualität besonders schlecht war, entstand der Punk – eine harte, laute, grelle Musik zu peitschenden Rhythmen, bewusst aggressiv und monoton, mit wütenden, latent oder auch offen gewalttätigen Texten (eine wichtige Punk-Band heißt *Sex Pistols*). Das Motto war »No Future« (also: keine Zukunft) und wurde auch in Kleidung, Frisur und Lebenshaltung umgesetzt.

Der Punk ist aber auch ein Beispiel dafür, wie aus einer radikalen Protestkultur nach und nach ein angepasster Lebensstil wird. Denn nicht nur die großen Plattenfirmen nahmen sich der Musik an, auch die Modeschöpfer und Designer erkannten das kreative Potenzial dieser Subkultur. Irgendwann war aus einem radikal verneinenden Lebensstil ein hübscher Trend, ein Style in den großen Charts und in den Warenhäusern geworden. Dagegen half dann nur der nächste Protest, die nächste radikale Ablehnung des aktuell Etablierten.

Analog zum Punk und als Abgrenzung zum elegant schmeichelnden Soul entwickelte sich in den Ghettos der großen US-Städte der Rap – ein Sprechgesang mit aufrührerischen, obszönen Texten, in denen auch immer wieder die Kriminalität als bewusster Lebensstil in einer ansonsten feindlich gesonnenen Umwelt gepriesen wird. Ein besonders originelles Element des Rap ist die Arbeit mit Plattenspielern: Bei laufender Musik werden die Platten per Hand angehalten und gegen die eigentliche Richtung gedreht. Durch diese perfekte

Sabotage des perfekten, elektronisch wiedergegebenen Musikklanges ergibt sich ein schrappendes Geräusch, das die Rapmusiker zur Unterstützung ihrer Rhythmik einsetzen.

Als vorerst letzter großer Stil der Popmusik sei der Techno genannt, der vor allem in den 90er-Jahren große Bedeutung erlangte. Hier werden sich viele vor allem an den schnellen, stampfenden Rhythmus erinnern. Melodien spielen kaum noch eine Rolle, alles ist auf die verausgabende, ekstatische Tanzbarkeit der Musik ausgerichtet. Die Musik entsteht elektronisch; geschaffen wird sie nicht von Sängern oder Instrumentalisten, sondern von Discjockeys, die an ihren Apparaturen für immer neue Klangteppiche sorgen.

Seine Wurzeln hat der Techno übrigens auch in den elektronischen Klängen der Neuen Musik. Und das ist bezeichnend: Die Schnittmenge und der daraus resultierende Austausch zwischen innovativer Popmusik und Neuer Musik sind inzwischen oft erstaunlich groß. Das führt allerdings auch dazu, dass Popmusikfans manchmal nur verständnislos den Kopf schütteln können, wenn sie die scheinbar wirren und unzusammenhängenden Klänge auf jenen CDs hören, die von Kritikern in den Fachzeitschriften empfohlen werden.

Popmusik für Anfänger

Robbie Williams, Pink oder die Fantastischen Vier – und damit sind wir in der wohl bekannten Gegenwart unseres Streifzugs durch die Popmusikgeschichte angekommen – machen unbestritten sehr gute Popmusik. Aber es gibt auch noch interessantere Popmusik zu entdecken. Wer das will, muss als Erstes das Radio und den CD-Player ausschalten und nicht mehr nur das hören, was man bei MTV auch als Klingelton herunterladen kann. Nicht für immer – die Nebenbei-Musik ist natürlich auch in Zukunft erlaubt. Doch anspruchsvolle Popmusik will aufmerksam erlauscht werden. Hinweise auf qualitätvolle aktuelle Popmusik-Aufnahmen bekommt man beispielsweise in den Fachmagazinen »Rolling Stone« und »Spex«. Und anspruchsvolle Popmusik will ertanzt werden, denn diese wichtige Eigenschaft hätten wir beinahe zu erwähnen versäumt – Popmusik geht stets und sofort in die Beine. Der Mensch will sich bewegen. Und wer sich bewegt, der schärft die Sinne.

Zehn Alben der Popgeschichte

1. »Here's Little Richard« (1957) von **Little Richard** (*1932). Schnell und hart war der Rock 'n' Roll des schwarzen Mannes aus Georgia. Sein Hang zur Selbstdarstellung schockierte zunächst das weiße Publikum. Doch seine Musik ist so gut, dass er damit bald auch die weiße Jugend begeisterte.
2. »1962–1966« und »1967–1970« (1973) von **The Beatles**. Auf insgesamt vier Platten ist ein Stück Musikgeschichte verewigt: die wichtigsten Titel der wichtigsten Popmusikgruppe aller Zeiten, vom schnellen, harten »Love me do« bis zum elegisch-experimentellen »The long and winding road«. Bis heute frappierend in seiner melodischen und rhythmischen Fülle.
3. »A Man and his Soul« (1967) von **Ray Charles** (1930–2004). Das Doppelalbum dokumentiert die erste Blüte des musikalischen Schaffens eines Musikers, der fast 50 Jahre schwarze Musikgeschichte geschrieben hat und mehr Einfluss hatte als zehn seiner weißen Kollegen zusammen.
4. »Tommy« (1969) von **The Who**. Peter Townshend erzählt in dieser gewaltigen Rockoper die Geschichte eines Jungen, der aus seelischer Not zum Autisten wird, Heilung erfährt, selbst zum Messias wird und wiederum ins Bodenlose fällt.
5. »Deep Purple in Rock« (1970) von **Deep Purple**. Fünf Männer mit langen Haaren und leicht abwesendem Blick, ihre Köpfe in

Felsen gemeißelt wie die berühmten US-Präsidenten – nicht eben wenig selbstbewusst zeigte sich die Hard Rock Band auf ihrem Plattencover. Die Musik dazu markiert und überschreitet zugleich die Grenze zwischen Hard Rock und Heavy Metal.

6. **»Sticky Fingers«** (1971) von **The Rolling Stones**. Härter, schmutziger, rockiger als ihre großen Konkurrenten von den Beatles geben sich hier Mick Jagger, Keith Richards & Co. Und erstmals nutzten sie ihr knallrotes Zungenlogo, das für ihre Musik und ihren Lebensstil zum Markenzeichen wurde.

7. **»Autobahn«** (1974) von **Kraftwerk**. Die deutsche Band gilt längst als eine der innovativsten und einflussreichsten Formationen aller Zeiten. Sie ließen sich von den elektronischen Klängen der Neuen Musik inspirieren und schufen einen Sound, der ein gutes Jahrzehnt später zur Grundlage des Techno wurde.

8. **»Wish you were here«** (1975) von **Pink Floyd**. Eines der erfolgreichsten Alben der Popgeschichte. Die aufwendig instrumentierte, leicht traum- und wahnhafte Musik will eine Hommage an die freie Kunst und eine Klage gegen das kommerzialisierte Musikgeschäft sein.

9. **»Never Mind the Bollocks, Here's the Sex Pistols«** (1977) von den **Sex Pistols**. Die englische Punkband brach mit ihrer lauten, stampfenden, aggressiven, betont unharmonischen Musik nicht nur mit den Erwachsenen, sondern auch gleich noch mit dem gesamten Pop- und Rockgeschäft. Ein Dokument heftigen musikalischen und gesellschaftlichen Protestes.

10. **»8th Wonder«** (1982) von **Sugarhill Gang**. Und noch ein Stück Protestkultur, diesmal aus Amerika und diesmal von schwarzer Seite: Der Rap wurde zum einflussreichsten Musikstil der 80er- und 90er-Jahre. Er markiert die Gleichberechtigung des Textes mit der Musik und der bösen Ironie mit der lauten Anklage.

JAZZ

Keine Frage: Der Jazz hat es schwer. Er gilt als kompliziert, intellektuell, zickig, anstrengend, unromantisch. Vieles, was Menschen mit Musik verbinden, die Gefühle, den Schwung und die Unbeschwertheit, die sie beispielsweise in der Popmusik finden, all das scheint der Jazz erst mal zu verweigern. Jazz wirkt wie etwas für kleine, verrauchte Clubs, für Insider, für Kenner.

Jazz – Musik für Individualisten

Kann man am Jazz Spaß haben? Selbstverständlich! Er ist eine besonders feine und edle Form, um Musik wirklich ernst zu nehmen und sie mit ihrer ganzen Fülle und Kraft zu erleben. Jazz ist nichts zum Nebenbei-Hören oder für den Hintergrund. Jazz erfordert Aufmerksamkeit. Die Musiker und die Hörer gehen über den Jazz eine enge Gemeinschaft ein. Ob mit der eigenen Stimme oder mit einem Instrument, der Jazzmusiker findet in einem Song oder einem Konzert zum ganz individuellen Ausdruck seiner selbst. Die Reaktionen des Publikums, ihre Zustimmungsrufe, ihr Zwischenbeifall bestärken oder bremsen ihn dabei.

Der Unterschied zwischen einem Jazz- und einem Popkonzert wird selbst dem flüchtigen Beobachter sehr schnell deutlich: In einem Popkonzert sehnen sich die Besucher danach, zur großen, gleich fühlenden, unendlich wogenden Masse zu werden. In einem Jazzkonzert verschmelzen Musiker und Zuhörer bestenfalls zu einer großen Gemeinschaft von Individualisten. Im Popkonzert geht es um die Masse. Im Jazzkonzert um jeden Einzelnen.

Warum der Jazz ganz anders ist

Viele Menschen erkennen sofort, dass Jazzmusik anders aufgebaut ist, anders funktioniert als das, was wir aus der europäischen klassischen oder populären Musik gewohnt sind. Aber was genau ist es, das uns schon beim flüchtigen Hören sehr schnell spüren lässt, dass es sich um Jazz handelt?

Wir können diese Frage hier nur oberflächlich anreißen. Aber es gibt einen einfachen Trick, wie man sich den Unterschied deutlich machen kann. Zählen Sie flott und zügig eine Weile lang: eins, zwei, eins, zwei, eins, zwei ... – ganz so, als wollten Sie einen musikalischen Takt vorgeben. Betonen Sie dabei die Eins. Das fällt nicht schwer und hört sich meist nach kurzer Zeit ein wenig an wie der Takt der Füße beim Marschieren. So klingt ein typisch europäisch geprägter Rhythmus.

Und jetzt der Gegenversuch. Zählen Sie wieder: eins, zwei, eins, zwei, eins, zwei ... – aber jetzt betonen Sie immer die Zwei! Das fällt meist am Anfang schwer. Nach einiger Zeit kommt aber etwas Leichtes, Wippendes, Schweifendes, Swingendes, Spielerisches in unser Zählen. Jetzt sind wir beim Jazz. Mit ihm kann man keine Soldaten in den Krieg schicken, aber einen Saal voller Menschen zum Fingerschnippen bringen.

Übrigens ist Jazz ein Begriff aus dem schwarzamerikanischen Slang und bedeutet »Geschlechtsverkehr haben« – um es vornehm auszudrücken.

New Orleans um 1900: eine Stadt im feuchten und heißen Süden der Vereinigten Staaten, darum im wahrsten Sinne des Wortes ein Schmelztiegel der Kulturen. Franzosen, Holländer, Engländer, Italiener, dazu die Afro-Amerikaner und die Kreolen. Im dichten Gedränge des Amüsierviertels entstand eine Musik, die man später als New Orleans Jazz bezeichnen wird: mit Bläsern, Klavier und Schlagzeug und vor allem Trommel. Ein Instrument gibt eine kleine Melodie vor, ein paar Harmonien, die anderen Instrumente stimmen ein. Und dann werden diese Stimmen selbstständig, improvisieren miteinander in einem harmonischen Ganzen über die Grundmelodie. Das kann fröhlich mitreißend, das kann eher melancholisch getragen sein. In jedem Fall bezieht es den Zuhörer sofort ein und lässt ihn mitgehen.

Solche Jazzstücke werden meist nicht in geschriebene Noten gefasst. Selbst die Grundmelodie haben die Musiker im Kopf; es sind häufig wiederkehrende Stücke, die man deshalb Standards nennt. Was der Musiker dazu improvisiert, entsteht zwar innerhalb gewisser Spielregeln, aber dennoch ganz durch das eigene Können und Wollen des Musikers, durch seine Musikalität und Kreativität. Deswegen wird die Qualität eines Jazzmusikers nur zu einem gewissen Maß von seinem technischen Vermögen bestimmt. Es geht um seine Virtuosität, seine künstlerische Ausdruckskraft, also seine kreative Eigenständigkeit. Jazzmusiker sind in jedem Konzert, bei jedem Stück ihr eigener Komponist. Doch das, was sie spielen oder singen, ist nur für den Augenblick, nur für dieses eine Mal. Das macht für seine Fans die Faszination des Kunstwerkes Jazz aus.

Auch im Jazz gibt es wie im Pop den Gegensatz zwischen schwarzer und weißer Musik. Das weiße Gegenstück zum New Orleans Jazz ist der Dixieland, ein wenig flacher, knalliger und gleißender im Ausdruck. Im Chicago der 20er-Jahre schließlich entwickelte sich der weichere, rundere Chicago-Jazz – kleine Ensembles brachten mit ihren swingenden Stücken die Menschen zum Mitwiegen und Hüftschwingen.

Der Swing war in den 30er- und 40er-Jahren eine sehr populäre und kommerziell erfolgreiche Form des Jazz. Die Ensembles entwickelten sich zu richtig großen Orchestern, in denen die Bläser im Mittelpunkt standen. Die Melodien und ihre Rhythmik bekamen ein stärkeres Gewicht, dazwischen standen ausgedehnte Solo-Improvisationen. Es wurden erfolgreiche Stücke komponiert und auf Platte aufgenommen. Der Jazzmusiker musste jetzt Noten lesen können. Benny Goodman, Count Basie und Glen Miller waren wichtige Swing-Orchesterchefs dieser Zeit.

Je erfolgreicher diese Form des Jazz wurde, desto stärker entwickelte sich eine – zunächst noch kleine – Gegenbewegung: Der Bebop setzte Ende der 40er-Jahre in Harlem gegen den swingenden, weichen, arrangierten Orchesterklang wieder ganz auf die Individualität des Musikers und die kleine Besetzung. Schnell und hart war hier der Rhythmus, die einzelnen Instrumente ließen sich Zeit zu langen Improvisationen. Dissonanzen bekamen ihren eigenen Wert, und das Schlagzeug setzte selbstständige Akzente.

Zwei Wege führten von hier aus in sehr unterschiedliche Richtungen weiter. Der Free Jazz gab Anfang der 60er-Jahre jeden Bezug zu Melodie, Akkord, dem mehr oder weniger harmonischen Zusammenspiel auf. Die Jazzmusiker waren jetzt endgültig Solisten, die sich in ihren Improvisationen ausdrückten und auf diese Weise miteinander kommunizierten.

Die gemäßigtere Variante war der Cool Jazz, ein wenig runder, strukturierter und auch swingender. Er suchte den Austausch mit anderen aktuellen Musikformen, sowohl mit der Neuen Musik als auch mit dem Pop. So entwickelte sich Anfang der 70er der Rock Jazz, mit elektronisch verstärkten Instrumenten, mit stark rhythmischen Anteilen und in einem teilweise opulenten Stil, der auch die Popmusik jener Tage prägte. Blood, Sweat & Tears, Weather Report, Chick Corea oder Herbie Hancock sind in diesem Zusammenhang wichtige Namen.

Seit dem Ende des 20. Jahrhunderts werden die Grenzen zwischen Jazz und Pop immer fließender. Das gefällt den wahren Jazzfans nicht; sie befürchten die Kommerzialisierung und Verflachung, die mit solchen Mischformen häufig einhergehen. Sowohl für Jazz- als auch für Popmusiker ergeben sich durch die Schnittmengen jedoch ganz neue Entwicklungsmöglichkeiten.

Wie man Jazz am besten hört

Es gibt Jazz im Radio, und es gibt Jazz auf CD. Doch die beste Form, Jazz zu hören, ist immer das Livekonzert. Man braucht als Zuhörer die Musiker vor Augen, um sich in ihr Spiel optimal einzufinden und es genießend mitvollziehen zu können. Darum: Wo immer sich für Sie die Gelegenheit ergibt, besuchen Sie ein Jazzkonzert, ob nun in einem kleinen Club oder in einem Konzertsaal. Sie werden schnell merken, wie Ihnen mit der Zeit die Musiker ans Herz wachsen. Und mit ihnen die Musik.

Zehn wichtige Jazz-Alben

1. **Bix Beiderbecke** (1903–1931): diverse Sampler. Der amerikanische Kornettist steht für den weißen Chicago-Jazz in seiner reinsten, filigransten Form – melodiös, lyrisch, fein.

2. **»The Famous Carnegie Hall Jazz Concert«** (1938) von **Benny Goodman** (1909–1986). Der Großmeister des amerikanischen Swing spielt hier in großer Besetzung, darunter Lionel Hampton und Count Basie, einige seiner größten Hits.

3. **»Milestones«** (1949) von **Miles Davis** (1926–1991). Einer der wichtigsten und einflussreichsten US-Jazzmusiker präsentiert hier den Cool Jazz der Nachkriegszeit: freier, selbstbewusster, spielerischer als der Swing, aber weniger hart und intellektuell als der Bebop.

4. **»At Newport«** (1956) von **Duke Ellington** (1899–1974). Mit üppiger Besetzung spielt der Meister klaren, rhythmischen, immer wieder stark improvisierenden Jazz.

5. **»Elf Balladen für Ella Fitzgerald«** (1956) von **Louis Armstrong** (1901–1971). Beide waren zu dieser Zeit schon lebende Legenden: der Altmeister des New Orleans Dixieland an der Trompete und die schwarze Gospel- und Swingsängerin mit der voll tönenden Stimme. Auf diesem Album finden sie in elf Songs zu höchster Meisterschaft zusammen.

6. **»The Carnegie Hall Concert«** (1960) von **Dizzie Gillespie** (1917–1993). Gillespie war ein begnadeter Trompeter, der den Schalltrichter seines Instruments nach oben gerichtet hatte und mit überstark aufgeblasenen Wangen der Welt lange, satte, urlebendige Tonfolgen schenkte. Bebop in bester Form.

7. **»Blood, Sweat & Tears«** (1969) von **Blood, Sweat & Tears**. Die Jazzrockband spielt bläserstarken Ensemblejazz mit starken, kantigen Grundmelodien und mitreißenden Improvisationen.

8. **»V. S. O. P.«** (1976) von **Herbie Hancock** (*1940). Schlanker und melodischer ist Hancocks Jazz; er geht in die Hüften und in die Knie und ist Ausdruck eines auf Freiheit und Individualität bedachten Lebensstils.

9. »Heavy Weather« (1977) von **Weather Report** (1970–1985). Jazz und Rock nähern sich an, befruchten einander und schaffen etwas eigenständig Neues. Wayne Shorter am Tenorsaxofon und Joe Zawinul an den Keyboards schufen einen vollen, rockigen, elektronisch aufgeladenen Sound bei aller Freiheit der Improvisation.

10. »**The Köln Concert**« (1975) von **Keith Jarrett** (*1945). Das meistverkaufte Jazzalbum aller Zeiten – und das mit Recht: Über eine Stunde improvisiert hier der amerikanische Pianist frei, mal lyrisch ruhig, mal rhythmisch mitreißend. So schön kann Jazz sein.

Literatur

LITERATUR

Die Tatsache, dass Sie dieses Buch in der Hand halten, bedeutet: Sie sind dem Lesen zumindest nicht völlig abgeneigt. Das ist nicht selbstverständlich. Rund ein Viertel der Deutschen greift nie zu einem Buch, wie eine repräsentative Umfrage der Stiftung Lesen ergab. Vor allem der Gelegenheitsleser, der ein bis vier Bücher im Monat liest, verschwindet allmählich von der Bildfläche. Der Medienpädagoge Professor Dr. Stefan Aufenanger erklärt dazu: »Der Vergleich mit den Vorgängerstudien der Stiftung Lesen 1992 und 2000 zeigt, dass der harte Kern der Viel-Leser von mehr als 50 Büchern pro Jahr mit rund 3 Prozent stets gleich bleibt. Die Gelegenheitsleser verzeichnen allein in den vergangenen 8 Jahren einen Schwund von 31 Prozent auf 25 Prozent.«

Wir wollen hier kein Lamento über den Verfall der Lesekultur verfassen. Schließlich standen Bücher, insbesondere Romane, nicht immer so hoch im Kurs wie heute. Im 18. Jahrhundert kritisierten Gelehrte und staatliche Autoritäten die Lesesucht, die einen Teil der Bevölkerung befallen habe: Frauen würden sich beim Romanlesen in eine Traumwelt flüchten, statt ihre Pflichten als Herrin des Hauses ernst zu nehmen. Dienstmädchen schnappten aus trivialen Liebesschnulzen dumme Gedanken auf. Jünglinge und junge Damen würden zur Sünde der Unkeuschheit verführt. Kurzum: Schöne Literatur sei gefährlich und eine Flucht aus der Realität. So klagten besonders die Vertreter der Philosophie der Aufklärung.

Dabei haben sich Menschen Geschichten erzählt, seit sie

denken und sprechen können. Der angeblich blinde Dichter *Homer* (8. Jh. v. Chr.), griff in seinen epischen Dichtungen »Odyssee« und »Ilias« auf Geschichten zurück, die schon seit hunderten von Jahren von Generation zu Generation weitererzählt worden waren – in gereimter Form, vermutlich von Musik begleitet, weshalb man im Deutschen von »Gesängen« spricht. Homer steht ganz am Anfang der Literaturgeschichte, weil er als Erster den Text dieser Gesänge niedergeschrieben hatte. Und nicht nur das macht ihren literarischen Wert aus. An Homers »Ilias« und seiner »Odyssee« lässt sich ein Prinzip von Literatur erkennen, nämlich dass sie immer wieder auf sich selbst verweist. Bis heute verarbeiten Schriftsteller Motive Homers. Und noch ein zweites Grundprinzip der Literatur wird deutlich: Die Ereignisse haben sich in dieser Form nie abgespielt, selbst wenn es vielleicht eine geschichtliche Grundlage gibt. Sie sind erfunden. Die Literaturwissenschaftler sprechen hier von Fiktionalität.

Was ist gute Literatur?

Einer der Gründe, warum ein Viertel der Deutschen keine Bücher liest, liegt vermutlich darin, dass diese Menschen Literatur für langweilig halten. Das fängt schon im Kindesalter an. Besonders bei Jungen gilt Lesen als uncool. Ein Kollege von uns will einmal folgenden Dialog zwischen einem Buben mit Migrationshintergrund und seinem Mitschüler, der in einen »Harry-Potter«-Band vertieft war, belauscht haben. »Ey, Alder, was machst'n?« »Ich lese!« »Lesen? Ey, Alder, biste schwul oder was, Alder?« In dieser rhetorischen Frage drückt sich, nun ja, ein gewisser Mangel an Verständnis für die Faszination von Literatur aus. Allerdings haben die »Harry-Potter«-Bände und die Vampir-Reihe »Bis(s) zu-welcher-Tageszeit-auch-immer« hunderttausende Jugendliche zum Buch greifen lassen – zugegeben, zumindest im letzteren Fall hauptsächlich Mädchen. Manche Pädagogen rümpfen die Nase, wenn sie auf solche Lektüre angesprochen werden. »Das ist Trivialliteratur«, pflegte mein Deutschlehrer zu fast allem zu sagen, was ich spannend fand. Stattdessen mussten wir in der Schule stinklangweilige Sachen lesen, jedenfalls aus Sicht von pubertierenden Jugendlichen, zum Beispiel Goethes Drama »Iphigenie auf Tauris« und Max Frischs »Homo Faber«. Solch schulische Pflichtlektüre kann bleibende Schäden bei der Leselust für den Rest des Lebens hinterlassen. So kann ich bis heute die Bücher von Max Frisch nicht ausstehen, obwohl ich damit dem Autor sicherlich schrecklich unrecht tue.

Deshalb soll gleich zu Beginn dieses Kapitels die typisch deutsche Unterscheidung in gute, aber leider langweilige und schwer verständliche Literatur einerseits, und in schlechte, aber spannende Literatur andererseits über Bord geworfen werden. Es wäre viel klüger, Bücher danach zu beurteilen, ob sie die Qualitätskriterien ihres eigenen Genres erfüllen. Das bedeutet, ein Unterhaltungsroman ist nicht gescheitert, wenn er keine sprachlichen Experimente wagt, sondern wenn er langweilt. Ein Werk der postmodernen Literatur wäre hingegen ungerecht beurteilt, wenn man darin eine spannende, linear erzählte Geschichte vermissen würde.

Vor einigen Jahren fragte das Zweite Deutsche Fernsehen seine Zuschauer nach ihren Lieblingsbüchern. 250000 Menschen antworteten. Auf Platz eins schaffte es J. R. Tolkiens Fantasy-Romantrilogie »Der Herr der Ringe«. Auf Platz drei (nach der Bibel) folgte Ken Folletts »Die Säulen der Erde«, ein gut recherchierter Historienroman über den mittelalterlichen Kathedralenbau in England. Mein Deutschlehrer wäre wahrscheinlich erst mit Platz sechs einverstanden gewesen, nämlich Thomas Manns »Die Buddenbrooks«. Auf den hinteren

Plätzen regierte wohl ein wenig der Zufall, denn es erschließt sich nicht ganz, warum Jane Austens »Stolz und Vorurteil« auf Platz 17 folgte, Emily Brontës »Sturmhöhe« jedoch erst auf Platz 83. Der einzige Grund dafür könnte sein, dass zum Zeitpunkt der Befragung gerade eine Verfilmung von »Stolz und Vorurteil« im Kino lief.

Die Liste der 100 beliebtesten Romane der Deutschen ist so vielfältig wie die Literatur selbst. Das Werk eines Nobelpreisträgers steht neben dem einer Unterhaltungsautorin. Die Liste lehrt uns deshalb vor allem eines: Am wichtigsten ist es, Freude an der Lektüre zu haben. Literatur führt in fremde Welten, in unbekannte Milieus, in vergangene oder zukünftige Zeiten. Sie erlaubt einen überraschenden Blick auf Vertrautes, führt zu neuen Ideen und Sichtweisen. Sie lässt in die Seele von anderen Menschen blicken und auch in ihre Abgründe. Fest steht, dass man sich für keinen Roman, den man gerne liest, schämen muss.

Viele Menschen machen mit Literatur eine ähnliche Erfahrung wie mit Wein. Jahrelang gibt man sich mit irgendeinem Discounter-Wein zufrieden, der von mäßiger Qualität ist. Eines Tages entdeckt man dann einen besseren, teureren Wein, genießt – und wird überrascht von der Vielfalt des Geschmacks. Hat man sich einmal daran gewöhnt, schmeckt einem plötzlich die Plörre von gestern nicht mehr, und man beginnt, selbst bei günstigen Weinen auf Qualität zu achten. Mit anderen Worten: Wenn man in seine Lektüre hin und wieder ein Buch einstreut, das als anspruchsvoll gilt, muss man danach nicht gleich für alle Zeiten von Thrillern, Krimis und historischen Romanen Abschied nehmen. Im Gegenteil, man lernt, auch in diesen Genres gute und schlechte Bücher besser zu unterscheiden.

Während man in Zeitungen, im Radio, im Fernsehen sowie auf speziellen Seiten im Internet professionelle Literaturkritiken findet, kommentieren bei Online-Buchhändlern oder auf privaten Internetseiten Laien, wie ihnen ein Buch gefallen hat. Bei sehr populären Romanen geben oft hunderte von Lesern ihr Urteil ab. Nicht immer erweist sich diese Fülle als hilfreich. Ein Thriller eines amerikanischen Topautors erhielt zum Beispiel kürzlich auf der Webseite eines Online-Buchhändlers von den Lesern ebenso oft die höchste zu vergebende Punktzahl wie auch nur einen Punkt. Als Ratsuchender sind Sie bei einem solchen Urteil »so klug als wie zuvor«. In diesen Fällen ist es gut zu wissen, worauf man achten muss, um die Qualität von Literatur zu beurteilen.

Vier Kriterien, woran man gute Literatur erkennt:

1. die Sprache. »Als Gregor Samsa eines Morgens aus unruhigen Träumen erwachte, fand er sich in seinem Bett zu einem ungeheuren Ungeziefer verwandelt. Er lag auf seinem panzerartig harten Rücken und sah, wenn er den Kopf ein wenig hob, seinen gewölbten, braunen, von bogenförmigen Versteifungen geteilten Bauch, auf dessen Höhe sich die Bettdecke, zum gänzlichen Niedergleiten bereit, kaum noch erhalten konnte. Seine vielen, im Vergleich zu seinem sonstigen Umfang kläglich dünnen Beine flimmerten ihm hilflos vor den Augen«, so lauten die ersten Sätze von *Franz Kafkas* (1883–1924) meisterhafter Erzählung »Die Verwandlung«. Von Kafka ist bekannt, dass er mit großer Akribie an seinen Formulierungen arbeitete. Niemals war er zufrieden. Er strich, ergänzte, schrieb neu. Trotzdem wies er in seinem Testament seinen Freund Max Brod an, alle seine Manuskripte zu verbrennen, weil er die Texte für nicht gut genug befand. Zum Glück für die Literatur hielt sich Brod nicht an die An-

weisung. Beachten Sie, wie präzise Kafka den Bauch des Ungeziefers beschreibt! Gute Literatur zeichnet aus, dass der Autor um das treffendere Wort, die originellere Metapher, die genauere Beschreibung ringt.

2. die Charaktere. In Wirklichkeit ist kein Mensch abgrundtief böse oder ausschließlich gut und edel. Wir leben in einer Welt aus Licht und Schatten. Menschen wandeln sich, sie haben vielschichtige Motive für ihr Handeln und agieren voller Widersprüche. In der dramatischen Literatur ist Shakespeares Hamlet der Prototyp einer solchen zerrissenen Figur. In *Heinrich von Kleists* (1777–1811) Novelle »Michael Kohlhaas« begleiten wir einen ehrlichen Menschen, dem Unrecht widerfahren ist. Zu Beginn stehen wir bei seinem Eintreten für Gerechtigkeit auf seiner Seite. Je verbissener er jedoch vorgeht, desto unsympathischer wird uns dieser Kohlhaas. Wir beobachten, wie er sich vom Gerechtigkeitssuchenden zum Gerechtigkeitsfanatiker wandelt, vom rechtschaffenen Kaufmann zum Mordbrenner. Gute Literatur lässt uns diese Vielschichtigkeit menschlichen Wesens verstehen.

3. die Handlung. Das Kriterium der Handlung ist nicht ganz unproblematisch. Moderne und postmoderne Literatur verzichtet vollständig auf Handlung, zumindest durchbricht sie in vielen Fällen den Handlungsstrang. Sie erzählt nicht linear, sondern fragmentarisch, das heißt, sie setzt ein Bild aus vielen kleinen Szenen zusammen. Manchmal sieht es so aus, als habe der Autor aufgeschrieben, was ihm gerade in den Sinn gekommen ist. Experten sprechen von einer Literatur des »Stream-of-Conciousness«, was man mit »Bewusstseinsstrom«-Literatur übersetzen könnte. Der Franzose Marcel Proust (»Auf der Suche nach der verlorenen Zeit«), der Deutsche Alfred Döblin (»Berlin Alexanderplatz«), die Engländerin Virginia Woolf (»Mrs. Dalloway«) und vor allem der irische Literaturnobelpreisträger *James Joyce* (1882–1941) sind heraus-

ragende Vertreter dieser Richtung. Joyce' Roman »Ulysses« (was übrigens auf Deutsch »Odyssee« bedeutet!) gilt sogar als Schlüsselwerk der Moderne. Der Autor schildert darin – teilweise in Form eines inneren Monologs seiner Figuren sowie in immer neuen Abschweifungen und literarischen Stilen – einen Tag im Leben des Dubliner Anzeigenvertreters Leopold Bloom. Das ist zugegebenermaßen ziemlich anstrengend zu lesen. Warum also muss man sich eine solche Lektüre antun?

Zunächst einmal: Es gibt kein Muss! Wir kennen viele literarisch Interessierte, die von »Ulysses« die Finger lassen. Andere, die sich trotz Vorbehalten an die Lektüre gemacht hatten, wurden mit der Zeit fortgerissen vom Strom der Erzählung. Sie vermeinten, in den Gedanken der Figuren zu leben und dabei völlig neue Einsichten zu erhalten. Für sie hat sich die Mühe gelohnt. Dennoch ist es keinem Leser zu verdenken, wenn er einen Roman mit linearer Handlung bevorzugt. Jüngere Autoren, wie in Deutschland zum Beispiel Daniel Kehlmann oder aus den USA Jonathan Franzen, Jeffrey Eugenides und Richard Powers kehren sogar zum Handlungsroman zurück. Jedoch kommen auch konventionell erzählte Romane gelegentlich mit wenig Handlung aus. Der Schriftsteller Theodor Fontane fasste das Geschehen in seinem Alterswerk »Der Stechlin« selbstironisch so zusammen: »Zum Schluss stirbt ein Alter, und zwei Junge heiraten sich.«

Man sollte sich also nicht gleich abschrecken lassen, wenn es auf den ersten 20 Seiten eines Romans nicht schon drunter und drüber geht. Manchmal braucht der Autor Zeit, um seine Figuren einzuführen und sich entwickeln zu lassen. Je weniger äußerlich geschieht, desto mehr gewinnen innere Vorgänge an Gewicht. Auch das kann ziemlich spannend sein. Wenn Sie aber über die Handlung eines Romans nachdenken, sollten Sie sich folgende Fragen stellen: Ist sie glaubwürdig? Ist sie logisch und nachvollziehbar? Agieren die Figuren ihrem Charakter entsprechend? Die Antworten geben Anhaltspunkte über die literarische Qualität des Werks.

4. die Originalität. Um zu verdeutlichen, was damit gemeint ist, wollen wir hier das Gegenteil von Originalität als Klischee bezeichnen: Gute Literatur vermeidet ebenjene Klischees, Stereotypen wie zum Beispiel den immer schwarz gekleideten Schurken mit dem stechenden Blick, während der blonde Edle ein warmherziges Lächeln zeigt und die rothaarige Schöne sich bald als Biest erweist. Originalität kann sich auch in der Form ausdrücken. Der deutsche Schriftsteller *Arno Schmidt* (1914–1979) erfand in seinen Werken (zum Beispiel »Zettels Traum«) neue Wörter, ignorierte die übliche Rechtschreibung und verzichtete auf Punkt und Komma. Das macht sein Werk zwar zum Gipfel der Unlesbarkeit, verweist aber zugleich auf die Möglichkeiten und Grenzen von Sprache.

Literatur ist ein weites Feld (»Ein weites Feld« lautet übrigens der Titel eines Romans von Günter Grass, was wiederum ein Zitat aus dem Roman »Effi Briest« von Theodor Fontane ist. Erneut ein Beweis dafür, wie ein Werk auf das andere verweist.) Die Literaturwissenschaftler teilen sie grob in drei Kategorien ein: Da ist zum Ersten die Dramatik, also jene Literatur, die für die Bühne geschrieben wird. Ihr haben wir bereits ein eigenes Kapitel gewidmet (siehe Theater). Zum Zweiten ist da die Lyrik, also die Literatur der Gedichte. Und dann gibt es natürlich drittens noch die Epik, die am häufigsten gelesene erzählende Literatur.

Warum sich Gedichte nicht immer reimen

Die älteste Form der Literatur dürfte die Lyrik sein. Ihre Ursprünge liegen im Gesang, von dem einige Wissenschaftler vermuten, er sei die Urform unserer Sprache. Der Name Lyrik kommt daher, weil man zu ihren Versen die Lyra, also die Leier spielte. Als das Besondere an der Lyrik würde wohl jeder auf Anhieb den Reim bezeichnen. Aber das ist sehr grob vereinfacht. Denn es gibt berühmte Gedichte, die sich kein bisschen reimen, weder als Endreim noch als Anlautreim (Stabreim oder Alliteration). Genauer gesagt unterscheidet sich die Lyrik von der Prosa (also der Literatur, die nicht in Versen verfasst ist) in erster Linie dadurch, dass sie sich gebundener Sprache bedient. Das heißt, der Rhythmus der Sprache unterliegt bestimmten Regeln. Dabei geht es um die Abfolge kurzer und langer, betonter und unbetonter Silben. Man spricht hier vom Versmaß oder Versfuß. Die alten Griechen zum Beispiel mochten besonders den Jambus (unbetonte Silbe, betonte Silbe). Ein recht einfaches Versmaß, das leicht zu erkennen ist, wie in den folgenden Gedichtzeilen des Barockdichters Matthias Claudius deutlich wird.

Der Mond ist aufgegangen
Die goldnen Sternlein prangen
Am Himmel hell und klar

Es geht auch komplizierter: Ein Adonius ist ein fünfsilbiger Versfuß (kurz, kurz, lang, kurz, kurz), der Teil einer antiken Strophenform (der »Sapphischen Strophe«) ist. Ein dreisilbiger Versfuß (lang, kurz, kurz) heißt Daktylus. Auch dafür gibt es ein schönes Beispiel aus dem Gedicht »Die Rose von Newport« von Conrad Ferdinand Meyer:

Springende Reiter und flatternde Blüten
einer Voraus mit gescheitelten Locken –
Ist es der Lenz auf geflügeltem Renner?

Neben vielen weiteren Versmaßen besteht auch noch die Möglichkeit ihrer Kombination: So ergeben sechs Daktylen einen Hexameter. Hier die Definition eines Hexameters aus einem Schulbuch: »Der Hexameter ist ein antiker Vers, der aus sechs Einheiten besteht, die jeweils aus einer langen und zwei kurzen Silben bestehen, wobei die beiden kurzen Silben auch durch lange ersetzt werden können (außer in der fünften Einheit) und die sechste Einheit immer nur aus zwei Silben besteht (entweder aus zwei langen oder aus einer langen und einer kurzen).«

Mein Lateinlehrer pflegte unsere Klasse in den Wahnsinn zu treiben, indem er uns anwies, lateinische Gedichte in Hexameterbetonung vorzulesen. Auch die »Ilias« von Homer besteht aus Hexametern. Die Verse sind zudem so hoch kompliziert miteinander verschränkt, dass man sich wundert, wie bei der Fülle an Betonungsregeln überhaupt noch ein Sinn entstehen kann.

Wenn man das im Deutschen nachzudichten trachtet, klingt es nicht minder gestelzt und wird nur mühsam verständlich, wie die ersten Zeilen der »Ilias« beweisen (1793 übersetzt von Johann Heinrich Voß):

Singe den Zorn, o Göttin, des Peleiaden Achilleus,
Ihn, der entbrannt den Achaiern unnennbaren
    Jammer erregte,
Und viel tapfere Seelen der Heldensöhne zum Aïs
Sendete, aber sie selbst zum Raub darstellte den Hunden,
Und dem Gevögel umher. So ward Zeus Wille vollendet:
Seit dem Tag, als erst durch bitteren Zank sich entzweiten
Atreus Sohn, der Herrscher des Volks, und der
    edle Achilleus.

Ein Tipp, um niemanden von der Lektüre der »Illias« abzuschrecken: Der österreichische Schriftsteller und Literaturwissenschaftler Raoul Schrott hat in seiner Übersetzung der »Illias« die Hexameter über Bord geworfen und damit dem modernen Leser eine spannende Geschichte geliefert.

Wer sich selbst einmal als Dichter üben möchte, versucht es am besten mit einem Haiku. Diese japanische Gedichtform für Naturbeschreibungen verlangt drei Zeilen mit fünf, sieben und wieder fünf Silben. Die Betonung spielt in den deutschen Versionen keine Rolle.

Damit ist klar geworden: Gedichte können sich reimen, müssen es aber nicht. Ausschlaggebend ist nur, dass Lyrik in gebundener Sprache, also in einem bestimmten Versmaß verfasst ist. Am besten nähert man sich Poesie jeglicher Art, indem man die Gedichte laut vorliest. Dann lässt sich der Schönheit der Verse lauschen, und man bekommt ein Gefühl für den Rhythmus der Sprache.

Was alles zur Epik gehört

Die dritte Gruppe der Literatur wird als Epik bezeichnet, auch als erzählende Literatur bekannt. Sie lässt sich in drei weitere Untergruppen einteilen.

Zu den biografischen Werken gehören Autobiografien, Briefe und Tagebücher. Zur Orientierung sei hier kurz der wichtige Unterschied zwischen Autobiografie und Biografie erklärt: Wenn ein Autor über das Leben einer anderen Person eine Biografie schreibt, dann sollte er sich möglichst an die Fakten halten (sonst handelt es sich um einen biografischen Roman). Biografien werden deshalb zur Sachliteratur gezählt. Natürlich erwarten wir auch bei Autobiografien einen gewissen Realitätsbezug, aber seien wir ehrlich: Wer von uns neigt nicht dazu, seinen Lebensweg hier und dort ein bisschen zu manipulieren, um in einem besseren Licht dazustehen ...?! Um des Effekts willen ist der Autor seiner eigenen Biografie durchaus geneigt, ein Erlebnis ein wenig auszuschmücken. Nicht umsonst gab Goethe seinen Lebenserinnerungen »Aus meinem Leben« den Untertitel »Dichtung und Wahrheit«. Der getrübte Blick auf die Fakten des eigenen Lebens beeinflusste vermutlich schon den Autor der allerersten Autobiografie: Der Kirchenlehrer *Augustinus* (354–430) berichtet in seinen »Bekenntnissen« (»Confessiones«) davon, wie er vom Sünder zum Gottesmann wurde. Die »Confessiones« zählen damit ebenso in den Bereich der Literatur wie spätere Werke auch – zum Beispiel die »Geschichte meines Lebens« von Casanova. Der britische Premierminister Winston Churchill erhielt für seine Lebenserinnerungen sogar den Literaturnobelpreis. Als Beispiel für eine Autobiografie eines zeitgenössischen Schriftstellers ist »Beim Häuten der Zwiebel« von Günter Grass zu nennen, in der er erstmals gesteht, Mitglied der SS gewesen zu sein.

Dass auch Briefe und Tagebücher zur Literatur gezählt werden, mag auf den ersten Blick überraschen. Handelt es sich dabei nicht um ganz persönliche Aufzeichnungen? Für die meisten Menschen trifft das zu. Aber viele berühmte Schriftsteller spielen mit dieser literarischen Form und schreiben Briefe und Tagebücher mit dem Ziel, dass sie einst veröffentlicht werden. Die Tagebücher von Thomas Mann sind dafür ebenso Beispiel wie der Briefwechsel des österreichischen Schriftstellers Thomas Bernhard mit seinem deutschen Verleger Siegfried Unseld.

Als epische Kurzform gelten die Novelle, die Kurzgeschichte und die Erzählung. Zwischen diesen drei Formen gibt es zwar Unterschiede, die aber letztlich nur für Literaturwissenschaftler relevant sind. Wir können uns hier darauf verständigen, dass es sich schlichtweg um kurze Geschichten handelt, bei denen eine »unerhörte Begebenheit« (so einst Goethe über die Novelle) im Mittelpunkt steht. Oft werden mehrere Novellen unter einem Titel zusammengefasst, wie zum Beispiel das »Decamerone« von *Giovanni Boccaccio* (1313–1375) aus der Mitte des 14. Jahrhunderts. Darin erzählen sich zehn vor der Pest auf einen Landsitz geflüchtete junge Leute in zehn Tagen je zehn Geschichten, manche frivolen Inhalts – ähnlich den »Geschichten aus 1001 Nacht«. Eine der großartigsten Erzählungen des 20. Jahrhunderts stammt von dem polnischstämmigen englischen Schriftsteller *Joseph Conrad* (1857–1924). Die Novelle »Herz der Finsternis«, in der Conrad in Form eines Berichts über eine Kongo-Expedition die Abgründe des Bösen im Menschen ausleuchtet, ist wahrscheinlich vielen in ihrer verfilmten Fassung bekannt: Francis Ford Coppola hat in »Apocalypse Now« die Handlung nach Vietnam verlegt.

Die wichtigste Gattung der Epik ist ohne Zweifel der Roman. Schon im 17. Jahrhundert war es einem gelehrten Menschen unmöglich, alle Romane zu lesen, die auf den Markt kamen. Heute ist das absolut undenkbar. Das stellt uns für den Rest des Kapitels vor ein Problem: Wie ordnet man die Literaturgeschichte? Man könnte sie nach Epochen zusammenstellen, ganz ähnlich wie in den Kapiteln Architektur oder Malerei: Barock, Romantik, Realismus und so weiter. Oder man könnte verschiedene Arten von Romanen heranziehen: Kriminalroman, Liebesroman, historischer Roman und so fort. Wir haben uns jedoch entschieden, die Literatur als nationales Phänomen zu betrachten, um dadurch den bestmöglichen Querschnitt vorzustellen. Im 19. Jahrhundert hat sich nämlich fast jede Nation, vor allem im Osten Europas, ihren Nationaldichter zugelegt. Die Polen erkoren Adam Mickiewicz, die Rumänen Mihail Eminescu, die Ungarn Sándor Petöfi. Im Folgenden werden jene fünf bedeutenden National-literaturen näher beleuchtet, die wir für besonders wichtig halten: die deutsche, russische, französische, englische und amerikanische.

Weil diese Herangehensweise (ebenso wie jede andere) schrecklich ungerecht ist, beginnen wir mit einer Ausnahme: Der erste große Roman der Weltliteratur erschien 1605 und stammt von einem Spanier. Ironischerweise handelt es sich dabei bereits um eine Parodie auf andere Romane, nämlich die zur damaligen Zeit sehr beliebten Ritterromane. »Don Quijote«, der »Junker von der traurigen Gestalt« von *Miguel de Cervantes* (1547–1616), ist die unglaublich witzige Geschichte eines verarmten Landedelmanns, der von der Lektüre romantischer Ritterromane so verwirrt ist, dass er sich selbst für einen edlen Krieger hält und zum Beispiel gegen Windmühlenflügel anrennt, weil er in ihnen Riesen zu erkennen glaubt. Seinem bauernschlauen Diener Sancho Pansa gelingt es nicht, ihn von diesem Wahn zu befreien. Obwohl dieser Roman 400 Jahre alt ist, lässt er sich noch heute mit großem Vergnügen lesen.

Die großen Russen

Während die Weimarer Klassik des 18. Jahrhunderts als die große Zeit der deutschen Literatur gilt (dazu später), kamen im 19. Jahrhundert die größten Dichter aus Russland. Zwei Merkmale zeichnen die russischen Romane dieser Epoche aus: beißende Gesellschaftskritik und eine scharfsinnige Psychologie der Figuren. Für Letztere ist *Fjodor M. Dostojewski* (1821–1881) berühmt. In seinem Roman »Schuld und Sühne« (1994 von Swetlana Geier neu übersetzt als »Verbrechen und Strafe«) begeht der Student Rodion Raskolnikow einen Mord an seiner unsympathischen Vermieterin. Obwohl der Mörder sich einredet, die Tat sei moralisch gerechtfertigt, plagen ihn Schuldgefühle. Sein Gewissen sucht ihn in Fieberträumen heim, und am Ende stellt er sich den Behörden. In »Der Spieler« verarbeitete Dostojewski seine eigene Spielsucht. Übrigens diktierte er diesen Roman innerhalb von 26 Tagen, um mit dem Honorar seine drängenden Casino-Schulden zu begleichen.

Leo Tolstoi (1828–1910) ist der Verfasser des weltberühmten Ehebruch-Dramas »Anna Karenina«, auf das wir später noch zurückkommen werden. In seinem zweiten Hauptwerk »Krieg und Frieden« zeichnete Tolstoi ein großartiges Porträt der russischen Gesellschaft während der Napoleonischen Kriege. Drei Namen sollten Sie sich außerdem noch merken: *Nikolai Gogol* (1809–1852), in dessen ironischer Groteske »Die Nase« einem kleinen Beamten seine Nase abhandenkommt. *Iwan Turgenjew* (1818–1883), dessen »Väter und Söhne« den Konflikt zwischen den Gesellschaftsvorstellungen der zaristischen Gutsbesitzer und der neuen, nihilistischen Generation schildert. Und schließlich *Alexander Puschkin* (1799–1837), der große Romantiker und Nationaldichter Russlands. Sein Versepos »Eugen Onegin« hat Peter Tschaikowsky als Oper vertont.

Die großen Franzosen

In der französischen Literatur sollten wir uns zwei Epochen näher ansehen: die Aufklärung und das 19. Jahrhundert.

Das ausgehende 18. Jahrhundert war in Frankreich die große Zeit der Aufklärung, also der Aufforderung, seinen eigenen Verstand zu benutzen, um den »Ausgang des Menschen aus seiner selbst verschuldeten Unmündigkeit« zu erreichen, wie es der deutsche Philosoph Immanuel Kant 1784 formulierte (siehe Kapitel Philosophie). Denis Diderot gab das erste Lexikon, genauer gesagt: die Enzyklopädie, heraus, um das verstandesuntermauerte Wissen seiner Zeit zu bündeln. Zu den großen Aufklärern zählte *Voltaire* (1694–1778), der Lieblingsphilosoph des preußischen Königs Friedrich der Große. Sein Roman »Candide oder Die beste aller Welten« ist eine sehr witzige Satire über einen einfach gestrickten Helden, eben jenen Candide, der alles, was ihm widerfährt, in einem optimistischen Licht sieht – sogar das große Erdbeben von Lissabon. Die ewig aktuelle Kunst der Intrige lernen wir hingegen in *Choderlos de Laclos'* (1741–1803) »Gefährliche Liebschaften« kennen (verfilmt mit John Malkovich und Glenn Close) – einem Roman, der als Briefwechsel konzipiert ist, ein im 18. Jahrhundert beliebtes literarisches Mittel.

In glänzender Form zeigten sich die französischen Schriftsteller nochmals im 19. Jahrhundert. Vier Namen verdienen besondere Beachtung: Stendhal, Balzac, Hugo und Flaubert (auf den wir später noch zu sprechen kommen). *Stendhal* (1783–1842) verfasste eine quicklebendige Geschichte um einen liebestrunkenen Helden, seine amourösen Verwicklungen und höfische Intrigen (»Die Kartause von Parma«). *Honoré de Balzac* (1799–1850) war ein Vielschreiber, der Johannes Mario Simmel seiner Zeit – nur anspruchsvoller. Sein großes Ziel: ein Gesamtwerk aus 137 Romanen zu schaffen, das alle menschlichen Schwächen und Stärken, Eitelkeit und Großmut in sich vereint. Er wurde nicht fertig, schaffte aber immerhin 91 Bücher seiner »Comédie Humaine«, der »Menschlichen Komödie« (eine Anspielung auf Dantes »Göttliche Komödie«). Für den Einstieg zum Schmökern empfiehlt sich daraus »Vater Goriot« oder »Glanz und Elend der Kurtisanen«.

Victor Hugo (1802–1885) kennen die meisten als Autor des »Glöckners von Notre Dame«, der romantischen Liebesgeschichte zwischen der schönen Zigeunerin Esmeralda und dem hässlichen Quasimodo im spätmittelalterlichen Paris (verfilmt mit Gina Lollobrigida und Anthony Quinn). Als Verfasser des sozialkritischen Romans »Die Elenden« (»Les Misérables«) ist er in Deutschland dagegen weniger bekannt.

Nicht vergessen wollen wir die äußerst beliebten Abenteuerromane von *Alexandre Dumas* dem Älteren (1802–1870), »Die drei Musketiere« (mit dem berühmten Zitat: »Alle für einen, einer für alle!«) und »Der Graf von Monte Christo«.

Die großen Engländer

Treffender wäre es, von den großen Engländern, Engländerinnen und Schotten zu sprechen. Denn was den Franzosen Dumas, ist der englischsprachigen Welt *Sir Walter Scott* (1771–1832), ein Schotte aus Edinburgh. Seine Ritterromane aus der Epoche der Romantik (»Ivanhoe«, »Waverley«) klingen heute zwar ein wenig schwülstig, lassen sich aber dennoch gut lesen.

Den Roman »Gullivers Reisen« des englischen Schriftstellers *Jonathan Swift* (1667–1745) hat ein ebensolches Schicksal ereilt wie viele großen Romane der Weltliteratur, die zu mal mehr, meist weniger guten Jugendbüchern verhunzt wurden. Dazu gehören »Moby Dick« des Amerikaners *Herman Melville* (1819–1891), die gewaltige Geschichte des existenziellen Kampfes zwischen Mensch und Natur, sowie der Klassiker »Lederstrumpf«, ebenfalls von einem Amerikaner, nämlich *James Fenimore Cooper* (1789–1851). Bei »Gullivers Reisen« handelt es sich mitnichten um eine putzige Geschichte von Riesen und Zwergen, sondern um eine auch heute noch äußerst hellsichtige Gesellschaftssatire.

Zu den großartigsten englischen Autoren gehören endlich

auch einige Autorinnen. *Jane Austens* (1775–1817) Heldinnen sind Frauen, die in die gesellschaftlichen Konventionen ihrer Zeit eingebunden waren. Der erste Satz ihres bekanntesten Romans »Stolz und Vorurteil« fasst wunderbar zusammen, wie diese Konventionen aussahen. Er ist im Übrigen der berühmteste erste Satz der englischen Literatur: »Es ist eine allgemein anerkannte Wahrheit, dass ein allein stehender Mann, der über ein gewisses Vermögen verfügt, nach nichts so sehr verlangt wie nach einer Ehefrau.« Austens unprätentiöser Stil erlaubt es, den Roman heute noch mit Gewinn zu lesen.

Literarische Begabung liegt manchmal in der Familie. In Deutschland zeigte sich das an der Familie Mann, in England an den drei Pfarrerstöchtern *Emily, Charlotte* und *Anne Brontë*. Von ihnen stammen nicht nur wunderschöne Gedichte (zum Beispiel mein Lieblingsgedicht von Emily, »Fallt, Blätter, fallt«), sondern auch bedeutende Romane. Emily (1818–1848) schrieb die tragische Liebesgeschichte zwischen einer Gutsbesitzertochter und einem Findelkind (»Die Sturmhöhe«), die heute noch alle Rosamunde Pilchers dieser Welt um Längen schlägt. Ebenfalls eine Liebesgeschichte verfasste Charlotte (1816–1855): »Jane Eyre«, ein Waisenkind, steigt zur Gouvernante auf und verliebt sich in ihren Herrn. Die lange im Schatten ihrer Schwestern stehende Anne (1820–1849) steuerte mit »Agnes Grey« noch eine Gouvernantengeschichte bei. Man sollte sich allerdings nicht von den ersten Seiten dieser Romane abschrecken lassen, denn viktorianische Autorinnen hasteten nicht wie heute von Plot zu Plot. Ist der Leser erst einmal in der Handlung drin, fiebert er mit den Protagonisten mit.

Dies gilt nicht minder für die richtig dicken Schinken von *Charles Dickens* (1812–1870). Der Autor, der selbst aus ärmlichen Verhältnissen stammte, schilderte aus eigener Anschauung das Elend der Armen in London. Sein bekanntestes Werk

»Eine Weihnachtsgeschichte« (»A Christmas Carol«) ist allerdings mit Vorsicht zu genießen, ist es doch so süßlich geschrieben, dass es wirklich nur in der Weihnachtszeit gelesen werden kann. Versuchen Sie sich lieber am turbulenten Aufstieg des »Oliver Twist« vom Waisenjungen aus dem Armenhaus zum angesehenen Bürger. Übrigens hat Dickens mit seinen Romanen die Sozialgesetzgebung in England initiiert.

Die großen Amerikaner

Das 19. Jahrhundert haben wir nun mit den englischen Autoren abgedeckt. Deshalb überspringen wir diese Epoche in der US-Literatur (obwohl Edgar Allen Poe hier den Kriminalroman erfunden hat!) und blicken sogleich auf fünf große amerikanische Autoren des 20. Jahrhunderts, also der Moderne: John Dos Passos, Ernest Hemingway, F. Scott Fitzgerald, William Faulkner und Henry Miller.

Die ersten drei Autoren lassen sich gleich wunderbar zusammenfassen: *John Dos Passos* (1896–1970), *Ernest Hemingway* (1899–1961) und *F. Scott Fitzgerald* (1896–1940) zählen nämlich zur »Lost Generation«, der »Verlorenen Generation«. Dieser Begriff drückt aus, dass jene Autoren nicht so recht wussten, wo sie hingehörten, und sich vor allem um die Zeit des Ersten Weltkrieges viel in der Welt herumtrieben. John Dos Passos bekanntestes Werk ist der New-York-Roman »Manhattan Transfer«, der etwas anstrengend zu lesen ist, weil er keine stringente Handlung hat – was jedoch stilbestimmend für die Moderne ist. Leichter zugänglich sind die Bücher des Lebemanns Ernest Hemingway. Er war viele Jahre Journalist und ist für seinen lakonischen Stil bekannt. »Der alte Mann und das Meer« ist eine nicht sonderlich umfangreiche Novelle und damit eine gute Einstiegsmöglichkeit in

Hemingways Werk – auf die man dann den vom Spanischen Bürgerkrieg handelnden Roman »Wem die Stunde schlägt« folgen lassen kann. »Der große Gatsby« des Dritten im Bunde der Verlorenen Generation, F. Scott Fitzgerald, ist eine ebenso berühmte wie lohnenswerte Lektüre über einen zwielichtigen Millionär und seine verlorene Liebe.

Der nächste Autor ist der anspruchsvollste der amerikanischen Moderne: Die Romane des Literaturnobelpreisträgers *William Faulkner* (1897–1962), des wichtigsten Schriftstellers der USA des 20. Jahrhunderts, lesen sich nicht einfach so nebenbei. Sie gehören zur schon erwähnten Bewusstseinsstrom-Literatur. Doch sie lohnen sich. Niemand sezierte die amerikanische Gesellschaft, ihren Rassenhass und ihre Bigotterie so genau wie Faulkner. Zum Einstieg sei »Licht im August« empfohlen. Darin geht es um eine naive junge Schwangere, die den Vater ihres Kindes sucht, und um einen Wanderarbeiter und Mörder auf der Flucht, der nicht weiß, zu welcher Rasse er gehört. Über diesen Roman schreibt der bedeutende Literaturwissenschaftler Harold Bloom: »Der Wahnwitz dieses Buches, in dem sich der ganze Wahnwitz unserer Gesellschaft spiegelt, liegt darin, dass allein die Vermutung, etwas Schwarzes an sich zu haben, einen […] tödlichen Schrecken auslösen kann.«

Die Romane von *Henry Miller* (1891–1980) lassen sich dagegen etwas leichter lesen. Seine großen Werke heißen »Wendekreis des Krebses« und »Wendekreis des Steinbocks«. Allerdings interessieren sich viele vor allem für die anrüchigen Stellen in seinen Büchern, die nicht nur in den 1930er-Jahren als pornografisch galten. Als er wieder einmal klamm war, verfasste Miller außerdem eine Reihe von Sexgeschichten, die posthum unter dem Titel »Opus Pistorum« als Buch erschienen. Sogar der deutsche Bundesgerichtshof wurde zur Beurteilung dieses Werks herangezogen – und hat es als Kunst und deshalb als nicht jugendgefährdend eingestuft.

Ein zeitgenössischer US-Autor sollte hier unbedingt erwähnt werden, weil er ein wahrer Unglücksrabe ist. *Philip Roth* (*1933) wird seit Langem Jahr für Jahr für den Literaturnobelpreis gehandelt – und geht jedes Mal leer aus. Am besten lernen Sie ihn mit dem Roman »Der menschliche Makel« kennen, eine Geschichte über Rassenzughörigkeit und ein lange gehütetes Geheimnis.

Die großen Deutschen

Das Problem an ausländischer Literatur ist: Wir müssen sie meistens als Übersetzung lesen, denn viktorianisches Englisch oder barockes Spanisch sind leider nicht jedermanns Sache. Im besten Falle schafft der Übersetzer ein kongeniales Werk, im schlechtesten Falle verleidet er es dem Leser. Deshalb wenden wir uns jetzt den großen deutschen Literaten zu, oder besser: den deutschsprachigen, denn auch die österreichischen und Deutschschweizer Autoren lassen sich zu unserem Kulturkreis zählen.

Allerdings begeben wir uns damit auf einen wahren Husarenritt, denn aus Platzgründen lassen wir sogar einige deutschsprachige Literaturnobelpreisträger wie Hermann Hesse, Elfriede Jelinek und Herta Müller am Rande stehen. Und mit ebensolcher Kühnheit gehen wir auch auf Johann Wolfgang von Goethe und Friedrich Schiller nicht näher ein – die dafür aber im Kapitel Theater gewürdigt werden.

Mit dem seit jeher beliebten literarischen Trick, die Handlung aus der Sicht eines scheinbar einfältigen Erzählers zu berichten, nimmt die deutsche Romanliteratur ihren Anfang. »Der abenteuerliche Simplicissimus Teutsch« des *Johann Jakob Christoffel von Grimmelshausen* (ca. 1621–1676) schildert zwar die Schrecken des Dreißigjährigen Krieges, amüsiert den

Leser jedoch durch seine derbe Ironie. Am besten liest man den Text in einer überarbeiteten Fassung, denn Grimmelshausens Frühneuhochdeutsch, zum Teil mit mundartlichen Ausdrücken durchsetzt, erschwert die lohnende Lektüre.

Mit einem großen Sprung geht es mitten hinein in die sogenannte Weimarer Klassik. Sie gilt als die bedeutendste Phase der deutschen Literatur, in der unter anderem Goethe, Schiller, *Johann Gottfried Herder* (1744–1803) und *Christoph Martin Wieland* (1733–1813) in der kleinen Residenzstadt Weimar gewirkt haben. Hier möchten wir Ihnen aber den Schriftsteller *Jean Paul* (1763–1825) ans Herz legen. Seine Erzählungen »Leben des vergnügten Schulmeisterlein Maria Wutz in Auenthal« und »Dr. Katzenbergers Badereise« lesen sich äußerst vergnüglich. Seine Sprachgewalt in der »Rede des toten Christus vom Weltgebäude herab, dass kein Gott sei« aus dem Roman »Siebenkäs« bestaunten noch Generationen von Schriftstellerkollegen nach ihm (siehe einen Auszug daraus im Kapitel Religion).

Als die deutscheste aller Literaturepochen gilt die Romantik. Ihr verdankt die Nachwelt wunderschöne Kunstmärchen wie die von *Clemens Brentano* (1778–1842). Vom Dichter *Novalis* (1772–1801) stammt die Metapher für die gesamte Epoche, nämlich »Die blaue Blume«, nach der alle suchen, ohne sie zu finden. Auch nicht der Taugenichts aus der Novelle »Aus dem Leben eines Taugenichts« von *Joseph von Eichendorff* (1788–1857). An dieser Stelle soll jedoch auch auf einen großartigen Dichter an der Schwelle zum Realismus verwiesen werden. Er hat den Gruselroman erfunden. Und sein psychologisches Gespür wie sein subtiler Horror lassen dem Leser auch heute noch die Haare zu Berge stehen. Die Rede ist von *E. T. A. Hoffmann* (1776–1822). Zum Einstieg eignet sich am besten die Erzählung »Der Sandmann« aus dem Zyklus »Nachtstücke« – und wenn Sie daran Gefallen gefunden haben, ist der Roman »Die Elixiere des Teufels« zu empfehlen. Die Zutaten des teuflischen Elixiers: ein Pakt mit dem Teufel, ein verdächtiger Mönch, ein geheimnisvoller Doppelgänger und ein düsteres Kloster.

Auf Theodor Fontane, den Großmeister des realistischen Romans, kommen wir später noch zu sprechen. Jetzt geht es direkt zur Moderne und damit zum Österreicher *Robert Musil* (1880–1842). Dieser hat an seinem Roman »Der Mann ohne Eigenschaften« sein ganzes Leben lang gearbeitet – und hat ihn trotzdem nie vollendet. Aber wer sich die Mühe macht, das Romanfragment zu lesen, stößt auf ein Panoptikum der untergehenden Habsburgermonarchie, die bei Musil »Kakanien« heißt (von »k. und k.« – der kaiserlichen [österreichisch] und königlichen [ungarisch] Doppelmonarchie). Als Musil für Einsteiger eignet sich die Erzählung »Die Verwirrungen des Zöglings Törleß« über Missbrauch und Mobbing in einem Knabeninternat.

Thomas Mann (1875–1955) ist unbestritten der größte deutschsprachige Schriftsteller des 20. Jahrhunderts. Und dennoch ist es gar nicht so schwer, den Zugang zu diesem Autor zu finden. Der erste Geniestreich des damals 25-Jährigen, die Lübecker Familiensaga »Die Buddenbrooks«, liest sich trotz seines Umfangs sehr unterhaltsam. Auch die Erzählungen sind gut zu lesen, egal, ob von eher elegischer Art wie »Tod in Venedig« oder prophetischer Natur wie »Mario und der Zauberer«. Und sie sind Beweis dafür, dass Thomas Manns Werk oftmals nicht viel schwieriger zu verstehen ist als das seines Bruders Heinrich (»Der Untertan«, »Professor Unrat«). Zugegeben: Als etwas mühsamer erweist sich Thomas Manns Hauptwerk »Der Zauberberg« – die Geschichte eines jungen Mannes in einem Lungensanatorium –, nicht zuletzt wegen ellenlanger philosophischer Passagen. Manche Leser lieben den Roman aber gerade deswegen.

Bleiben noch zwei Autoren der Nachkriegszeit. *Günter Grass* (*1927) war nie mehr so gut wie in seinem Debüt, dem Roman »Die Blechtrommel«, der sicherlich vielen zumindest als Verfilmung von Volker Schlöndorff bekannt ist. In präziser Sprache erzählt Grass die Geschichte des kleinen Oskar Matzerath, der mit drei Jahren aufhört zu wachsen. Weil viele Menschen Oskar für einen kleinen Jungen halten, kann er einen ungeschminkten Blick auf die Gesellschaft der Kriegs- und Nachkriegszeit werfen. Grass zwingt mit seinem Roman zur Auseinandersetzung mit der nationalsozialistischen Vergangenheit Deutschlands und ihrer Hinterlassenschaft. Gleiches versuchte *Thomas Bernhard* (1931–1989) in Österreich. Damit machte er sich nicht gerade beliebt. Seine Romane sind in der Regel Monologe (wie »Holzfällen. Eine Erregung.«) – keine leichte Kost, aber kluge Gesellschaftsporträts.

Drei Romane – ein Thema

Dreimal haben wir Sie in diesem Kapitel bislang hingehalten. Das hat einen besonderen Grund. Denn an einem Beispiel möchten wir verdeutlichen, wie Literatur über Sprachgrenzen hinweg mit einem ähnlichen Thema umgeht. Dazu stellen wir drei fiktive Schicksale von Frauen vor, die sich in eine außereheliche Affäre flüchten. Keine gute Idee angesichts der Konventionen ihrer Zeit, des 19. Jahrhunderts: Alle drei Frauen sind folglich am Ende des jeweiligen Romans tot.

Theodor Fontanes (1819–1898) »Effi Briest« stirbt mit nicht einmal 30 Jahren an gebrochenem Herzen. Ihr viele Jahre älterer, ungeliebter Ehemann hat sie verlassen, nachdem er ihren kurzzeitigen Liebhaber wegen einer lange zurückliegenden Affäre im Duell erschossen hatte.

Leo Tolstois (1828–1910) »Anna Karenina« setzt ihrem Leben selbst ein Ende. Sie wirft sich vor einen Zug, nachdem sie ihren Mann und ihren kleinen Sohn verlassen hat, um zu ihrem Liebhaber, einem Offizier, zu ziehen. Dieser verliert jedoch bald das Interesse an ihr.

Auch *Gustave Flauberts* (1821–1880) »Madame Bovary« langweilt sich in ihrer Ehe mit einem Landarzt. Ein Gutsbesitzer verführt sie und lässt sie dann fallen. Emma Bovary vergiftet sich daraufhin mit Arsen.

Alle drei Werke zählen zum literarischen Realismus. Die Schriftsteller dieser Epoche versuchten, die gesellschaftliche Wirklichkeit ihrer Zeit abzubilden, nicht zuletzt deren Zwänge und die von einer bürgerlichen Weltanschauung bestimmte Enge. Sie verzichten dabei aufs Moralisieren, vielmehr glauben sie an die Kraft des Erzählens – und damit an die Kraft der Literatur. Und so sind alle drei Romane großartige Liebesgeschichten und Teil der Weltliteratur. Die natürlich noch mehr zu bieten hat: Sie kennt Schauerromane, Kriminalromane, historische Romane, Fantasyromane, Entwicklungsromane, Schelmenromane und und und … Es lohnt sich also auf jeden Fall, vom Gelegenheitsleser zum Vielleser zu werden.

Zehn lesenswerte Romane der Weltliteratur

1. **»Der Prozess«** (1925, posthum) von **Franz Kafka** (1883–1924). In dem Romanfragment gerät Josef K. in die Mühlen einer undurchsichtigen Behörde. Er erfährt nie, wessen er angeklagt ist. Eine beklemmende Vision in glasklarer Sprache. Alternativ: die Erzählung »In der Strafkolonie«, die sich nicht minder eindrucksvoll mit der Frage »Wie gerecht sind Rechtssysteme?« auseinandersetzt.

2. »**Die Säulen der Erde**« (1990) von **Ken Follett** (*1949). Ein so-
lider Unterhaltungsroman, in dem man eine Menge über den
Kathedralenbau in England lernt. Er erfüllt die beiden Haupt-
kriterien für gute Unterhaltungsliteratur: Der Roman ist sorg-
sam recherchiert und verpackt das Ergebnis der Recherche in
eine spannende Handlung. Nichts ist schlimmer, als wenn die
Protagonisten in einem Roman sprechen, als seien sie der Brock-
haus, um zu zeigen, wie gut der Autor sich in die Thematik ein-
gearbeitet hat.

3. »**Lady Chatterleys Liebhaber**« (1928) von **D. H. Lawrence**
(1885–1930). Lust auf etwas Verruchtes? Aber mit literarischem
Anspruch? Lawrence' Roman über eine außereheliche Affäre
wurde wegen anstößiger Stellen mehrfach verboten. In Großbritannien durfte das Buch bis 1960 nicht publiziert werden. Dennoch handelt es sich um große Literatur.

4. »**Die Liebe in den Zeiten der Cholera**« (1985) von **Gabriel
García Márquez** (*1927). Die Geschichte einer Liebe, die über
ein halbes Jahrhundert auf ihre Erfüllung wartet, ist eine gute
Alternative zu dem etwas verworrenen Hauptwerk des kolum-
bianischen Literaturnobelpreisträgers, dem Roman »Hundert
Jahre Einsamkeit«.

5. »**Der Gebrauch des Menschen**« (1994) von **Aleksandar Tišma**
(1924–2003). Ein serbischer Autor, der den Literaturnobelpreis verdient hätte, aber nie erhalten hat. Der Roman spielt
während der Nazi-Besatzung der nordserbischen Stadt Novi Sad.
Alternativ: »**Roman eines Schicksallosen**« (1975) von **Imre
Kertész** (*1929) behandelt den Alltag in den Konzentrations-
lagern Auschwitz und Buchenwald aus der Sicht eines naiven
Jungen.

6. »**Die Strudelhofstiege**« (1951) von **Heimito von Doderer**
(1896–1966). Kein leichter Roman, aber ein Schlüsselwerk der
literarischen Moderne und ein Gesellschaftspanorama des versunkenen Habsburgerreiches. Das vorangestellte Gedicht auf
die Strudelhofstiege (eine Treppe in Wien) endet mit den wunderbaren Zeilen: »Viel ist hingesunken uns zur Trauer/und das
Schöne zeigt die kleinste Dauer.«

7. »**Wiedersehen in Howards End**« (1910) von **E. M. Forster** (1879–1970). Was Doderer für Österreich, das schildert E. M. Forster für das England der Jahrhundertwende als Familienauseinandersetzung um Klassenkonflikte. Forsters Roman »Maurice«, eine schwule Liebesgeschichte mit glücklichem Ausgang, durfte hingegen erst 1971 posthum veröffentlicht werden.

8. »**Die schöne Frau Seidenman**« (1986) von **Andrzej Szczypiorski** (1924–2000). Eine Geschichte mit unvergesslichen Charakteren aus dem Warschau unter deutscher Besatzung. Szczypiorski hat selbst 1944 am Warschauer Aufstand teilgenommen.

9. »**Jud Süß**« (1925) von **Lion Feuchtwanger** (1884–1958). Der Roman ist eine in die Form des historischen Romans gepackte Auseinandersetzung mit dem Antisemitismus in der Weimarer Republik. Wie so oft nutzte der Autor die Geschichte, um Konflikte seiner Zeit zu thematisieren. Im angelsächsischen Raum genießt Feuchtwangers Werk bis heute größere Anerkennung als in Deutschland.

10. »**Der Leopard**« (1958, posthum) von **Giuseppe Tomasi di Lampedusa** (1896–1957). »Wenn alles so bleiben soll, wie es ist, dann muss sich alles ändern.« So lautet der berühmteste Satz aus dem Roman über den Niedergang eines sizilianischen Fürstenhauses. Das Buch gehört zur Weltliteratur.

Zehn lesenswerte Gedichte

In einigen Fällen haben wir nicht die bekanntesten Gedichte der Autoren ausgewählt – und auch nicht unbedingt die bekanntesten Dichter. Natürlich sollte man auch Goethes und Schillers Werk lesen – aber das haben Sie sicherlich bereits in der Schule getan.

1. »**Ich hân mîn lêhen**« (um 1220) von **Walther von der Vogelweide** (ca. 1170–1230). Lyrik schreiben war schon immer eine wenig einträgliche Kunst. Deshalb freute sich der Minnesänger so sehr, als ihm der Kaiser ein kleines Lehen bei Würzburg verlieh, dass er sich bei ihm mit diesem Gedicht bedankte.

2. »**Hälfte des Lebens**« (1803) von **Friedrich Hölderlin** (1770 bis 1843). Mit diesem Gedicht, das selbst heute noch modern wirkt, bewies der schwäbische Dichter seinen Rang. Schönste Zeilen: »Und trunken von Küssen/Tunkt ihr das Haupt/Ins heilignüchterne Wasser.«

3. »**Der römische Brunnen**« (1882) von **Conrad Ferdinand Meyer** (1825–1998). Von diesem Schweizer Vertreter des Realismus mussten viele Schüler »Die Füße im Feuer« für den Unterricht auswendig lernen. Doch dieses Gedicht hier ist schöner. Außerdem gibt es dazu ein Pendant von Rilke (»Römische Fontäne«). Schönste Zeilen: »Und jede nimmt und gibt zugleich/ Und strömt und ruht.«

4. »**Die Blumen des Bösen**« (1857) von **Charles Baudelaire** (1821–1867). Vor diesem Dichter muss gewarnt werden! Er ist zwar der bedeutendste Dichter Frankreichs, ein Wegbereiter der Moderne – aber er war ein alkohol- und drogensüchtiger Tunichtgut. Und damit nicht genug: Arthur Rimbaud und Paul Verlaine wurden nach der Lektüre von »Les Fleurs du Mal« ebenfalls drogensüchtige Rumtreiber – und Poeten von Weltrang. Schönste Zeilen: »Sie mussten mir die müde Stirne fächeln/Von einer einzigen Sorge nur beschwert/Das Leid zu finden, das mein Herz verzehrt.«

5. »**Das trunkene Lied**« (1885; auch: »O Mensch, gib Acht« aus »Also sprach Zarathustra«) von **Friedrich Nietzsche** (1844 bis 1900). Man muss die Philosophie dieses Mannes nicht unbedingt verstehen. Aber seine Gedichte sind sprachgewaltig. Schönste Zeilen: »Doch alle Lust will Ewigkeit –,/– will tiefe, tiefe Ewigkeit!« Es wurde von Gustav Mahler im vierten Satz seiner dritten Sinfonie vertont.

6. »**Grashalme**« (1855, erste Fassung) von **Walt Whitman** (1819 bis 1892). »Whitman ist Amerika«, sagte einst der Dichter Ezra Pound über seinen Kollegen. »Grashalme« ist ein Zyklus ungemein moderner Gedichte. (Von Whitman stammt auch »Käpt'n, mein Käpt'n«, das in dem Film »Der Club der toten Dichter« eine Rolle spielt.) Schönste Zeilen: »Es gab niemals mehr Anfang als heute/Niemals mehr Jugend und Alter als heute/und es wird niemals mehr Vollkommenheit geben als heute« (übersetzt von Jürgen Brôcan).

7. **»Einsamkeit«** (1902) von **Rainer Maria Rilke** (1875–1926). Rilke zählt zu den Lieblingsdichtern der Deutschen, was verwundert, denn seine Sprachbilder haben einigen Anspruch. Den »Panther« kennen viele aus der Schule, und jedes Jahr begrüßt irgendein Morgenshow-Radiomoderator den Herbstanfang mit »Herbsttag« (»Wer jetzt kein Haus hat, baut sich keines mehr.«). »Einsamkeit« ist weniger bekannt, aber nicht minder poetisch. Schönste Zeile: »Die Einsamkeit ist wie ein Regen./Sie steigt vom Meer den Abenden entgegen.«

8. **»Dichtung des Cante Jondo«** (1921) von **Federico García Lorca** (1898–1936). Der größte Dichter Spaniens des 20. Jahrhunderts wurde von den Faschisten im Bürgerkrieg ermordet. Neben wichtigen Theaterstücken (»Bernada Albas Haus«, »Bluthochzeit«) hinterließ er feinsinnige Gedichte. Der Cante Jondo ist ein Gesangsstil zum Flamenco. Schönste Zeile: »hör, mein sohn, die stille stranden.«

9. **»Schöne Jugend«** (1912) von **Gottfried Benn** (1886–1956). Schön ist es nicht gerade, was der Militärarzt Gottfried Benn hier mit sezierendem Blick beschrieb. Aber keiner kann das bis heute so genau und unbarmherzig wie er. In diesem Gedicht zum Beispiel schnellen Ratten aus zwei Kinderleichen. Auf »schönste Zeilen« sei deshalb lieber verzichtet.

10. **»Todesfuge«** (1948) von **Paul Celan** (1920–1970). »Nach Auschwitz ein Gedicht zu schreiben, ist barbarisch«, behauptete der Philosoph Theodor W. Adorno 1951 in seinem Essay »Kulturkritik und Gesellschaft«. Paul Celan, in dessen Sprache das schwingende Deutsch seiner vielsprachigen galizischen Heimatstadt Tschernowitz (heute Ukraine) stets mitklingt, bewies mit der »Todesfuge«, dass das Grauen einen Ausdruck finden kann. Berühmteste Zeile: »Der Tod ist ein Meister aus Deutschland.«

Weil wieder einmal keine einzige Frau unter den Top Ten ist, hier eine kleine Zugabe: *Ingeborg Bachmann* (1926–1973). Ihren Namen sollte man nicht zuletzt deshalb kennen, weil nach ihr einer der wichtigsten deutschsprachigen Literaturpreise benannt ist, der alljährlich in ihrer österreichischen Heimatstadt Klagenfurt verliehen wird. Das Besondere: Die Anwärter werden eingeladen, vor einer Jury aus Literaturkritikern einen selbst gewählten Text vorzulesen.

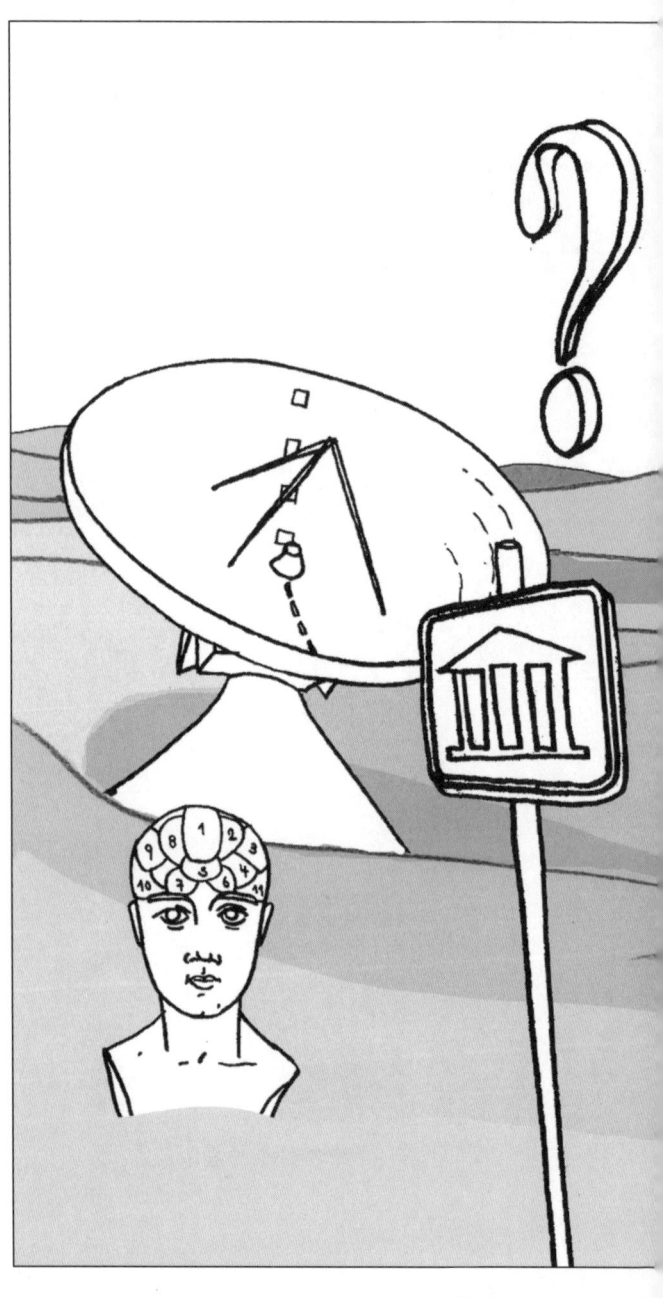

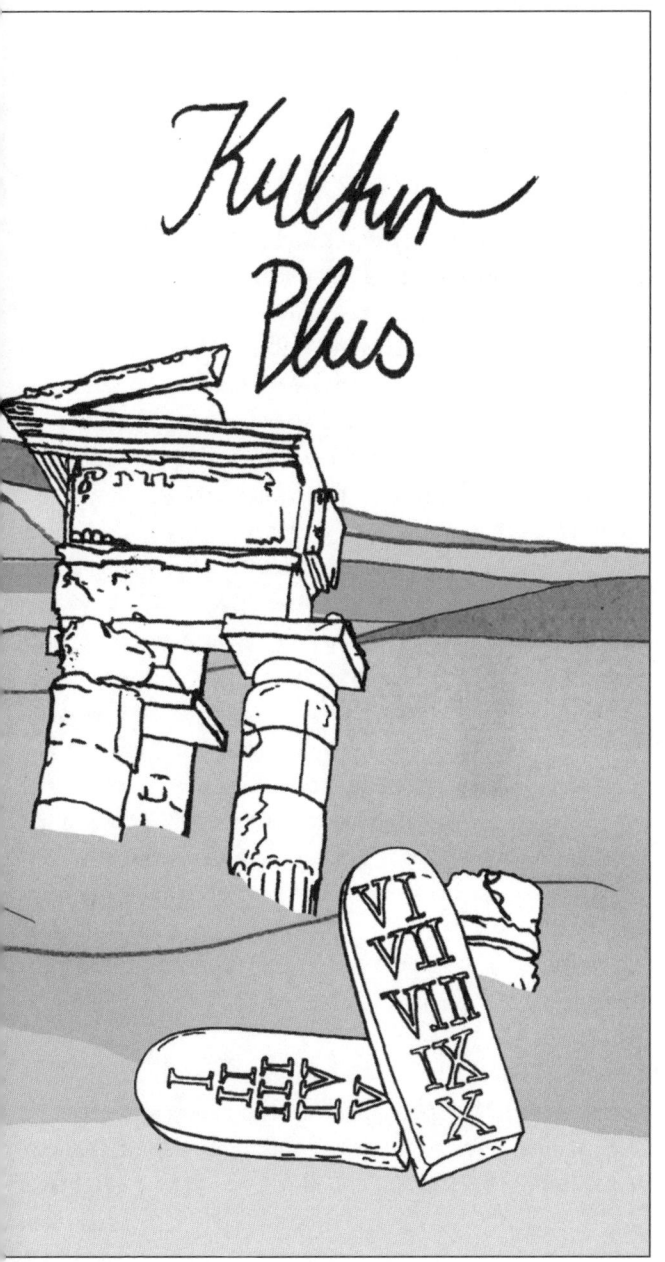

Kultur
Plus

FERNSEHEN

Seit den 60er-Jahren ist der Fernsehapparat im Wohnzimmer das zentrale Medium der Deutschen. Während in anderen Ländern der Fernseher schon immer meist den ganzen Tag läuft, die Menschen ihn aber nur beiläufig wahrnehmen, hatte Fernsehen in Deutschland lange Zeit einen besonderen Stellenwert: Der Fernseher wurde ganz bewusst eingeschaltet, um eine bestimmte Sendung oder einen Film zu sehen, auf den allein sich der Zuschauer konzentrierte. Mittlerweile ist allerdings auch bei uns der Fernseher zu einem Nebenbei-Medium wie das Radio geworden. Die umgangssprachlich geläufige Bezeichnung für das TV-Gerät lautet »Glotze« – ein Ausdruck, der eigentlich alles in sich vereint, was uns mit dem Fernseher verbindet: eine Mischung aus Zuneigung, Hass, Liebe und tiefer emotionaler Abhängigkeit (Nina Hagen hat darüber bereits 1978 einen wunderbaren Song geschrieben: »Ich kann mich gar nicht entscheiden – ist alles so schön bunt hier: Ich glotz TV«). Kein Gesprächsthema verbindet Familie, Freunde, Kollegen, Nachbarn und Zufallsbekannte so sehr wie das, was man am Vorabend im Fernsehen gesehen hat.

Warum auch Fernsehen zur Kultur gehört

Trotz allem oder gerade deshalb hat Fernsehen auch etwas mit Kultur zu tun. Weniger, weil ab und zu Kultursendungen gezeigt werden – was viel zu selten und wenn, dann zu entlegenen Uhrzeiten der Fall ist. (Um ihren gesetzlich vorgegebenen

Pflichtanteil an Kulturprogrammen nachzuweisen, definieren die Intendanten inzwischen sogar Tierfilme und Kochsendungen als kulturell wertvoll.) Aber das Fernsehen schafft Bilder, Rituale, Geschichten, Slogans, die das Fühlen, Denken, Reden und Handeln der Menschen maßgeblich beeinflussen. Wer oder was im deutschsprachigen Raum massenhaft bekannt werden will, muss seinen Weg übers Fernsehen nehmen. Insofern prägt es unsere Kultur.

Wobei das Fernsehen keineswegs ein Medium ist, das neue Impulse setzen würde. Je härter der Kampf um die Einschaltquoten wird, desto weniger gehen die Sender das Risiko ein, den Zuschauern Ungewohntes oder Überraschendes zu bieten, mit denen sie auch einen Flop landen könnten. Deshalb bekommt der Zuschauer hauptsächlich das zu sehen, was ohnehin Trend ist und zum Dranbleiben bewegt.

Die Geschichte eines Massenmediums

Erste technische Experimente mit bewegten Bildern aus Apparaten, die später in fast jedes Wohnzimmer Einzug halten sollten, gab es in Deutschland bereits in den 1920er-Jahren. Ein regelmäßiges Abendprogramm wurde aber erst ab 1953 ausgestrahlt – von jenen Sendern, die bereits Radioprogramme boten und sich nun zum Ersten Deutschen Fernsehen, der ARD (Arbeitsgemeinschaft der öffentlich-rechtlichen Rundfunkanstalten der Bundesrepublik Deutschland), zusammenschlossen. Wie schon beim Hörfunk galt zu dieser Zeit auch beim TV: Medien hatten vorrangig der Information, der Bildung und einer gehobenen Unterhaltung zu dienen.

In den 60er-Jahren entwickelte sich das Fernsehen zum Massenmedium – und veränderte das Leben und die Gesellschaft grundlegend. Der Abend vor dem Fernsehapparat wurde für die meisten Deutschen zum festen Ritual. Das bekamen die bis dahin in vielen Städten beliebten und gepflegten Kulturveranstaltungen wie der »Bunte Abend«, die Revuen oder das Varieté zu spüren. Auch die Kinos hatten Probleme, ihr Publikum zu halten. Zu einer ganz entscheidenden Institution wurde die Samstagabendshow – eine Mischung aus Musik, Sketchen, Quiz und aufregenden Darbietungen, die von einem beliebten Moderator präsentiert wurde. Die Samstagabendshow sollte im besten Falle die ganze Familie vom Kind bis zu den Großeltern vor dem Apparat versammeln, wie zum Beispiel »Einer wird gewinnen« mit Hans-Joachim Kulenkampff.

Die Politik ahnte schnell, welche Bedeutung dieses neue Massenmedium für sie haben würde. Um dem vermeintlich politisch linksorientierten ARD-Sender etwas entgegenzusetzen, bewirkte die damalige CDU/CSU- und FDP-Bundesregierung unter Konrad Adenauer im Jahr 1963 die Gründung des Zweiten Deutschen Fernsehens, ZDF. Als 1967 das Farbfernsehen eingeführt wurde, drückte der damalige SPD-Bundesaußenminister Willy Brandt persönlich den Startknopf. Und als in den 70er-Jahren die Unionsparteien das Gefühl hatten, auch das ZDF hätte an der grundsätzlichen Linkslastigkeit des deutschen Fernsehens nicht viel geändert, trieben sie die Öffnung des Marktes für private, gewinnorientierte TV-Sender voran.

Die Öffnung des TV-Marktes für private Gesellschaften im Jahr 1984 hat das Medium in einem Maße verändert, expandieren lassen und banalisiert, dass dem Zuschauer mittlerweile eigentlich angst und bange werden muss. Denn unter Druck der minütlich gemessenen Einschaltquoten haben auch die weiterhin überwiegend gebührenfinanzierten ARD und ZDF ihre Programme vereinheitlicht und auf massenwirksame Unterhaltung bei schrumpfender Grundinformation zugeschnitten. Neue Programmformen werden inzwischen nur noch von den beständig auf Neuerungen versessenen Privatsendern entwickelt, vor allem vom Kölner Sender RTL. Doch diese Sendeformate überschreiten nur allzu häufig Grenzen der Moral und des guten Geschmacks und definieren diese neu, um durch die darüber zumeist reflexartig einsetzende öffentliche Debatte allgemeine Aufmerksamkeit auf sich zu ziehen – im Kampf der Medien um Marktanteile das beinahe wichtigste Kapital.

Und eine weitere negative Folge der Öffnung des Fernsehmarktes: Der relativ kostengünstige Empfang von TV-Sendern via Satellit hat dazu geführt, dass massenhaft viele Satellitenschüsseln und dazugehörige Strippen zahlreiche Hausdächer bekrönen – und damit das Stadtbild verschandeln.

Die Zukunft des Fernsehens

Die Perspektive des Massenmediums Fernsehen ist unsicherer, als viele annehmen. Seit den 90er-Jahren haben innerhalb der jungen Generation Computer und Internet den Fernseher als wichtigstes Medium verdrängt. Denn Filme, Musik, Spiele und Informationen, also alles, wofür sich Jugendliche interessieren und weshalb sie früher noch den Fernseher eingeschaltet haben, bekommt man heute auch im Internet. Im Gegensatz zum Fernsehen sind die Angebote im Internet aber jederzeit rund um die Uhr verfügbar und ganz auf die Bedürfnisse des Nutzers zugeschnitten. Um konkurrenzfähig zu bleiben, muss sich das Medium Fernsehen in Zukunft verändern; es müssen technische Wege gefunden werden, wie es seine Angebote unabhängig von Programmplänen anbieten und trotzdem durch Werbung oder Nutzungsgebühren finanzieren kann. Medienexperten rechnen damit, dass das Fernsehen und der Computer mittelfristig zu einem einzigen Medium, also zu einem technischen Gesamtgerät zusammenwachsen werden.

TV-Kultur

In den Spartenprogrammen der öffentlich-rechtlichen Sender (Arte, 3sat, Theaterkanal etc.) findet der Zuschauer immer noch das klassische Kulturprogramm: Magazine, Konzerte, Theaterstücke, Literatursendungen. Wer über die entsprechenden technischen Anlagen verfügt, kann hier wertvolle Informationen und Anregungen bekommen.

Daneben bieten Fernsehimporte aus den angelsächsischen Ländern, die in Deutschland vor allem von den Privatsendern ausgestrahlt werden, spannende und interessante Erlebnisse. In Großbritannien und den USA sind TV-Produzenten einfach experimentierfreudiger, was sich insbesondere in Fernsehserien widerspiegelt: Darin werden häufig Erzählweisen und Schnitttechniken verwendet, die ursprünglich aus dem Kino kommen und die Fernsehserien zu einem originellen Ereignis machen. Solche Serien (wie beispielsweise »CSI Miami«, »24« oder »Die Tudors«) wirken denn auch über das Fernsehen hinaus stilbildend, also zum Beispiel für Videoclips, Computerspiele und Werbespots.

Ansonsten gilt: Fernsehen schadet nicht. Fernsehen kann ablenken und herrlich entspannen. Fernsehen kann wunderbare Ersatzwelten schaffen, in denen man es sich für eine ganze Weile behaglich einrichten kann. Aber wirklich anregend sein oder für neue Horizonte sorgen, das kann das Fernsehen – wenigstens bei uns – leider nicht mehr.

Zehn wichtige Fernsehsendungen

1. **»Tagesschau«** (ARD). Der Titel ist in Deutschland zum Synonym für Nachrichten im TV geworden. Und selbst wer die Hauptsendung um 20 Uhr nicht schaut, muss sein Leben auf sie einstellen: Die Abendprogramme aller deutschen Sender beginnen um viertel nach acht. Alle Versuche, das irgendwie zu ändern, sind bisher gescheitert.

2. **»Wetten, dass ...?«** (ZDF). Einst erdacht von Frank Elstner, der die Sendung von 1981 an auch moderierte, führte Thomas Gottschalk die Samstagabendshow ab 1987 an die Spitze der Einschaltquoten. Heute ist es jenseits der Fußball-Länderspiele die einzige Sendung, die noch alle Generationen einer Familie an den Apparat zu fesseln vermag.

3. **»Tatort«** (ARD). Das Fernsehritual für Millionen: Sonntags nach der »Tagesschau« Krimi gucken. Seit 1970 senden die ARD-Sender und die Kollegen aus Österreich und der Schweiz Kriminalfilme mit Lokalkolorit. Zunächst gab es immer nur einen »Tatort« pro Monat, seit den 90er-Jahren wird fast jede Woche ein neuer gezeigt (manchmal auch unter dem Titel »Polizeiruf 110«, einem Erbe des DDR-Fernsehens). Darunter hat die Qualität der Filme insgesamt stark gelitten, was den Zuschauern aber nichts ausmacht.

4. **»Wer wird Millionär?«** (RTL). Das Ratequiz mit Fragen zur Allgemeinbildung ist eigentlich ein exakt designtes Format für den Weltmarkt. Günther Jauch aber verstand es schon beim Start 1999, ihm deutlich individuelle Züge zu verleihen. Mit dem anhaltenden Erfolg und den hohen Einschaltquoten hatte anfangs nicht mal RTL gerechnet.

5. **»Sportschau«** (ARD). Noch ein Ritual, diesmal samstags um 18 Uhr: Fußball-Bundesliga gucken. Als die Ligafunktionäre versuchten, die Rechte bei anderen Sendern (erst RTL, dann Sat.1) zu platzieren, brachen unter den Fans Proteststürme aus. Die Aufregung hat sich inzwischen wieder gelegt und die »Sportschau« hat nichts von ihrer Faszination verloren.

6. **»Big Brother«** (RTL-Gruppe). Als im Jahr 2000 erstmals zehn

Menschen in eine Container-WG zogen, um sich Tag und Nacht von Kameras beobachten zu lassen, erschütterte das noch das gesamte Land. Inzwischen ist die eitle Zurschaustellung alltäglich-privater Banalitäten zur Geschäftsgrundlage des gesamten Mediums geworden. »Big Brother« wird aber auch weiterhin als Special-Interest-Programm angeboten.

7. Die **Talkshows** (diverse). An das in Amerika seit eh und je beliebte Format traute sich das deutsche Fernsehen erstmals 1973: Prominente und Nichtprominente plaudern seither mit einem Moderator über irgendein Thema. Zu Beginn hatte das noch den Anspruch auf Relevanz und Brisanz. Inzwischen werden in den Talkshows Dinge gesagt, die der Zuschauer sowieso schon weiß oder lieber gar nicht wissen will. Ausnahmen bestätigen leider nur die Regel.

8. Die **Lieblingsserie** (diverse). Jeder Fernsehzuschauer hat eine. Ob »Raumschiff Enterprise«, »Sex and the City«, »CSI Miami«, »Magnum« oder »Traumschiff« – man kennt die Darsteller mit Namen und kann sich mit Gleichgesinnten mühelos stundenlang über alle Irrungen und Wirrungen der Saga austauschen.

9. **»Lindenstraße«** (ARD). Seit 8. Dezember 1985 gibt es an jedem frühen Sonntagabend 30 Minuten Schicksale aus Münchner Mietwohnungen in der gleichnamigen Straße und den umliegenden Geschäften zu sehen. Dabei wird auf gesellschaftliche Konflikte und aktuelle Themen gern (mehr oder weniger) pädagogisch wertvoll reagiert.

10. **»Grand Prix Eurovision«** (ARD). In der alljährlichen Mammutshow wird seit 1956 der angeblich beste Popsong des Kontinents gekürt. Dabei schaut weltweit ein Milliardenpublikum zu und amüsiert sich königlich über freiwillige und unfreiwillige Komik – ein Programm mit Kultstatus.

MUSEUM

Warum sollte man eigentlich ins Museum gehen? Im Internet gibt es doch unzählige Kunstwerke, die man sich am heimischen Bildschirm in Ruhe anschauen kann. Oder man blättert in Bildbänden und kauft sich Kunstdrucke für die Wohnung. Trotzdem übt der Besuch eines Museums eine erstaunliche Faszination auf die meisten Menschen aus. Sicherlich, es gibt Menschen, die sich in Museen unwohl fühlen. Mein Vater zum Beispiel stöhnt nach kaum mehr als einer viertel Stunde: »So, jetzt haben wir aber genug gesehen. Lass uns mal gehen!«, und vorbei ist es mit seiner Geduld für die Ausstellungsstücke, unabhängig davon, was er sich gerade angeschaut hat.

Sehr viele Menschen sehen das anders: Die Museen in Deutschland zählen etwa 100 Millionen Besucher im Jahr – achtmal mehr Menschen gehen also ins Museum als ins Fußballstadion. Das überrascht. Und noch mehr überrascht, dass an der Spitze der Beliebtheitsskala die Kunstmuseen stehen. Klar, ein Dinosaurierskelett im Naturkundemuseum sieht eindrucksvoller aus als eine Abbildung davon im Internet. Aber ein Gemälde? Das kann man sich online doch viel genauer anschauen als im Museum, wo sofort die Alarmanlage losschlägt, wenn man ihm zu nahe tritt. Was also macht die Faszination eines Museums aus?

Wer ein Kunstmuseum besucht, wird schnell merken: Wie der Künstler die Farbe aufgetragen hat, wie sich ein Bildeindruck verändert, sobald man einen Schritt nach links oder rechts tritt, wie ein Original eine Aura auszustrahlen scheint – das können keine Online-Wiedergabe und kein Kunstdruck ersetzen.

Am Ende dieses Kapitels ist deshalb eine Liste der bedeutendsten Museen der Welt zu finden. Dort lassen sich jene berühmten Kunstwerke betrachten, die wir aus dem Fernsehen, als Postkarten- oder Kalendermotiv dutzendfach kennen. Dennoch bemerkt man unzählige neue Aspekte, sobald man vor dem Original steht. So erging es mir im Madrider Prado mit einem Gemälde eines holländischen Malers aus Nijmwegen, nämlich Hieronymus Boschs »Garten der Lüste«, entstanden um das Jahr 1500. Auf dem mittleren Teil des Triptychons (ein dreiteiliges Gemälde) sind verschiedene Figuren – Männer, Frauen, Teufel und Fabelwesen – in zahlreiche Arten des Liebesspiels verstrickt. Auf den ersten Blick wird zwar deutlich, dass es sich um ein ebenso farbenprächtiges wie frivoles Treiben handelt. Doch je länger ich vor dem Werk stand, desto mehr überraschende Details konnte ich entdecken, wie zum Beispiel einen flotten Dreier unter der Glasglocke oder ein Wesen, das eine riesige Erdbeere begattet.

Die einzige Ausnahme von der Regel, dass Originale eine besondere Faszination ausüben, ist meines Erachtens Leonardo da Vincis »Mona Lisa« im Pariser Louvre. Dieses Gemälde hat jeder von uns schon so oft gesehen, dass das Original wie eine Kopie erscheint – zumal es durch die Menschentraube, von der es umlagert wird, und durch das schützende Panzerglas viel von seiner Ausstrahlung verliert. Diesen Eindruck hatten auch berühmte Künstler. Der französische

Konzeptkünstler Marcel Duchamp (mehr über ihn im Kapitel Moderne Kunst) drückte 1919 seinen Überdruss an der »Mona Lisa« aus, indem er einer Reproduktion einen Zwirbel- und Spitzbart ankritzelte. Unter das Bild schrieb er »L.H.O.O.Q.«, was auf Französisch gelesen (»Elle a chaud au cul«) und übersetzt etwa so viel bedeutet wie »Sie hat einen heißen Arsch«.

Wer einen echten Leonardo bei etwas weniger Rummel als im Louvre sehen möchten, hier zwei Tipps:

- Zwei Madonnen-Gemälde des italienischen Meisters befinden sich in der Eremitage in St. Petersburg.
- Seine »Madonna mit der Spindel« (deren Zuschreibung zugegebenermaßen umstritten ist) hängt in der National Gallery of Scotland in Edinburgh als Leihgabe.

Auf ein weiteres Frauenbildnis von Leonardo, das in Krakau zu sehen ist, wird später noch genauer eingegangen.

Die großen, bedeutenden Museen der Welt sind Publikumsmagneten. Das führt dazu, dass Sie dort niemals allein sind, zum Beispiel in den chronisch überlaufenen Uffizien in Florenz, die nur knapp unsere Top-Ten-Liste am Ende des Kapitels verfehlt haben. Doch wenn man – wie bei einigen berühmten Museen möglich – im Internet die Eintrittskarten einige Wochen im Voraus bestellt, bekommt man ein Zeitfenster zugewiesen, in dem man an den Warteschlangen vorbei das Museum betreten kann. Wenn man seinen Besuch zudem auf die Nebensaison legt, wachsen die Chancen, die Kunstwerke in Ruhe zu Gesicht zu bekommen.

Welches ist das wichtigste Kunstmuseum der Welt?

Auf meine Frage, welches der berühmten Kunstmuseen der Welt er für das allerwichtigste halte, antwortete mir ein hoch geachteter Kunstjournalist Überraschendes. Er nannte nicht den Louvre, wie ich erwartet hatte, sondern den Prado in Madrid. Der steht auf der Liste der meistbesuchten Kunstmuseen der Welt nur auf Platz neun. Das mindert jedoch nicht seinen Rang. Denn vermutlich werden Sie im Kapitel zur Malerei in diesem Buch kaum einen Künstler finden, der nicht mit einem seiner Werke im Prado vertreten ist. An erster Stelle stehen dabei natürlich die spanischen Meister, darunter El Greco (der als Grieche eigentlich aus einem kleinen Dorf auf Kreta stammte, aber in Spanien zum Hofmaler wurde), Francisco de Goya und Diego Velászques.

»Die Eröffnung des ›Prado‹ am 19. November 1819 in Madrid warf kein gutes Licht auf das spanische Königshaus«, erzählt die Spanien-Expertin und Journalistin Julia Macher in einem Rundfunk-Beitrag zum 100-jährigen Bestehen. »Die Organisation im Vorfeld war ein ziemliches Desaster. Weil die Ankündigung in der Zeitung zu spät erschien und man die Wachgarde nicht rechtzeitig über ihren Einsatzort informierte, wurde das ›Museo Real de Pintura y Escultura‹ erst zwei Tage später als ursprünglich geplant eingeweiht. Ohne Zeremoniell, ohne den Monarchen: Ferdinand VII. blieb einfach zu Hause.«

Immerhin war der Prado von Anfang an als Museum geplant gewesen, um einen Teil der königlichen Kunstsammlung der Öffentlichkeit zugänglich zu machen. Das war in den Jahrzehnten zuvor nicht unbedingt der Fall. Wer zum Beispiel noch zu Beginn des 19. Jahrhunderts in das British Museum in London wollte, musste seine Eintrittskarten schriftlich beantragen, bis zu zwei Wochen darauf warten und durfte sich dann kaum mehr als zwei Stunden in den Räumen aufhalten.

Die ersten Museen waren etwa zwei Jahrhunderte vorher als eine Art Kuriositäten-Rumpelkammer von kunstliebenden Fürsten entstanden. Die Fürsten – sozusagen adelige Messies – sammelten in der Renaissance und im Barock wunderliche Dinge, etwa ausgestopfte exotische Tiere, Kristalle, Muscheln, Kunsthandwerk, in Gold gefasste Straußeneier und Miniaturdarstellungen indischer Herrscherhöfe neben Gemälden und Skulpturen sonder Zahl. Sie brachten ihre Erwerbungen in sogenannten Kunst- und Wunderkammern unter. Wer sich den Inhalt eines solch prunkvollen Durcheinanders einmal anschauen will, besucht am besten das Grüne Gewölbe in Dresden, die Schatzkammer der sächsischen Kurfürsten (die inzwischen allerdings recht aufgeräumt wirkt).

Was den Adeligen recht war, war den reichen Bürgern nur billig. In Basel erwarb die wohlhabende Buchdrucker-Familie Amerbach eine außerordentliche Kunstsammlung, darunter 15 Gemälde des Augsburger Malers Hans Holbein der Jüngere. 1661 erwog die Familie, die offenbar inzwischen ihren Kunstsinn eingebüßt hatte, die schöne Sammlung nach Amsterdam zu verscherbeln. Dem Rat der Stadt Basel und der Universität passte dieser Gedanke überhaupt nicht, und so kratzte man die beachtliche Summe von 9000 Talern zusammen, um den Amerbachs die Kunstwerke abzukaufen. Auf diese Weise entstand in Basel 1671 das erste Museum der Welt. In ihm befindet sich bis heute die bedeutendste Kunstsammlung der Schweiz. Man kann darin gut und gerne einen ganzen Tag verbringen, selbst wenn man sich nur für die wichtigsten Kunstwerke einige Minuten Zeit nimmt.

Es dauerte allerdings noch über 100 Jahre, bis sich die Idee des Museums in Europa verbreitet hatte. Weil Deutschland ein politischer Flickenteppich aus vielen kleinen Herrscherhäusern war, mit Mark-, Land- und sonstigen Grafen, Fürsten, Herzögen und Königen, die alle – mal mehr, mal weniger – sammelwütig waren, entstanden bedeutende Kunstsammlungen an Orten, an denen man sie nicht erwarten würde. Wen es zum Beispiel einmal nach Kassel verschlägt (vielleicht, weil er die alle fünf Jahre stattfindende moderne Kunstschau »Documenta« besichtigen möchte), sollte ein paar Stunden für die dortigen Kunstsammlungen einplanen. Zwischen 1748 und 1756 schickte Landgraf Wilhelm VIII. seine Diplomaten und Kunstagenten nach Holland, Paris, Brüssel, Antwerpen, Venedig und quer durch Deutschland. Sie kauften rund 800 Gemälde, von denen heute ein Teil auf Schloss Wilhelmshöhe ausgestellt wird. Vorher befanden sie sich zusammen mit antiken Plastiken und Naturkuriositäten im Museum Fridericianum. Diesen Bau ließ Landgraf Friedrich II., beseelt von den Ideen der Aufklärung, 1779 in Kassel errichten – als ersten eigenen Museumsbau auf dem europäischen Kontinent. Die landgräflichen Untertanen sollten sich an der Kunst und den Kuriositäten erbauen. Heute sind darin Ausstellungen zeitgenössischer Kunst zu bewundern.

Im 19. Jahrhundert, in den Zeiten der Säkularisierung, sollten die Museen angesichts des schwindenden Einflusses der Religionen und aus Sicht der bürgerlichen Baumeister und Stifter zu Tempeln des Wissens und der Aufklärung werden. Das lässt sich besonders gut an den ausladenden, mächtigen Gebäuden auf der Museumsinsel in Berlin nachvollziehen. Das erste dieser Museen, das Alte Museum, wurde noch von dem berühmten Architekten des preußischen Klassizismus, Karl Friedrich Schinkel, entworfen. Klassizismus heißt (siehe auch das Kapitel Architektur), die Künstler orientierten sich an den Formen des klassischen Altertums in Griechenland, sodass die Gebäude wie ein von Säulen getragener Tempel aussehen. Man erkennt diesen Stil (dann als Neoklassizismus bezeichnet) noch an dem fast 80 Jahre später, nämlich 1907, erbauten Pergamonmuseum. Dieses Museum mit dem gewaltigen Pergamonaltar aus einem kleinasiatischen Königreich aus dem zweiten vorchristlichen Jahrhundert wird jedes Jahr von weit über einer Million Menschen besucht – und ist damit das meistbesuchte Museum in Deutschland.

Manchmal sind die Museumsbauten sogar bedeutender als die Sammlungen, die sie beherbergen. Die Staatsgalerie in Stuttgart, obgleich mit einer ordentlichen Sammlung beschieden, verdankt ihren Ruhm als Ikone der modernen Architektur vor allem einem Anbau von James Sterling aus dem Jahre 1984. Die vom US-amerikanischen Architekten Frank Gehry erbaute Zweigstelle des New Yorker Guggenheim-Museums in Bilbao kann sogar als so etwas wie eine regionalpolitische Fördermaßnahme angesehen werden – statt Olivenbaumsubvention gab es eine Kunstsammlung. Mit Erfolg: Jedes Jahr kommen rund eine Million Menschen in das Museum in der baskischen Hauptstadt.

Kunsterlebnis außerhalb der Spitzenhäuser

Es müssen nicht immer Museen von Weltrang sein, die spannende Erlebnisse ermöglichen. Wer mit offenen Augen durch ein Museum geht, kann fast überall Überraschendes und Lehrreiches entdecken. Eine Erfahrung, die wir bei einem Besuch in Lissabon gemacht haben. Ein Museum, in dem Kacheln ausgestellt werden, hätte normalerweise nicht ganz oben auf unserer Besuchsliste gestanden. Aber unser Reiseführer beharrte darauf, dass es sich beim Museu Nacional do Azulejo, dem nationalen Kachelmuseum Portugals, um eine Drei-Sterne-Sehenswürdigkeit handele. Die war es in der Tat: Allein die Abbildung Lissabons aus der Zeit vor dem Großen

Erdbeben 1755, zusammengesetzt aus rund 1300 Fliesen, war den Besuch wert.

Hier noch zwei weitere Geheimtipps, auf die wir bei unseren Reisen eher zufällig gestoßen sind und die sich als Glückstreffer erwiesen haben.

Das Czartoryski-Museum in Krakau liegt etwas versteckt in einer Seitengasse der Fußgängerzone. Während, wie schon erwähnt, fast jeder Leonardo da Vincis »Mona Lisa« kennt, wissen um sein in Krakau ausgestelltes, nicht minder bedeutendes Meisterwerk »Die Dame mit dem Hermelin« nur Kunstkenner. Dabei gelingt es Leonardo hier ebenso wie bei der »Mona Lisa«, den Seelenzustand und die Persönlichkeit der Abgebildeten – in diesem Fall Cecilia Gallerani, langjährige Geliebte des Herzogs Ludovico Sforza – in ein Porträt zu bannen.

In der rumänischen Stadt Sibiu, die auf Deutsch Hermannstadt heißt, stießen wir in den engen Räumen eines barocken Palais direkt am Marktplatz auf die Brukenthal'sche Sammlung – mit gut einem Dutzend herausragender Werke der europäischen Malerei, unter anderem von Jan van Eyck, Tizian, Alessandro Botticelli, Pieter de Brueghel und Peter Paul Rubens. Aber wie, um alles in der Welt, kommt eine so wichtige Sammlung nach Hermannstadt?

Der ehrgeizige Samuel von Brukenthal war unter der österreichischen Kaiserin Maria Theresia Gouverneur von Siebenbürgen und brachte seine Kunstsammlung, die er während seiner Zeit in Wien erworben hatte, mit nach Hermannstadt. Nach seinem Tode, so verfügte Brukenthal in seinem Testament, sollte die Pinakothek (wie man Gemäldesammlungen auch nennt) den Bürgern seiner Stadt offen stehen.

Auf diese Art entstehen bis heute Museen: Reiche Menschen sammeln Kunst, wollen sie der Öffentlichkeit zugänglich machen und lassen deshalb ein Museum bauen. Manchmal stiften sie auch nur die Kunst, und die Kommune oder das Bundesland sorgen für die geeigneten Räumlichkeiten. So kam die Kunst nach Baden-Baden (Verlagserbe und Druckereibesitzer Frieder Burda), nach Schwäbisch-Hall (Schraubenhändler Reinhold Würth), nach Waldenbuch (Schokoladenfabrikantin Marli Hoppe-Ritter) oder nach Bernried am Starnberger See (Schriftsteller Lothar-Günther Buchheim).

Was ist eigentlich ein Museum?

Warum gründen solche Menschen ein Museum? Einmal abgesehen davon, dass sie natürlich gerne ihren Namen verewigt sehen, haben sie vermutlich den gleichen Beweggrund, der hinter allen Museen seit dem 19. Jahrhundert steht: die geistige Erbauung der Besucher. Die Stifter und Gründer wollten schon damals dem Geiste Nahrung geben durch den Anblick von Werken der Kunst. Heutzutage neigt man zu weniger hehren Formulierungen. Der Internationale Museumsrat (ICOM) definiert ein Museum als »eine gemeinnützige, ständige, der Öffentlichkeit zugängliche Einrichtung im Dienst der Gesellschaft und ihrer Entwicklung, die zu Studien-, Bildungs- und Unterhaltungszwecken materielle Zeugnisse von Menschen und ihrer Umwelt beschafft, bewahrt, erforscht, bekannt macht und ausstellt«. Da haben sich die Museumsmacher eine ganze Menge vorgenommen, und es ist beruhigend, dass sie die Unterhaltungszwecke in ihre Definition aufgenommen haben – denn natürlich soll ein Museumsbesuch auch vergnüglich sein.

Es gibt heute nur noch wenige miesepetrige Museumsdirektoren und Kuratoren, die Besucher als störend erachten.

Die meisten haben erkannt, dass sie sich mit ihren durch Steuergelder geförderten Einrichtungen bemühen sollten, die Neugier der Öffentlichkeit auf Kunst und Kultur, auf Völker- und Naturkunde zu befriedigen. (Kuratoren sind übrigens jene Wissenschaftler, die sich um die Sammlung kümmern und sie betreuen.)

Diese neue Erkenntnis mag daran liegen, dass die öffentlichen Geldgeber inzwischen genauer auf die Entwicklung der Besucherzahlen eines Museums achten. Sicherlich ist zum Beispiel die in vielen Städten veranstaltete und beliebte »Lange Nacht der Museen« nicht jedermanns Sache, weil sie so viele Besucher anzieht, dass eine ruhige Kunstbetrachtung kaum mehr möglich ist. Aber am Ende muss man zugestehen: Je mehr Menschen Kunst und Kultur erleben, desto besser für die Erhaltung und Unterstützung von Kunstwerken und Museen. Übrigens ist eine »Lange Nacht der Museen« ein idealer Einstieg, um sein Lieblingsmuseum zu finden. Dorthin lässt sich dann zu einem anderen Zeitpunkt zurückkehren, wenn weniger Trubel herrscht.

Die meisten Museen verfügen nicht nur über eine ständige Ausstellung, sondern veranstalten Sonderschauen. Die in Deutschland bislang erfolgreichste lockte von Februar bis September 2004 mehr als eine Million Menschen in die Neue Nationalgalerie in Berlin: Das New Yorker Museum of Modern Art, also das Museum für Moderne Kunst, kurz MoMa genannt, musste damals umfassend renoviert werden. Weil die Amerikaner in dieser Zeit 212 der bedeutendsten Kunstwerke der Welt von Max Beckmann, Henri Matisse, Pablo Picasso und anderen nicht im Depot herumstehen lassen wollten, schickten sie sie zu einer Stippvisite nach Berlin. Die Reihe der Wartenden vor der Nationalgalerie schlängelte sich einmal um das gesamte Gebäude herum. Viele geduldeten sich mehrere Stunden, bevor sie hineinkamen – denn wann sieht man schon einmal einige der wichtigsten Kunstwerke der Moderne im Original?

Solche Ausstellungen können übrigens in der Regel auf dreierlei Art konzipiert sein. Erste Möglichkeit: Sie sind einer Epoche oder einem Stil gewidmet, zum Beispiel dem Impressionismus. Zweite Möglichkeit: Sie zeigen die Werke eines Künstlers, insbesondere anlässlich von Jahrestagen, wie zum Beispiel 2010 die Caravaggio-Schau in Rom. Manchmal konzentrieren sich die Ausstellungsmacher auf eine bestimmte Schaffensperiode, eine Technik (Zeichnungen, Skizzen, Stiche, Ölgemälde, Skulpturen etc.) oder auf ein Motiv (»Frauenporträts bei Picasso« oder Ähnliches). Da viele Museen aus Sicherheitsgründen ihre Hauptwerke nur sehr ungern verleihen, kommt es oft vor, dass die bekanntesten Werke in solchen Ausstellungen nicht vertreten sind. So fehlten in der erfolgreichen Botticelli-Ausstellung im Städel-Museum in Frankfurt am Main 2009 die berühmte »Geburt der Venus« (siehe Kapitel Malerei) und die Allegorie »Der Frühling«. Doch das muss keine Katastrophe sein. Vielfach kann man auf diese Weise den Künstler von einer weniger bekannten Seite kennenlernen. Dritte Möglichkeit: Die Werke werden nach einem Motto zusammengestellt, zum Beispiel »Die Eisenbahn in der Kunst«.

Wo interessante Ausstellungen stattfinden, erfahren Sie im Internet, zum Beispiel auf der Seite www.artsinfo.de. Oder Sie verfolgen die Berichte in den Feuilletons der Zeitungen. Über die allerwichtigsten Ausstellungen berichtet sogar das Fernsehen.

Informationen vor und während des Besuchs

Wer sich sorgfältig auf den Besuch einer Ausstellung vorbereiten will, kann sich zuvor die Webseite des Museums anschauen. Vielfach werden dort die Sammlung und manchmal sogar einige herausragende Werke vorgestellt.

In den großen Museen erhalten Sie inzwischen fast überall Audioführer. Manchmal handelt es sich dabei um einen federleichten Mini-iPod, wie im Kunstmuseum Basel, meistens jedoch um ein Gerät, das an ein Funktelefon der frühen 9oer-Jahre erinnert. Man gibt eine Ziffer ein, die neben dem jeweiligen Ausstellungsstück angebracht ist, und kann eine Erläuterung zum Werk hören. Das ist eine feine Sache und hilft – wenn gut gemacht –, Hintergründe und Zusammenhänge zu verstehen. Eine umfassende Museumsführung durch einen menschlichen Experten kann ein Audioführer jedoch nicht ersetzen. Wann öffentliche Führungen angeboten werden, lässt sich ebenfalls im Internet recherchieren.

Die beste Museumsführung hatten wir übrigens in New York – ausgerechnet dort erklärte uns eine junge Kunsthistorikerin so verständlich, anschaulich und unterhaltsam wie nirgendwo sonst die Kunst des europäischen Mittelalters. Wir waren damals in den Cloisters (»Die Kreuzgänge«), am nördlichen Zipfel Manhattans. Nur ein paar Kilometer weiter südlich befinden sich ohnehin drei der bedeutendsten Museen der Welt (siehe die Top-Ten-Liste am Ende dieses Kapitels). Aber die Cloisters, eine Zweigstelle des Metropolitan Museum of Art, sind ein Geheimtipp für New-York-Besucher, die etwas Ruhe vom Trubel der 19-Millionen-Einwohner-Metropole suchen. Sie liegen in einem kleinen Park oberhalb des Hudson-Flusses. Der Milliardär John D. Rockefeller Jr. hatte in den 1920er-Jahren dem Bildhauer George Gray Barnard, einem Fan der mittelalterlichen europäischen Kunst, 600 000 Dollar und das Grundstück in Manhattan zur Verfügung gestellt. Die Architekten der Cloisters errichteten hier Kreuzgänge aus fünf französischen Klöstern des Mittelalters, deren fragmentarische Originalbauteile sie in Amerika neu zusammensetzten. Die Cloisters wurden so zu einem Tempel des Wissens über das alte Europa mitten in der größten Stadt der USA.

Für einen Museumsbesuch sollte man immer mindestens zwei bis drei Stunden Zeit einplanen. Bei den riesigen, weltberühmten Häusern braucht man sogar einen ganzen Tag, wenn nicht noch mehr. Natürlich ist es nicht nötig, vor jedem einzelnen Bild stundenlang zu verharren. Aber wichtigen Werken sollte man schon etwas Zeit gönnen, um sie auf sich wirken zu lassen. Manchmal lohnt es sich, sich eine Weile davorzusetzen – vorausgesetzt, es sind Sitzgelegenheiten vorhanden, was leider immer noch viel zu wenige Museen beherzigen. Aber viele Kunstmuseen bieten kostenlos leichte Klappstühle an, die man durch die Ausstellungsräume tragen und bei Bedarf nutzen kann.

Aber vielleicht haben Sie nach so viel Kunst auch Lust auf eine ganz andere Art von Museum bekommen. Bei dieser reichen Auswahl dürfte für fast jeden Geschmack etwas dabei sein: das Deutsche Feuerwehrmuseum (Fulda), das Grammophonmuseum (Bad Urach), das Fingerhutmuseum (Creglingen), das Peitschenmuseum (Jungingen), Brotmuseen (in Ulm, Kulmbach und in Friedland bei Göttingen), Senfmuseen (Düsseldorf und Bautzen) und das Currywurstmuseum (Berlin).

In besonderer Erinnerung ist mir übrigens das Zuckermuseum in Berlin geblieben. Dort wurde mir zum ersten Mal klar, wie viel Zucker in einer Dose Cola steckt – nämlich eine handbreit hohe Pyramide aus Würfelzucker. Das ist, jenseits der großen Kunst, auch eine wertvolle Erkenntnis.

Die zehn bedeutendsten Kunstmuseen der Welt

1. **Museo Nacional del Prado**, Madrid. In einem der größten Kunstmuseen der Welt sind 3000 Gemälde und unzählige andere Kunstgegenstände zu sehen. Es handelt sich außerdem um die weltweit beste Sammlung spanischer Maler, vor allem Diego Velászquez (»Die Übergabe von Breda«) und Francisco de Goya (»Erschießung der Aufständischen am 3. Mai 1808« und »Die Familie Karls IV.«) sind hier vertreten.

2. **Musée du Louvre**, Paris. Leider stürzen alle zur »Mona Lisa« und übersehen viele der anderen Meisterwerke – wenigstens die »Venus von Milo« sollte man sich aber noch anschauen.

3. **Metropolitan Museum of Art**, New York City. Das riesige Gebäude befindet sich im Central Park an der Fifth Avenue. Die Gemäldesammlung allein ist schon sehr bedeutend (darunter die amerikanischen Maler der Moderne), aber weltweit führend ist das Museum mit seiner Sammlung Ägyptischer Kunst.

4. **Salomon-R.-Guggenheim-Museum**, New York City. Was moderne Kunst angeht, ist das Museum weltweit führend. Schon das Gebäude selbst, von dem Stararchitekten Frank Lloyd Wright entworfen, ist Kunst. Einen winzigen Ableger des Guggenheim-Museums mit Wechselausstellung gibt es Unter den Linden in Berlin.

5. **Museum of Modern Art**, New York City. Noch ein Museum in New York. Im MoMa findet sich alles, was Rang und Namen hat in der Kunst der Moderne und in der zeitgenössischen Kunst.

6. **Vatikanische Museen**, Rom. Die Päpste verfügten 2000 Jahre lang über Geld und Kunstsinn. Deshalb können wir hier eine sehr wichtige Sammlung italienischer Meister bewundern, darunter Raffaels »Schule von Athen« in den Stanzen. Und natürlich, in der Sixtinischen Kapelle, das berühmteste Deckengemälde der Welt, »Die Erschaffung der Welt« von Michelangelo.

7. **Eremitage**, St. Petersburg. Die Zaren, angefangen von Katharina der Großen, haben sich ebenfalls nicht lumpen lassen, wenn es um Kunst ging. In der Eremitage hängen gleich zwei Originalwerke von Leonardo da Vinci.

8. National Gallery, London. Der Eintritt in diese gewaltige Sammlung westeuropäischer Kunst vom Mittelalter bis ins frühe 20. Jahrhundert (darunter Caravaggios »Abendmahl in Emmaus«) ist kostenlos. Nicht zu verachten im teuren London.

9. Tate Britain, London. Noch ein Museum in London, nämlich die weltweit größte Sammlung britischer Kunst vom 16. Jahrhundert bis heute. Noch mehr Zeitgenössisches gibt es in der Tate Modern, ebenfalls in London.

10. Kunsthistorisches Museum, Wien. Auch den Habsburger Monarchen lässt sich der Kunstsinn nicht absprechen. In der Gemäldesammlung hängen unter anderem Werke von Peter Paul Rubens, Lucas Cranach, Tizian, Albrecht Dürer, Rogier van der Weyden und die wichtigsten Werke von Pieter Breughel d. Ä. Wenn man schon in Wien ist, kann man auch gleich die Schatzkammer besuchen mit dem Kronschatz der Habsburger, darunter die deutsche Kaiserkrone und die weiteren Reichskleinodien.

Die zehn bedeutendsten Kunstmuseen Deutschlands

1. Gemäldegalerie, Alte und Neue Nationalgalerie, Berlin. Um die drei wichtigsten Kunstmuseen in Berlin ausreichend zu würdigen, sollte man sich zwei Tage Zeit nehmen. Besonders faszinierend: »Amor als Sieger« von Caravaggio in der Gemäldegalerie sowie die dortige Abteilung für niederländische Malerei.

2. Alte, Neue und Pinakothek der Moderne, München. Wenn Berlin drei wichtige Kunstmuseen hat, will München nicht nachstehen: Seit 2002 komplettiert die Pinakothek der Moderne die Alte und die Neue Pinakothek zum Dreier-Ensemble. Beachtenswert: Tizians »Karl V.« in der Alten und Spitzwegs »Armer Poet« in der Neuen Pinakothek.

3. Staatliche Kunstsammlungen, Dresden. Das passiert, wenn man so viele Meister hat, dass man nicht mehr weiß, wohin damit: Man hängt sie, wie in der Gemäldegalerie Dresden, übereinander bis an die Decke. So machte man das schon im Barock.

Nicht verpassen: Raffaels »Sixtinische Madonna« und die Dresden-Ansichten von Canaletto.

4. **Städel**, Frankfurt am Main. Nicht nur Herrscher, auch Bürger können Kunstsinn beweisen. 1816 stiftete der Frankfurter Privatbankier Johann Friedrich Städel ein Kunstinstitut, aus dem sich die Städtische Galerie von Frankfurt am Main entwickelte. Nicht übersehen: das kleine »Paradiesgärtlein« eines unbekannten Meisters vom Beginn des 15. Jahrhunderts.

5. **Wallraf-Richartz-Museum**, Köln. Noch eine Bürgerstiftung mit der bedeutendsten Sammlung mittelalterlicher Malerei in Deutschland. Keinesfalls verpassen: Stefan Lochners »Madonna im Rosenhag« von 1448. Dass auch im 20. Jahrhundert noch großzügige Bürger den Grundstock für ein Museum von nationalem Rang legen können, bewies 1976 das Sammler-Ehepaar Peter und Irene Ludwig. Ihre Sammlung von 350 Werken moderner Kunst bildet den Grundstock des **Museums Ludwig**, ebenfalls in Köln.

6. **Staatsgalerie**, Stuttgart. Der Erweiterungsbau des Londoner Architekten James Stirling gilt selbst als Kunstwerk. Anschauen: Claude Monets impressionistisches Meisterwerk »Felder im Frühling«.

7. **Hamburger Kunsthalle**, Hamburger Bürger spendeten in der zweiten Hälfte des 19. Jahrhunderts das Geld für den Aufbau dieses Museums. Besonders bedeutend: die 14 Gemälde des Vorzeige-Romantikers Caspar David Friedrich, besonders der »Wanderer über dem Nebelmeer«.

8. **Kunstsammlung Nordrhein-Westfalen**, Düsseldorf. Die Sammlung sticht durch hervorragende Ausstellungen zeitgenössischer Kunst hervor, zum Beispiel sind dort regelmäßig Werke von Gerhard Richter zu sehen, dem zurzeit wohl wichtigsten Maler der Welt (siehe Kapitel Moderne Kunst).

9. **Museum Folkwang**, Essen. Das Museum zeichnet sich durch herausragende Werke französischer und deutscher Maler des 19. Jahrhunderts aus, darunter Renoir, Cézanne, Ernst Ludwig Kirchner und August Macke. Beachtenswert: Vincent van Goghs Porträt von Armand Roulin.

10. Museum Frieder Burda, Baden-Baden. Die Privatsammlung des Verleger-Erben Frieder Burda glänzt durch Werke der zeitgenössischen deutschen Maler, die zur Weltspitze gehören, darunter Gerhard Richter, Markus Lüpertz, Anselm Kiefer und A. R. Penck. Nicht verpassen: Das »Fertigbetonwerk« von Georg Baselitz aus dem Jahre 1970.

PHILOSOPHIE

Um es gleich vorweg zu nehmen: Dieses Kapitel wird kurz. Das mag verwundern, denn schließlich beschäftigen wir uns mit den existenziellen Fragen der Menschheit. Es geht um Philosophie, also um alles, worüber Menschen nachgedacht haben. Und genau das ist der Grund, warum wir uns hier beschränken. Es ist einfach zu viel. Der Deutsch-Professor Hans-Joachim Störig hat eine viel gekaufte »Kleine [!] Geschichte der Philosophie« geschrieben. Sie umfasst beinahe 900 Seiten und trotzdem nölt ein Leser in der Kommentarspalte eines Online-Buchhändlers, die meisten großen Denker seien viel zu knapp abgehandelt worden. Was würde dieser Mensch sagen, wenn er hier auf 20 oder 30 Seiten Philosophiegeschichte stieße?

Nun mögen Sie als Leser einwenden: Gilt dieses Argument nicht für alle Themen in diesem Buch? Schließlich gibt es hunderttausende Romane, die unerwähnt bleiben, ungezählte Skulpturen, Poptitel, Sinfonien, Opern, Gemälde, Kinofilme und und und. Unsere Antwort: Stimmt! Aber wir haben dennoch versucht, in den jeweiligen Kapiteln einen möglichst guten Überblick zu geben, weil wir Ihnen als Leser nicht zumuten möchten, mal eben einen Roman zu schreiben, einen Film zu drehen oder eine Sinfonie zu komponieren. Aber wir möchten Ihnen sehr wohl zumuten, selbst zu denken. Denn darum geht es in der Philosophie, auch wenn das den hauptberuflichen Philosophen nicht immer klar zu sein scheint.

So hat uns ein Freund berichtet, dass er während seines

Studiums der Philosophie in seinen Hausarbeiten keinen einzigen eigenen Gedanken äußern durfte. Wenn er es wagte, zu einem philosophischen Thema etwas Selbstgedachtes beizusteuern, forderten die Professoren ärgerlich: »Entweder Sie belegen in einer Fußnote, wer das schon einmal geschrieben hat, oder Sie streichen es!«

Es mag sich hier um einen extremen Fall handeln. Grundsätzlich aber fällt auf, dass die verwaltete Philosophie an unseren Hochschulen eher eine Philosophiegeschichte ist. Die Studenten lernen *nach*-zudenken, was andere ihnen *vor*-gedacht haben. Diese Vorgehensweise ist sicherlich nicht falsch, denn es handelt sich ja um ziemlich kluge Köpfe, mit deren Werk man sich hier beschäftigt. Zudem bewahrt die Kenntnis der Philosophiegeschichte davor, eine Idee mit Begeisterung zu verkünden, die schon für Platon ein alter Hut war.

Aber andererseits: Warum nicht? Eine philosophische Idee kann eine Antwort sein auf Fragen, die Sie sich in Ihrem Leben gerade jetzt stellen und bei denen es darauf ankommt, dass gerade Sie auf Ihrem ganz persönlichen Weg auf diesen Gedanken gekommen sind.

Wir sollten uns ein Vorbild an den Kindern nehmen: Kinder sind von Natur aus neugierig. Sie stellen Fragen, wollen stets wissen, warum etwas geschieht, wieso ein Mensch handelt, wie er handelt, was hinter einer Sache steckt. Neurobiologen wissen heute, dass das Gehirn von Kleinkindern sich aufgrund von vielen kleinen Erkenntnissen vernetzt. Der Medizinnobelpreisträger Eric Kandel, einer der bedeutendsten Neurobiologen der Welt, hat einmal folgende Anekdote erzählt: Als er zur Grundschule ging, hätten die Eltern seiner Mitschüler ihre Kinder nach dem Unterricht gefragt: »Na, was habt ihr heute gelernt?« Seine Eltern hätten hingegen wissen wollen: »Welche Fragen hast du heute gestellt?« Gepriesen sei, wer solche Eltern hat! Denn nur wer fragt, wird klüger.

Deshalb stellen wir in diesem Kapitel nicht die Antworten, sondern die Fragen vor, die die Philosophie beherrschen. Genau genommen sogar nur vier davon. Und da wir alle auf Schultern von Riesen stehen, sind es noch nicht einmal unsere eigenen Formulierungen, sondern sie sind in der Philosophiegeschichte als die »Vier Grundfragen Immanuel Kants« bekannt. Genau genommen handelt es sich sogar nur um drei Fragen. Die vierte erschließt sich aus den ersten drei.

Die vier Grundfragen Immanuel Kants

Immanuel Kant war ein deutscher Philosoph aus der Epoche der Aufklärung, der von 1724 bis 1804 in der ostpreußischen Stadt Königsberg lebte. Von ihm wissen die meisten Menschen nur, dass er ein verschrobener Hagestolz war und furchtbar komplizierte Bücher geschrieben hat. Beides ist richtig, zumindest wenn man sich im zweiten Punkt auf seine Hauptwerke »Metaphysik der Sitten«, »Kritik der reinen Vernunft« und »Kritik der praktischen Vernunft« bezieht. Das heißt aber nicht, dass Kant nicht außerordentlich klar und verständlich schreiben konnte. 1784 verfasste er einen Aufsatz mit einem Titel, dessen Frage er zugleich beantwortete: »Was ist Aufklärung?« Wir möchten aus diesem noch heute sehr lesenswerten Text die ersten Sätze zitieren, weil die Menschen selten so hellsichtig dazu aufgefordert worden sind, selbstständig zu denken:

»Aufklärung ist der Ausgang des Menschen aus seiner selbst verschuldeten Unmündigkeit. Unmündigkeit ist das Unvermögen, sich seines Verstandes ohne Leitung eines anderen zu bedienen. Selbst verschuldet ist diese Unmündigkeit, wenn die Ursache derselben nicht am Mangel des Verstandes, sondern der Entschließung und des Mutes liegt, sich seiner ohne Leitung eines anderen zu bedienen. Sapere aude! Habe Mut dich deines eigenen Verstandes zu bedienen! ist also der Wahlspruch der Aufklärung.

Faulheit und Feigheit sind die Ursachen, warum ein so großer Teil der Menschen, nachdem sie die Natur längst von fremder Leitung freigesprochen (naturaliter maiorennes), dennoch gerne zeitlebens unmündig *bleiben*; und warum es anderen so leicht wird, sich zu deren Vormündern aufzuwerfen. Es ist so bequem, unmündig zu sein.«

Voilà, auf diese Weise vom größten Denker deutscher Zunge gestärkt, wenden wir uns den zentralen Fragen der Philosophie zu.

Erste Frage: Was soll ich tun?

Und, darüber hinaus, was ist gut? Wir sprechen also über Ethik und Moral. Man kann sie auf sein individuelles Handeln beziehen oder auf das der Gesellschaft. Der schottische Nationalökonom *Adam Smith* (1723–1790), oft zu Unrecht als Vater eines skrupellosen Kapitalismus verkannt, war zum Beispiel der Ansicht: Wenn jeder Mensch nach seinem persönlichen Glück (und ökonomischen Gewinn) strebt, dann werde sich das Glück der Völker daraus schon ergeben. Andere wie der Grieche *Platon* (ca. 428–348 v. Chr.) waren da weniger sicher und wollten die Verwaltung des Staates lieber in die Hand der Philosophen legen, denn nur weise Männer wüssten klug zu regieren. Platon dachte sich deshalb ein hochkomplexes System aus, wie diese regierenden Philosophen erkannt und ausgebildet werden sollten. Nicht nur einen Denker wie den österreichisch-britischen Wissenschaftstheoretiker Karl Popper erinnerte Platons Philosophenstaat an ein totalitäres Regime.

Auf die Frage: »Wie soll ich handeln?« hat Immanuel Kant eine berühmte und einleuchtende Antwort gegeben, seinen »kategorischen Imperativ« (hier in einer Fassung aus der »Kritik der praktischen Vernunft«): »Handle so, daß die Maxime deines Willens jederzeit zugleich als Prinzip einer allgemeinen Gesetzgebung gelten könne.« Manche Interpretatoren haben diese Forderung noch weiter simplifiziert: »Was du nicht willst, das man dir tu, das füg auch keinem anderen zu!« Bei dieser Übersetzung schleicht sich aber ein Fehler ein. Die »Maxime des Willens« zielt auf die Absichten, die ein Handelnder hegt. Was aber, wenn die Absichten, die jemand hegt, zwar theoretisch einen guten Zweck verfolgen, die Mittel, die er dafür einsetzt, aber fragwürdig sind?

Mit diesem Dilemma schlägt sich Rodion Raskolnikow herum, der Protagonist aus Fjodor Dostojewskis Roman »Schuld und Sühne« (siehe auch das Kapitel Literatur). Er ist der Meinung, seine geizige, zickige und greise Vermieterin um die Ecke zu bringen, könne jederzeit zum allgemeinen Gesetz erhoben werden. Was er sogleich in die Tat umsetzt. Allerdings plagen ihn danach Gewissensbisse in Form von Magenkrämpfen und Fieberanfällen. Vielleicht liegt also die Antwort auf die Frage: »Wie sollen wir handeln?« in uns selbst, in einem inneren Kompass. Dieser Meinung war übrigens auch Immanuel Kant. Er sprach in der »Kritik der praktischen Vernunft« davon, dass zwei Dinge ihn beeindruckten, nämlich »der bestirnte Himmel über mir und das moralische Gesetz in mir«.

Moderne Sozialpsychologen würden ihm zustimmen und glauben, dies mit einem Experiment belegen zu können. Sie lassen Probanden folgendes Gedankenexperiment durchspielen, das in der Ethik als »Dicker-Mann-Dilemma« bekannt geworden ist.

Stellen Sie sich vor, Sie arbeiten in einem Stellwerk. Auf

einem Gleis reparieren fünf Männer die Schienen, auf dem Nachbargleis ist nur ein Arbeiter beschäftigt. Plötzlich bemerken Sie einen Zug heranrasen. Sie haben keine Chance, die Arbeiter zu warnen. Ihnen bleibt nur die Möglichkeit, die Weiche so zu stellen, dass nicht fünf sterben, sondern nur ein Mann zum Opfer wird. Was würden Sie tun?

Die überwiegende Mehrheit entscheidet sich dafür, die Weiche umzulegen und den einzelnen Arbeiter zu opfern. Es scheint also tatsächlich einen inneren Kompass zu geben, der uns ein Opfer gegen fünf aufrechnen lässt.

Aber halt! Stellen Sie sich bitte nun vor, Sie stünden an einer Brücke, unter der ein Zug auf fünf Arbeiter zurast, die davon nichts bemerken. Am Geländer lehnt ein sehr dicker Mann. Wenn Sie ihm einen Schubs geben, stürzt er auf die Schienen und bringt den Zug zum Halten. Die Arbeiter wären gerettet.

Die Bilanz wäre die gleiche: ein Toter, fünf Gerettete. Dennoch lassen die meisten Menschen den dicken Mann am Leben. Warum entscheiden sie sich so? Vielleicht weil wir unbewusst ein unmittelbares Eingreifen (Schubs für den dicken Mann) anders bewerten als ein mittelbares Eingreifen (Weiche umstellen)?

So einfach ist die Sache mit dem von Kant beschriebenen »moralischen Gesetz« oder dem inneren Kompass eines Menschen also nicht. Und deshalb lässt sich auch die Frage danach, wie wir am besten handeln sollen, nicht eindeutig klären – darum beschäftigt sich die Ethik bis heute mit solchen Fragen.

Zweite und dritte Frage: Was darf ich hoffen?
Was kann ich wissen?

Bei der zweiten Frage geht es offensichtlich um Religion, nämlich um den göttlichen Richtspruch über unser Tun und Lassen nach unserem Tod. Darum verweisen wir Sie auf unser Religionskapitel. Um die dritte Frage kümmert sich in der Philosophie die Erkenntnistheorie. Zwei Kernprobleme daraus lauten:

1. Gibt es eine Dingheit von Dingen, oder haben wir es mit lauter Einzeldingen zu tun, denen wir nur einen gemeinsamen Namen geben? Platon vertrat in diesem Universalienstreit, wie die Philosophen ihn nennen, die erste Auffassung. Hinter allen Pferden gebe es eine Idee von Pferdheit, die wir nur nicht erkennen können, weil wir wie ein in einer Höhle gefangener Mann nur die Schatten der wahren Dinge wahrnehmen, die sich vor unseren Augen bewegen (Platons berühmtes Höhlengleichnis). Unsinn, sagen die Nominalisten, solche Ideen gebe es nicht. Es seien die Menschen, die den Dingen Namen geben und sie damit in Kategorien einteilen.

2. Ist das, was wir sehen, hören, riechen, schmecken und fühlen, wirklich? Oder nur eine Einbildung unseres Geistes? Nehmen andere Menschen das Gleiche wahr, oder bilden sie sich etwas anderes ein? Wie können wir uns mit anderen Menschen verständigen, wenn wir nicht wissen, ob wir über das Gleiche reden, zumal mit dem unzulänglichen Instrument der Sprache (Sprachphilosophie)? Die Konstruktivisten behaupten, es sei alles nur Einbildung. Die Welt da draußen gebe es gar nicht, sondern sie entstehe nur in unserem Kopf. Die moderne Hirnforschung unterstützt diese Auffassung zum Teil. Schon der französische Philosoph *René Descartes* (1596–1650) hat im 17. Jahrhundert an jeder Erkenntnis so lange gezweifelt, bis er sich darauf zurückgeworfen fühlte,

dass allein sein Zweifeln wirklich sei – mit »cogito ergo sum«, »Ich denke, also bin ich«, fasste er seine Einsicht zusammen.

Vierte Frage: Was ist der Mensch?

Mit Descartes sind wir bereits bei der vierten und letzten Frage von Kant angekommen. Theoretisch hätten wir eine Antwort auf diese Frage, wenn uns die drei anderen abschließend beantwortet würden. Unglücklicherweise werden aber diese drei anderen Fragen wohl niemals abschließend beantwortet. Denn das Denken, das Ringen um Erkenntnis, kurzum die Philosophie kommt nie zum Abschluss. Sie geht immer weiter. Und jeder Mensch ist eingeladen, daran teilzuhaben.

Um Sie nicht völlig allein zu lassen, geben wir in unserer folgenden Top-Ten-Liste noch einige Tipps, mit welchen Werken der Philosophiegeschichte Sie Ihre Entdeckungstour durch das menschliche Denken beginnen können.

Zehn philosophische Werke zum Einstieg

Hier sind nicht die zehn wichtigsten Werke der abendländischen Philosophie versammelt, denn dann müssten auch Namen wie Hegel und Heidegger auftauchen. Aber diese schwere Kost hebt man sich besser für später auf. Die zehn hier genannten Werke sind vergleichsweise gut zu lesen und liegen in preiswerten Buchausgaben vor; einige davon gibt es sogar kostenlos im Internet.

1. »**Das Gastmahl**« von **Platon** (ca. 428–348 v. Chr.). Eine Männergruppe sitzt beisammen, säuft und unterhält sich über Sex und Liebe, was sie Eros nennen. Wenn das mal kein guter Einstieg in die Philosophie der griechischen Antike ist!

2. **»Die Nikomachische Ethik«** von **Aristoteles** (ca. 384–322 v. Chr.). Der Titel hört sich abschreckender an, als das Werk ist. »Nikomachisch« heißt diese Ethik, also die Lehre vom richtigen Handeln, weil Aristoteles sie seinem Sohn Nikomachus gewidmet hat. Aristoteles, der Lehrer Alexanders des Großen, beschäftigte sich darin mit dem höchsten Gut des Menschen (die Glückseligkeit) und wie man es erreicht. Da Aristoteles auch Miterfinder der Logik war, liest sich die Schrift klar und eingängig.

3. **»Selbstbetrachtungen«** von **Mark Aurel** (121–180). Man stelle sich vor, Barack Obama schriebe ein philosophisches Ratgeberbüchlein mit Aphorismen und klugen Sprüchen unter dem Generalmotto »Immer schön bescheiden bleiben!«. Das wäre so ungefähr die Entsprechung zu diesem Hauptwerk der Stoa (einer philosophischen Richtung, von der sich das Adjektiv »stoisch« ableitet) des römischen Kaisers Marcus Aurelius.

4. **»Über das Glück«** von **Augustinus** (354–430). Wer wissen möchte, wie man christlichen Glauben und das Streben nach Glück verbinden kann, der findet in dieser rund 1600 Jahre alten Schrift auf kaum 100 Seiten wertvolle Anregungen des großen Kirchenlehrers Aurelius Augustinus.

5. **»Zwei Abhandlungen über die Regierung«** von **John Locke** (1632–1704). Das vermutlich wichtigste und einflussreichste Werk zur Staatsphilosophie, das je geschrieben wurde – die Grundlage des modernen Verfassungsstaates. Und es liest sich auch noch gut, denn darin sind die Engländer unschlagbar.

6. **»Prolegomena zu einer jeden künftigen Metaphysik, die als Wissenschaft wird auftreten können«** von **Immanuel Kant** (1724–1804). Trotz des ziemlich langen Titels handelt es sich um eine Kurzfassung von Kants erkenntnistheoretischem Hauptwerk »Kritik der reinen Vernunft«. Philosophenkollege Arthur Schopenhauer urteilte über die Schrift: die »schönste und faßlichste aller Kantischen Hauptschriften, welche viel zu wenig gelesen wird, da sie doch das Studium seiner Philosophie außerordentlich erleichtert«.

7. **»Also sprach Zarathustra«** von **Friedrich Nietzsche** (1844 bis 1900). Es gibt Menschen, die halten Nietzsche für verrückt.

Diese Vermutung wird man nach Lektüre des Buches, in dem es unter anderem um den Übermenschen geht, nicht von der Hand weisen können. Aber eines ist sicher: Schreiben konnte der Mann.

8. **»Das kommunistische Manifest«** von **Karl Marx** (1818–1883). In Zeiten der handfesten Kapitalismuskritik scheint auch diese kleine Schrift aktueller denn je zu sein. Sie beginnt mit den Worten: »Ein Gespenst geht um in Europa – das Gespenst des Kommunismus«, und endet mit der Aufforderung: »Proletarier aller Länder, vereinigt euch!« Im Gegensatz zu Marx' Hauptwerk »Das Kapital« ist das Manifest gut zu lesen – sogar für diejenigen, die die Welt nur interpretieren und nicht verändern wollen.

9. **»Die offene Gesellschaft und ihre Feinde«** von **Karl Popper** (1902–1994). Damit der Leser sich nicht von Platon und Marx verführen lässt – hier die Abrechnung des großen österreichisch-britischen Philosophen mit den beiden, die er als Vordenker des Totalitarismus interpretiert. Eine Schande, dass die Taschenbuchausgabe dieses großartigen Werks gegen die Verführung durch Ideologien zurzeit nicht neu aufgelegt wird. Dabei haben wir Poppers Skeptizismus nötiger denn je.

10. **»Der Mythos des Sisyphos«** von **Albert Camus** (1913–1960). »Es hat doch sowieso alles keinen Sinn« – wer denkt so etwas nicht hin und wieder an trüben Tagen. Camus schaffte dafür einen philosophischen Rahmen in seinem Essay, das zu den Hauptwerken des Existenzialismus des 20. Jahrhunderts gehört. Den berühmten letzten Satz haben Sie bestimmt schon einmal zitiert gelesen: »Wir müssen uns Sisyphos als einen glücklichen Menschen vorstellen.« Sisyphos war der Typ, der von den Göttern damit bestraft wurde, einen Felsbrocken einen Berg hinaufzurollen – kurz vor dem Gipfel rollte der Fels jedes Mal wieder ins Tal.

HIRNFORSCHUNG

Wer die Kulturseiten der großen Tages- und Wochenzeitungen aufschlägt und dort die Feuilleton-Debatten verfolgt, wird öfter auf einen Artikel über die neuesten Erkenntnisse der Neurobiologie stoßen. Vielleicht haben Sie sich auch schon einmal gefragt, wieso sich Experten für Kultur mit einem naturwissenschaftlichen Thema befassen. Gehören die Neurowissenschaften nicht ins Wissenschaftsressort? Wie um alles in der Welt kommt die Hirnforschung ins Feuilleton?

Die Hirnforschung im Feuilleton

Auf diese Frage gibt es eine einfache Antwort und eine komplizierte. Zunächst die einfache: Frank Schirrmacher, der für das Feuilleton zuständige Herausgeber der »Frankfurter Allgemeinen Zeitung« hat vor einigen Jahren die Hirnforschung für sich entdeckt, und er sorgte dafür, dass in seiner Zeitung darüber geschrieben wurde. Zu den Besonderheiten der großen Feuilletons gehört, dass sie sich in ihren Artikeln oft aufeinander beziehen. Die »FAZ« ist eine der wichtigsten Zeitungen des Landes. Deshalb konnte es nicht ausbleiben, dass in der »Süddeutschen Zeitung«, der »Welt«, der »Neuen Zürcher Zeitung« und der Wochenzeitung »Die Zeit« das Thema aufgegriffen wurde.

Dazu übrigens ein Tipp: Selbst Feuilleton-Redakteuren fällt es schwer, täglich die relevanten Artikel der großen Zeitungen im Blick zu behalten. Viele von ihnen informieren sich deshalb auf der Internetseite www.perlentaucher.de. Dort befindet sich eine tägliche Feuilleton-Zusammenschau. Die Redaktion des Perlentauchers fasst in wenigen Zeilen zusammen, was in den Feuilletons der wichtigen Zeitungen und in einigen renommierten Blogs gerade diskutiert wird.

Nun sollte man den Einfluss des Bestsellerautors Frank Schirrmacher zwar nicht unterschätzen, aber die Faszination der Kulturautoren für die Hirnforschung darf man nun wirklich nicht allein auf dessen persönliche Vorliebe zurückführen. Und damit kommen wir zur komplizierten Antwort. Die Neurowissenschaften beschäftigen sich nämlich mit einer der spannendsten Fragen der gesamten Philosophiegeschichte (siehe Kapitel Philosophie): Haben wir Menschen einen freien Willen? Oder gibt es etwas, das uns stets befiehlt, wie wir zu handeln haben, das also unser Handeln vorbestimmt und uns keine andere Wahl lässt, als das zu tun, was wir tun? Freiheit oder Vorbestimmung also? Vorbestimmung wird mit dem Fremdwort Determinismus bezeichnet. Deshalb sprechen die Philosophen von der Determinismusdebatte.

In früheren Zeiten wurde diese Debatte auf dem Feld der Religion geführt. Die großen monotheistischen Religionen, vom Judentum bis zum Islam, gehen von der Willensfreiheit aus: Wenn Gott vorherbestimmt hätte, was wir tun, könnten wir nicht für unsere Taten verantwortlich gemacht werden. Der Mörder wäre von Gott zum Mörder verdammt, der Edle zur edlen Tat bestimmt. Das würde dem Menschen die Verantwortung nehmen und sie Gott zuschieben – was die Religionen zurückweisen (mit Ausnahme des protestantischen Calvinismus und bestimmter Strömungen des Hinduismus).

In der Aufklärung wurde die Frage erneut aufgeworfen. Der Mensch, so meinten die Verfechter eines mechanistischen Weltbildes, sei so etwas wie ein Uhrwerk. Einmal aufgezogen, greifen die Rädchen ineinander und man könne exakt voraussagen, wie die Person als Nächstes handeln werde. Voraussetzung sei lediglich, dass man verstehen lerne, wie genau dieses Uhrwerk Mensch funktioniert. Der Mensch hat danach also keinen freien Willen – oder vielleicht doch?

An dieser Stelle ist es notwendig, noch ein paar Fachbegriffe in die Diskussion einzubringen. Es gibt nämlich bei den Deterministen noch zwei Untergruppen, die sogenannten Kompatibilisten und die Inkompatibilisten. Die Kompatibilisten sind jene, die glauben, selbst in einer determinierten Welt könne der einzelne Mensch noch frei entscheiden. Die Inkompatibilisten hingegen denken: Wie sollte das gehen? Wenn alles vorherbestimmt ist, ist auch der Wille des Menschen vorbestimmt. Er handle stets so, wie er muss.

Viele Deterministen des 18. und 19. Jahrhunderts waren Naturwissenschaftler. Sie beriefen sich auf den englischen Physiker *Isaac Newton* (1643–1727), der in der zweiten Hälfte des 17. Jahrhunderts die Gesetze der Schwerkraft formuliert und die mechanistische Physik begründet hat. Diese besagt, dass wir alle physikalischen Vorgänge berechnen und damit vorhersagen können. Werfen wir zum Beispiel einen Stein hoch in die Luft, vermögen wir vorauszusagen, wo er landen wird – vorausgesetzt, wir kennen die notwendigen physikalischen Größen wie Gewicht, Kraft, Winkel und so weiter.

In späteren Jahren stellte sich heraus, dass in der Welt doch nicht alles vorhersehbar ist. Diese Erkenntnis verdanken wir zwei deutschen Physikern, nämlich *Max Planck* (1858 bis 1947) und *Werner Heisenberg* (1901–1976). Sie begründeten Anfang des 20. Jahrhunderts die Quantenphysik mit zwei grundlegenden Erkenntnissen. Erstens: Licht ist gleichzeitig Materie und Welle. Mal so, mal so. Zweitens: Bei sehr kleinen Teilchen kann man nicht gleichzeitig bestimmen, wo sie sich im Raum befinden und was ihren Impuls, also die Bewegung ihrer Masse, ausmacht. Man spricht von der heisenbergschen Unschärferelation.

Das hört sich schrecklich kompliziert an, führt aber zu der einfachen Schlussfolgerung: In der Physik der winzigen Teilchen gibt es keinen Determinismus. Diese Erkenntnis hat Anfang des letzten Jahrhunderts das gesamte physikalische und philosophische Weltbild über den Haufen geworfen. Wenn es schon in der Physik keinen Determinismus gibt, dann doch erst recht nicht bei einem so komplexen Wesen wie dem Menschen, schlussfolgerten die Philosophen. Der Determinismus an sich hatte offensichtlich ausgedient.

Rehabilitiert die Hirnforschung den Determinismus?

Einige Neurowissenschaftler schicken sich seit etwa 30 Jahren an, den Determinismus zu rehabilitieren. Und von diesen Neurobiologen liest man nun auch in den Feuilletons, vor allem von dem Münchner Professor *Wolf Singer* und seinem Bremer Kollegen *Gerhard Roth*. Sie berufen sich, als Ausgangspunkt ihrer Überlegungen, auf ein Experiment aus dem Jahre 1979. Der Neurophysiologe Benjamin Libet, Professor an der Universität von Chicago, hatte es zusammen mit seinem Team durchgeführt. Die Wissenschaftler schlossen Versuchspersonen an ein EEG an, ein Gerät, das Gehirnströme misst. Dann baten sie die Probanden, einen Finger zu bewegen, und zwar wann immer es ihnen während eines vorgegebenen Zeitraums beliebte. Sobald sie sich bewusst dazu entschlossen hatten, den Finger in Bewegung zu setzen, mussten sie die Forscher davon in Kenntnis setzen. Dies sollte eigentlich der Moment sein, in dem der freie Wille zum Fingerbewegen sich manifestierte. Was Libet und seine Kollegen jedoch erstaunte: Eine halbe Sekunde *bevor* der Entschluss gefasst wurde, trat im Gehirn ein Bereitschaftssignal auf. Mit anderen Worten: Das Gehirn wusste schon 0,5 Sekunden vorher von der Aktion, die der angeblich freie Wille einleiten würde. Oder noch fundamentaler: Das Gehirn steuert uns, nicht wir das Gehirn.

Jetzt wird klar, warum es die Hirnforscher in die Feuilletons geschafft haben: Wenn man die Ergebnisse des Libet-Experiments ausweitet, würde unser gesamtes Menschenbild zusammenstürzen. Sogar unser Rechtssystem würde mit in den Abgrund gerissen. »Experimente zeigen, dass jeder Entscheidung, und halten wir sie noch so sehr für unseren eigenen Willen, zuvor wichtige Vorentscheidungen vorausgegangen sind – und zwar unbewusst. Wir bekommen davon überhaupt nichts mit«, erklärte Gerhard Roth 2004 in einem Gespräch mit dem Magazin »Der Spiegel«. Und in der »Frankfurter Allgemeinen Zeitung« schrieb er: »Eine Gesellschaft darf niemanden bestrafen, nur weil er in irgendeinem moralischen Sinne schuldig geworden ist, dies hätte nur dann einen Sinn, wenn dieses denkende Subjekt die Möglichkeit gehabt hätte, anders zu handeln als tatsächlich geschehen.« Ein Börsenspekulant, ein Autodieb, ein Serienkiller – sie alle hätten nach dieser Auffassung gar nicht anders handeln können, als sie es taten. Der Mensch denkt, das Gehirn lenkt.

Wie viel freien Willen hat ein Finger?

Selbstverständlich zog eine derart radikale Schlussfolgerung Widerspruch nach sich. Er zielt auf zwei Punkte. Zum einen wird die Aussagekraft des Libet-Experiments infrage gestellt: Vielleicht sei die Messung gar nicht richtig und der freie Wille habe schon entschieden, bevor die Versuchsperson ihn zum

Ausdruck bringen konnte – aber auch bevor der kleine Finger aktiviert wurde. Vielleicht sei das Aktivieren des kleinen Fingers sogar der freie Wille selbst. Außerdem ginge es in dem Versuch nur um den Zeitpunkt, *wann* der Proband den Finger bewege. Könne er nicht aus freiem Willen entscheiden, den Finger entgegen den Anweisungen des Versuchsleiters unbewegt verharren zu lassen?

Zum anderen weisen die Kritiker auf die Komplexität von wichtigen Entscheidungen hin. Schließlich sei es ein Unterschied, ob man den kleinen Finger bewege oder einen Menschen ermorde. Bei komplexen Entscheidungen, so die Anti-Deterministen, hätten wir sehr wohl die Wahl, Ja oder Nein zu sagen.

Entschieden ist der Streit noch lange nicht. Aber dafür gibt es schließlich die Debatten im Feuilleton: um Argumente vorzubringen und die rhetorischen Klingen zu kreuzen.

Die fünf wichtigsten Hirnforscher der Gegenwart

1. **Eric Kandel** (*1929). Der in Wien geborene Kandel, der vor den Nationalsozialisten in die USA flüchtete, verdankt seinen Ruhm (und den Medizinnobelpreis) der Meeresschnecke. Er untersuchte nämlich die Nervenzelle dieses sehr einfachen Organismus, um dem Geheimnis des Gedächtnisses auf die Spur zu kommen – was ihm (teilweise) gelang.

2. **Antonio Damasio** (*1944). Der Portugiese untersucht, wie Gefühle und Verstand zusammenhängen und was der präfrontale Kortex, das Vorderhirn, damit zu tun hat.

3. **Wolf Singer** (*1943). Der Ulmer Professor ist der beliebteste Neurowissenschaftler in deutschen Talkshows, weil er verständlich über Hirnforschung reden kann. Eine seiner Hauptthesen: Bildschirme schaden der Entwicklung des kindlichen Gehirns.

4. **Vilayanur S. Ramachandran** (*1951). Der in den USA lebende Inder beschäftigt sich mit Dingen wie Synästhesie (wenn man Farben riechen kann oder Ähnliches) und Phantomschmerzen.

5. **Giacomo Rizzolatti** (*1937). Der Italiener, Professor in Parma, entdeckte mit seinem Team die Spiegelneuronen. Sie sorgen dafür, dass wir erkennen, was andere Menschen gerade fühlen.

Die fünf wichtigsten Fragen der Hirnforschung

1. **Sind wir für unsere Taten verantwortlich?** Oder entscheidet unser Gehirn und wir können gar nicht anders handeln? Um was es in diesem Determinismusstreit genau geht, erläutert das vorangegangene Kapitel.

2. **Wie funktioniert unser Gedächtnis?** Jedenfalls nicht wie ein CD-Recorder. Die wichtigste Erkenntnis der Gedächtnisforschung lautet: »Traue nie deiner Erinnerung!« Die Funktionsweise des Gedächtnisses spielt in der Alzheimerforschung eine wichtige Rolle.

3. **Denken oder fühlen wir, wenn wir entscheiden?** Nach dem heutigen Stand der Forschung trifft beides zu. Viele unserer Entscheidungen treffen wir aus einem Gefühl heraus. Aber zum Glück gibt es noch den orbitofrontalen Kortex, unser Stirnhirn, der für die Impulskontrolle zuständig ist – und uns zur Vernunft bringt.

4. **Wie lernen wir?** Unser Gehirn ist keine Festplatte mit gespeicherten Fakten wie bei einem Computer. Wir lernen am besten durch Erfahrung. Und dafür hat uns die Evolution mit der Neugier ausgestattet. Die sollten wir uns auf jeden Fall bewahren.

5. **Woher wissen wir, was andere fühlen?** Weil wir, wie die Experten sagen, über eine »theory of mind« verfügen. Sogenannte Spiegelneuronen feuern immer dann, wenn wir andere Menschen beobachten oder uns in sie hineindenken. Dadurch können wir Gedanken und Empfindungen anderer nachvollziehen.

RELIGION

Dieses Kapitel unterscheidet sich von den anderen in diesem Buch in mehrerlei Hinsicht. Zum einen geht es hier um die Letzten Dinge: das höchste Wesen, um den Sinn des Lebens – also um weit mehr als nur ums Malen, Schreiben, Singen, Tanzen und Springen, also jene Aktivitäten, denen wir uns in den meisten anderen Kapiteln widmen. Zum anderen eignet sich das Thema Religion nicht sonderlich gut zum Small Talk bei der nächsten Stehparty oder zum gepflegten Gespräch im abendlichen Kreis von Freunden oder Bekannten.

Vor geraumer Zeit saß ich nach einem Vortrag mit einigen anderen Teilnehmern dieser Veranstaltung beim Abendessen zusammen. Wir waren eine bunte Runde verschiedener Nationalitäten. Drei Deutsche waren darunter, ein Holländer, eine Engländerin und eine Schwedin. In einem Zusammenhang, an den ich mich nicht mehr genau erinnern kann, begann einer der Deutschen auf einmal über Gott zu reden, dass er an ihn glaube, und dass man seltsamerweise nicht öffentlich darüber sprechen dürfe. Die Runde verstummte. Der Holländer hüstelte. Die Schwedin richtete ihre Aufmerksamkeit voll und ganz auf das Hühnchen in Safranreis auf ihrem Teller. Die Engländerin murmelte etwas, das sich sowohl als Zustimmung als auch als Widerspruch deuten ließ, und bemühte sich, die Konversation auf das Wetter der kommenden Tage zu lenken. Mir fiel ein, dass ich dringend meine Hände waschen sollte. Kurzum: Alle Gesprächsteilnehmer machten klar, dass hier ein Small-Talk-untaugliches Thema angeschnitten worden war. Nur der Deutsche schien seinen Fauxpas nicht zu bemerken (oder bemerken zu wollen). Er sprach in großer Ernsthaftigkeit weiter über seine religiösen Überzeugungen. Angesichts dieser Hartnäckigkeit gab der Holländer zu erkennen, dass er nicht an Gott glaube, sich aber dennoch für einen anständigen Menschen halte. Ich verspürte plötzlich heraufziehende Kopfschmerzen und verabschiedete mich rasch. Ich habe nämlich auch keine Lust auf solche Gespräche.

Was diese Anekdote zeigt: Wir können heutzutage, wenn auch erst nach zwei bis drei Glas Wein, ungezwungen über Hämorrhoidenleiden und Orgasmusprobleme plaudern – aber nicht über Gott. Jedenfalls nicht, ohne ein betretenes Schweigen auszulösen. Wir mögen noch nicht einmal darüber reden, dass wir *nicht* darüber reden. Und das hat einen guten Grund.

Man kann zwar *mit* Gott diskutieren (Moses und Lot zum Beispiel haben ihm in einigen Feilschereien beachtliche Zugeständnisse abgerungen), aber man kann nicht *über* Gott diskutieren. An Gott kann man nur glauben – oder es bleiben lassen.

Mit diesem Hinweis könnten wir dieses Kapitel nach wenigen Zeilen beenden. Das Wesentliche wäre gesagt. Aber so einfach wollen wir es uns nicht machen. Schließlich hat unsere grundsätzliche Erkenntnis viele Denker nicht davon abgehalten, über die Existenz Gottes zu sinnieren. Man könnte auch sagen: zu räsonieren. Denn es ging in den meisten Fällen darum, die Existenz Gottes mithilfe des Verstandes zu beweisen.

Die weniger subtilen Methoden, die Menschen zum richtigen Glauben zu erziehen (das Motto »Glaube oder verbrenne!« zum Beispiel), lassen wir an dieser Stelle einmal außer Acht. Wir wollen im Folgenden ebenso wenig einen Überblick über die Geschichte der Religionen geben wie über die

Unterschiede der verschiedenen Glaubensrichtungen und Götter. Denn viel spannender finden wir zwei grundsätzliche Fragen, die sich viele Menschen über alle Religionen hinweg stellen: Gibt es Gott? Und: Brauchen wir Gott?

Kann man Gott beweisen?

Widmen wir uns also zunächst der ersten Frage. Die christlichen Kirchenväter haben sogenannte Gottesbeweise ersonnen, weil sie Gottes Existenz nicht allein dem Glauben überlassen wollten: Wenn es Gott wirklich gäbe (wovon sie überzeugt waren), müsse es möglich sein, ihn mit dem größten Geschenk, das er den Menschen gemacht habe, nämlich dem Verstand, zu erkennen. Die bekanntesten Gottesbeweise stammen von *Anselm von Canterbury* (1033–1109) und von *Thomas von Aquin* (1225–1274). Diese Beweise sind zwar schon ziemlich alt, aber es ist in jüngster Zeit nichts wesentlich Neues hinzugekommen.

Der Italiener Anselm von Canterbury formulierte im 11. Jahrhundert den ontologischen Gottesbeweis, den wir gleich erklären werden. Anselm gilt als Begründer der sogenannten Scholastik, was ihn überhaupt dazu veranlasst haben dürfte, über einen Gottesbeweis nachzudenken. Die Scholastiker waren die Wissenschaftler unter den Theologen, die an die Vernunft glaubten – im Gegensatz zu den Mystikern, zu denen etwa der deutsche Prediger Meister Eckart gehörte. Die Mystiker trachteten danach, Gott dadurch zu finden, dass sie das Denken ausschalteten und sich in Betrachtung vertieften. Damit wurden die Scholastiker zu den Wegbereitern der Aufklärer, die Mystiker zu denen des Esoterik-Ladens um die Ecke.

Anselms ontologischer Gottesbeweis klingt für heutige

Ohren etwas seltsam, wurde zu seiner Zeit aber sehr ernst genommen. Er besagt in etwa Folgendes: Stell dir das Größte und Vollkommenste vor, das du dir vorstellen kannst. Wenn du es dir vorstellen kannst, dann ist es nicht das Größte und Vollkommenste, denn das Größte und Vollkommenste ist so groß und so vollkommen, dass man nicht einmal denken kann, es existiere nicht, sonst wäre es ja nicht das Größte und Vollkommenste. Damit sei die Existenz Gottes bewiesen, der nämlich das Größte und Vollkommenste ist.

Solcherlei Denk-dir-mal-Beweise kann man natürlich auf alles Mögliche anwenden. Das haben schon Anselms Zeitgenossen bemerkt. Zum Beispiel existiert der vollkommene Schweinebraten nicht allein deshalb, weil man sich einen vollkommenen Schweinebraten vorstellen kann. Der pfiffige Anselm hat deshalb sogleich erklärt, seine Beweisführung gelte nur für das Größte und Vollkommenste, für mindere Dinge sei sie nicht anwendbar. Diese Einschränkung minderte aber wiederum die Schlagkraft seiner Argumentation beträchtlich. Der deutsche Philosoph Immanuel Kant hat ihr dann den endgültigen Schlag versetzt: Wer ein vollkommenes Wesen als solches definiere, setze seine Existenz bereits voraus. Das Ganze sei somit ein Zirkelschluss, urteilte der Königsberger Denker gnadenlos.

Thomas von Aquin, ebenfalls Italiener, wollte im 13. Jahrhundert auf Nummer sicher gehen und hat gleich fünf Gottesbeweise erdacht. Drei davon lassen sich unter dem Stichwort »kausaler Gottesbeweis« zusammenfassen. Sie gehen davon aus, dass irgendetwas immer am Anfang gestanden haben muss, weil alle Dinge in der Welt eine Ursache haben: So habe jede Bewegung eine Ursache, also einen Beweger. Aber irgendetwas müsse am Anfang die Bewegung ausgelöst haben, ein unbewegter Beweger. Auch das Universum habe einen Anfang. Und irgendetwas müsse es wiederum in die

Welt gesetzt haben, so Thomas von Aquin. Dieses »Irgendetwas« nennen wir Gott. Diese Argumentation verfolgen heute die Verfechter des Intelligent Design, das sind jene fundamentalistischen Gruppen, die Darwins Evolutionstheorie ablehnen und glauben, die Welt sei von einem Schöpfer erschaffen worden (man nennt sie Kreationisten). Die Kritiker hingegen fragen: Wieso eigentlich? Wieso muss das Universum einen Anfang haben? Wieso muss jede Bewegung einen Anfang haben? Nur, weil wir uns Unendlichkeit nicht vorstellen können, heißt das nicht, dass es Unendlichkeit nicht gibt.

Die Kreationisten bedienen sich noch eines weiteren Arguments von Aquin, seines sogenannten teleologischen Gottesbeweises: Die Welt sei so, wie sie ist, derart vollkommen, dass sie nicht ohne einen Schöpfer entstanden sein könne. Der britische Theologe *William Paley* hat dazu 1804 eine schöne Metapher gefunden. Wenn jemand an einem Strand spazieren gehe und eine Taschenuhr finde, so werde er sicherlich zu Recht annehmen, ein solch komplexes Gerät müsse das Ergebnis der Arbeit eines Uhrmachers sein. All die Schmetterlinge, Blumen und Tiere aber seien noch viel komplizierter als eine Taschenuhr. Folglich müsse es einen himmlischen Uhrmacher geben, der sie geschaffen habe.

Dieses Argument hat der studierte Theologe *Charles Darwin* (1809–1882) einige Jahre nach Paley mit seiner Evolutionstheorie aus den Angeln gehoben. Die Menschen wussten zu Anfang des 19. Jahrhunderts bereits, wie Uhren hergestellt werden. Deshalb wäre es also keine allzu gewagte These gewesen, hinter einer Taschenuhr einen Uhrmacher zu vermuten. Taschenuhren pflanzen sich nicht über Jahrmillionen fort. Sie verändern dabei keine bestimmten Eigenschaften, die ihnen gegenüber anderen Uhren einen Überlebensvorteil bringen würden. Deshalb gibt es keinen Grund anzunehmen, dass eine 1804 gefundene Taschenuhr das Ergebnis einer Evolution ist, an deren Ausgangspunkt ein weitaus primitiverer Zeitmesser stand. All das aber trifft laut Darwin auf Lebewesen zu. Mit der Uhrmacher-These hat sich auch der englische Religionskritiker und Bestsellerautor *Richard Dawkins* (*1941) ausführlich in seinem Buch »Der blinde Uhrmacher« auseinandergesetzt – und kommt darin ebenso zu dem Schluss, dass es keinen teleologischen Gottesbeweis geben kann.

Zusammenfassend kann man also eine erste Antwort auf unsere Frage »Gibt es Gott?« geben: Gottes Existenz lässt sich nicht beweisen. Doch das ist noch lange kein Grund, zum Atheisten zu werden – wie der Blick auf das berühmte Trio der Religionskritik zeigt: Ludwig Feuerbach, Sigmund Freud und Karl Marx.

Die Religionskritiker Feuerbach, Freud und Marx

Der Philosoph *Ludwig Feuerbach* (1804–1872) glaubte zu erkennen, dass Gott nichts anderes sei als das, was der Mensch zu sein wünsche. Gott ist danach die Projektion menschlicher Sehnsüchte auf ein Wesen, das nicht existiert. Das Problem mit diesem Nicht-Gottes-Beweis ist schnell erkannt: Es handelt sich – ganz wie bei Anselm von Canterbury – um einen Zirkelschluss. Feuerbach erklärt, warum die Menschen an einen Gott glauben – unabhängig davon, ob es ihn gibt oder nicht. Schließlich kann Gott ja als eine Projektion menschlicher Sehnsüchte wahrgenommen werden und trotzdem existieren.

Sigmund Freud (1856–1939) lieferte wiederum eine Variation des Feuerbach'schen Gedankens. Er sieht in Gott einen Vaterersatz: Der gläubige Mensch verharre in der infantilen Phase, indem er sich einen übernatürlichen Vater schaffe. *Karl Marx* (1818–1883) schließlich bezeichnete, wie hinreichend bekannt, Religion als »Opium des Volkes«: »Die Religion ist der Seufzer der bedrängten Kreatur, das Gemüt einer herzlosen Welt, wie sie der Geist geistloser Zustände ist.« Sind erst einmal die materiellen Verhältnisse umgestürzt, die die bedrängte Kreatur zum Seufzen bringen, ist es nach Marx mit der Religion nicht mehr weit her.

Diese drei Religionskritiker versuchten zu erklären, wieso Menschen an Gott glauben – über die wirkliche Existenz oder Nicht-Existenz Gottes konnten aber auch sie keine endgültige Aussage treffen. Ebenso wenig, wie die Theologen die Existenz Gottes beweisen können, können Religionskritiker diese widerlegen. Bleibt also noch die zweite, eingangs gestellte Frage, ob wir – abgesehen von seiner wahren Existenz – überhaupt einen Gott brauchen.

So richtig behaglich scheint eine Welt ohne Gott auf jeden Fall nicht zu werden – zumindest wenn man den wortgewaltigen Ausführungen des Dichters *Jean Paul* (1763–1825) folgt, der in seinem Roman »Siebenkäs« (siehe auch das Kapitel Literatur) den toten Jesus vom Weltgebäude herabrufen lässt, dass kein Gott sei:

»Jetzo sank eine hohe edle Gestalt mit einem unvergänglichen Schmerz aus der Höhe auf den Altar hernieder, und alle Toten riefen: ›Christus! ist kein Gott?‹

Er antwortete: ›Es ist keiner.‹

Der ganze Schatten jedes Toten erbebte, nicht bloß die Brust allein, und einer um den andern wurde durch das Zittern zertrennt.

Christus fuhr fort: ›Ich ging durch die Welten, ich stieg in die Sonnen und flog mit den Milchstraßen durch die Wüsten des Himmels; aber es ist kein Gott. Ich stieg herab, soweit das Sein seine Schatten wirft, und schauete in den Abgrund und rief:

›Vater, wo bist du?‹, aber ich hörte nur den ewigen Sturm,

den niemand regiert, und der schimmernde Regenbogen aus Wesen stand ohne eine Sonne, die ihn schuf, über dem Abgrunde und tropfte hinunter. Und als ich aufblickte zur unermeßlichen Welt nach dem göttlichen Auge, starrte sie mich mit einer leeren bodenlosen Augenhöhle an; und die Ewigkeit lag auf dem Chaos und zernagte es und wiederkäuete sich. – Schreiet fort, Mißtöne, zerschreiet die Schatten; denn Er ist nicht!«

Nicht minder ungemütlich liest sich, was der deutsche Philosoph und Dichter *Friedrich Nietzsche* (1844–1900) zum Tod Gottes zu sagen hatte:

»Wohin ist Gott? rief er, ich will es euch sagen! Wir haben ihn getötet, – ihr und ich! Wir alle sind seine Mörder! Aber wie haben wir dies gemacht? Wie vermochten wir das Meer auszutrinken? Wer gab uns den Schwamm, um den ganzen Horizont wegzuwischen? Was taten wir, als wir diese Erde von ihrer Sonne losketteten? Wohin bewegt sie sich nun? Wohin bewegen wir uns? Fort von allen Sonnen? Stürzen wir nicht fortwährend? Und rückwärts, seitwärts, vorwärts, nach allen Seiten? Gibt es noch ein Oben und ein Unten? Irren wir nicht wie durch ein unendliches Nichts? Haucht uns nicht der leere Raum an? Ist es nicht kälter geworden? Kommt nicht immerfort die Nacht und mehr Nacht? […] Gott ist tot! Gott bleibt tot! Und wir haben ihn getötet! Wie trösten wir uns, die Mörder aller Mörder?«

Angesichts solcher Kälte in einer gottlosen Welt wäre es doch schön, wenn der Glaube an Gott ein wenig Licht und Wärme in unser Leben brächte. Zumal Hirnforschung und Medizin inzwischen einige erstaunliche Erkenntnisse gewonnen haben: Gläubige Menschen werden älter, sie bekommen mehr Kinder, leben in stabileren Ehen, sie sind glücklicher, hilfsbereiter und vertrauensvoller. Der Anthropologe Richard Sosis von der Universität von Connecticut verglich in einer

Studie im Jahr 2003, so die Zeitschrift »Gehirn & Geist«, das Verhalten von Mitgliedern eines religiösen und eines säkularen Kibbuz in Israel. In einem Spiel erwiesen sich die religiösen Juden als vertrauensvoller (man könnte auch sagen »vertrauensseliger«) und selbstloser als die weltlichen. Man muss allerdings kein Anthropologe sein, um Gegenbeispiele ziemlich garstigen Verhaltens religiöser Fanatiker zu finden.

Eine andere Untersuchung von Wissenschaftlern der Universität von Toronto ergab, dass religiöse Menschen sich durch eigene Fehler nicht so sehr aus der Ruhe bringen lassen. Dazu wurden Probanden dem sogenannten Stroop-Test unterzogen. Dabei müssen sie die Farbe von Farbwörtern nennen. Die Wörter sind in einer Farbe gedruckt, die nicht dem Wortsinn entspricht. Also muss zum Beispiel das blau geschriebene Wort »rot« in Sekundenbruchteilen als Blau erkannt werden. Dabei maßen die Hirnforscher, ob ein bestimmter neuronaler Fehlermelder im Gehirn anschlug. Siehe da: Bei Gläubigen reagierte er weniger heftig als bei Atheisten.

Was kann man nun daraus lernen? a) Welchen Quatsch die Hirnforscher heutzutage untersuchen. b) Eigentlich nichts: Ist es nun gut oder schlecht, wenn der Fehlermelder im Hirn nicht anschlägt? Schlecht, würden die Atheisten sagen, denn die Gläubigen machen offenbar allerlei Unsinn, und ihr Gehirn merkt es nicht. Gut, sagen die Gottesfürchtigen, denn die Gläubigen machen sich seltener einen Kopf, schlafen besser und leben somit gesünder.

Aber abgesehen von wissenschaftlichen Erkenntnissen scheint der Glaube an Gott auf jeden Fall Berge versetzen zu können: Im Internet und in der erbaulichen Literatur finden sich hunderte von Fällen, bei denen unheilbare Krankheiten weggebetet wurden. Solche Phänomene lassen sich aus ungläubiger Perspektive natürlich leicht als Selbstheilung des Körpers erklären. Zumal eine wichtige Frage dabei im Raum steht: Warum gibt es das Leiden überhaupt? Wäre es für Gott nicht leichter, einfach auf Krankheiten zu verzichten? Gläubige argumentieren hier mit den Prüfungen, die Gott seinen Anhängern auferlegt, um ihr Gottvertrauen zu testen – wie bei Hiob im Alten Testament. Diese Frage führt dennoch direkt zu einem Problem, das mit dem Fremdwort »Theodizee« beschrieben wird. Knapp gesagt: Warum lässt ein allmächtiger gütiger Gott das Elend in der Welt zu?

Glauben oder nicht glauben – das ist hier die Frage

Der Begriff der Theodizee geht auf den Philosophen *Gottfried Wilhelm Leibniz* (1646–1716) zurück, der 1710 nachweisen wollte, dass unsere Welt »die beste aller möglichen« sei. Deshalb könne die Existenz des Übels auch nicht auf die fehlende Güte Gottes zurückgeführt werden.

Sachbuchautor Richard Dawkins ist da anderer Meinung. Er schreibt in seinem Buch »Der Gotteswahn«: »Der Gott des Alten Testaments ist – das kann man mit Fug und Recht behaupten – die unangenehmste Gestalt in der gesamten Literatur: Er ist eifersüchtig und auch noch stolz darauf; ein kleinlicher, ungerechter, nachtragender Überwachungsfanatiker; ein rachsüchtiger, blutrünstiger ethnischer Säuberer; ein frauenfeindlicher, homophober, rassistischer, Kinder und Völker mordender, ekliger, größenwahnsinniger, sadomasochistischer, launisch-boshafter Tyrann.«

Natürlich fallen die Ausführungen des militanten Atheisten Dawkins erschreckend drastisch aus. Allerdings finden sich im Alten Testament in der Tat erstaunlich negative Charaktereigenschaften Gottes. Da sind zum Beispiel die radikale Diätvorschrift »Ihr dürft kein Fett essen, weder vom Rind, noch vom Schaf, noch von der Ziege« (3. Buch Mose 7,23), die klare Regel, dass, wer am Sabbat arbeitet, dafür mit dem Tode bestraft werden müsse (2. Buch Mose 21,37) sowie die Forderung, dass jeder »der den Herrn lästert […] sein Leben verwirkt« hat und »von der ganzen Gemeinde gesteinigt werden« muss (3. Buch Mose 24,16). Hinzu kommen unzählige strenge Hygienevorschriften, die Gott seinem Volk Israel auferlegt, und die sich absurder anhören, als eine E U-Verordnung je sein könnte. Zum Beispiel: »Wenn an einem Kleid oder Gewebe aus Wolle oder Leinen oder an gegerbten Fellen oder an Gegenständen aus Leder ein Fleck auftritt und dieser Fleck gelblich grün oder rötlich ist, dann kann es sich um fressenden Schimmel handeln, und das Stück muss dem Priester gezeigt werden. Der Priester sieht es sich an und schließt es sieben Tage ein. Hat sich der Fleck vergrößert, ist es tatsächlich fressender Schimmel. Der Priester erklärt das Stück für unrein, und es muss verbrannt werden.« (2. Buch Mose 13,47–52).

Wer heute versuchte, getreu der biblischen Regeln zu leben – von einem solchen Versuch erzählt der New Yorker Journalist A. J. Jacobs in seinem unterhaltsamen Buch »Die Bibel & ich« –, der käme alsbald mit dem Strafrecht in Berührung, schon allein, weil er eine Menge Leute steinigen oder sonstwie hinrichten müsste. Christen mögen nun zu Recht auf zweierlei Sachen hinweisen: Erstens habe Jesus einen neuen Bund gestiftet und damit einen Teil der Gebote des Alten Testaments zugunsten der Menschlichkeit aufgehoben. Und zweitens nähmen moderne Gläubige die Heilige Schrift heute nicht mehr wörtlich. Man müsse sie interpretieren, ihren Sinn zu erkunden versuchen. Und man müsse anerkennen, dass sie an die Zeit und die Umstände ihrer Entstehung gebunden sei.

Den Atheisten spielt dieses Zugeständnis jedoch geradezu in die Hände. Heißt das für sie doch nichts anderes, als dass die Gläubigen – welcher Religion auch immer – aus ihren

Heiligen Schriften genau jene Stellen heraussuchen, die ohnehin ihren schon vorhandenen ethischen Überzeugungen entsprechen. Und was nicht passt, wird passend interpretiert. Die Schlussfolgerung der Atheisten lautet deshalb: Gläubige sind keine besseren Menschen, die aufgrund ihres Glaubens ethischer handeln würden. Oder andersherum: Auch Atheisten können ethisch handeln. Sozialwissenschaftliche Experimente, wie das im Kapitel Philosophie beschriebene »Dicker-Mann-Dilemma« stützen diese These, denn hierbei entschieden Gläubige nicht anders als Ungläubige.

Das ist keine geringe Erkenntnis, zumal Gläubige gern behaupten, ohne Gottesglauben würde es in der Welt ethisch drunter und drüber gehen. Der Theologe und Bestsellerautor *Manfred Lütz* (*1954) sei hier stellvertretend für viele zitiert, wenn er den Philosophen Immanuel Kant folgendermaßen (über-)interpretiert: »Nur durch die Überzeugung von der Unsterblichkeit der Seele also ist Moralität vernünftig.« Als Beleg dafür wird oft angeführt, dass Hitler, Stalin und Mao Atheisten gewesen seien. »Alle drei sind in einer Welt ohne Gott gescheitert«, schreibt Lütz. Dabei scheint er zu vergessen, dass wiederum der spanische Diktator Franco und der chilenische Despot Pinochet Katholiken waren und der iranische Revolutionsführer Ayatollah Khomeni ein muslimischer Schiit war. Ganz zu schweigen von einigen ziemlich mordlüsternen Päpsten.

Fazit: Der Glaube an Gott macht also nicht unbedingt moralischer. Wir brauchen, um die eingangs gestellte Frage zu beantworten, keinen Gott, um glücklich zu sein oder bessere Menschen zu werden. Offensichtlich macht der Glaube an Gott – unabhängig von seiner nicht beweisbaren oder widerlegbaren Existenz – zwar viele Menschen glücklich, egal welcher Religion sie angehören. Der Glaube ist aber andererseits nichts, was dem Ungläubigen zu seinem Glück fehlen würde.

Denn den Glauben kann man nicht einfach an- und ausstellen. Glauben oder nicht glauben – das geschieht tief drin, in der Seele des einzelnen Menschen. Und darum ist es auch kein Thema für ein Tischgespräch.

Drei interessante Bücher zum Weiterlesen

1. **Die Bibel**, aber auch den Koran und die heiligen Schriften der anderen Religionen sollte man lesen. Denn selbst wenn man nicht glaubt, ist es interessant zu wissen, was darin geschrieben steht.
2. **»Der Gotteswahn«** von **Richard Dawkins** (*1941). Der Autor ist ein radikaler Vertreter des Atheismus, der furios schreiben kann, aber in seinem Feuereifer zu Übertreibungen neigt.
3. **»Gott. Eine kleine Geschichte des Größten«** von **Manfred Lütz** (*1954). Eine amüsant zu lesende Gegenposition zu Dawkins, die im zweiten Teil leider schwächer wird. Das ist dummerweise gerade jener Teil, der theologisch überzeugen will.

Sieben wichtige Theologen und ihre Erkenntnisse

Bei diesen religiösen Vordenkern handelt es sich also nicht um Propheten oder Religionsgründer.
1. **Wilhelm von Ockham** (1285–1347). Der Spätscholastiker ist vor allem bekannt für seine erkenntnistheoretische Methode, nach der einfache Erklärungen mit wenigen Voraussetzungen komplizierten Erklärungen für ein Phänomen vorzuziehen sind. Dieser scharfsinnige Ansatz heißt deshalb »Ockhams Rasiermesser«. Wer Umberto Ecos »Der Name der Rose« gesehen oder gelesen hat, ist übrigens mit Ockham vertraut.
2. **Friedrich Schleiermacher** (1768–1834). Ein deutscher Romantiker, der von einer Kirche ohne Hierarchie träumte – und deshalb natürlich ein Protestant war.

3. **David Friedrich Strauß** (1808–1874). Der schwäbische Mitbegründer einer historisch-kritischen Methode der Bibelkritik versuchte, in seinem umstrittenen, aber viel gelesenen Buch »Das Leben Jesu« den historischen Christus herauszuarbeiten.

4. **Martin Buber** (1878–1965). Wissenschaftlich beschäftigte sich der jüdische Religionsphilosoph mit dem Chassidismus, einer mystischen Variante des Judentums. Bekannt ist er heute für seinen Beitrag zur christlich-jüdischen Verständigung. Verdienste darum werden seit 1968 mit der Buber-Rosenzweig-Medaille geehrt (zweiter Namensgeber ist der deutsch-jüdische Religionsphilosoph Franz Rosenzweig).

5. **Karl Barth** (1886–1968). Glaube ist eine »unmögliche Möglichkeit«, meinte der Schweizer protestantische Theologe, der auch politisch sehr engagiert war – zum Beispiel in der Anti-Atomtod-Bewegung.

6. **Karl Rahner** (1904–1984). Der Freiburger Theologe ist der deutsche Vater des Zweiten Vatikanischen Konzils. Er hat Mitte des 20. Jahrhunderts den damals ziemlich verstaubten Katholizismus für die Philosophie der Moderne geöffnet.

7. **Dietrich Bonhoeffer** (1906–1945). Der Breslauer Theologe war einer der führenden Köpfe der »Bekennenden Kirche«, die sich gegen die Vereinnahmung des Protestantismus durch die Nationalsozialisten wehrte. Er wurde im KZ Flossenbürg wenige Tage vor der Kapitulation ermordet.

ARCHÄOLOGIE

Vier Jahre nach Ende des Zweiten Weltkriegs veröffentlichte der Journalist *Kurt W. Marek* (1915–1972) sein Buch »Götter, Gräber und Gelehrte«, dem er den Untertitel »Roman der Archäologie« gab. Marek wählte ein Pseudonym, vielleicht, um von seiner Vergangenheit als NS-Propaganda-Autor abzulenken. Der Autor trat als C. W. Ceram auf, ein Anagramm, das rückwärts gelesen seinen leicht veränderten richtigen Namen ergibt. Ceram verstand sein Buch nicht als belletristischen Roman, sondern als Tatsachenbericht. »Götter, Gräber und Gelehrte« wurde fünf Millionen Mal gedruckt und ist bis heute im Buchhandel erhältlich. Sogar ein Hörbuch ist inzwischen auf dem Markt. Es handelt sich somit um das bislang erfolgreichste deutsche Sachbuch. Ich erinnere mich, Cerams Schilderungen mit elf oder zwölf Jahren verschlungen zu haben. Wie viele Leser verfolgte ich gebannt, wie Heinrich Schliemann sich auf die Suche nach dem Schatz des Königs Priamos macht und Robert Koldewey die Reste des alten Babylon freilegt.

Wie kaum eine andere Wissenschaft, vielleicht in den letzten Jahren mit Ausnahme der Hirnforschung, vermag die Archäologie Millionen von Menschen zu faszinieren. Im ZDF laufen beispielsweise die erfolgreichen Dokumentationen der Reihe »Terra X«; an manchen Abenden folgt auf dem Dokumentationssender Phoenix eine Archäologie-Sendung auf die nächste; Spartenkanäle bringen tagein, tagaus nichts anderes als grabende Forscher, die unablässig auf »eine archäologische Sensation« zu stoßen scheinen, und bei Ausstellungen zu archäologischen Themen stehen die Besucher Schlange. Offenbar besitzen wir eine unstillbare Neugier auf das Leben unserer frühen Vorfahren.

Mancher anfangs begeisterte Student des Faches zeigt sich allerdings enttäuscht, wenn er mit der Realität des Alltags konfrontiert wird. Im Grunde ist die Archäologie eine mühsame, nicht selten frustrierende Wissenschaft. Die Forscher verbringen den einen Teil ihrer Zeit im Freien, oft in brütender Hitze irgendwo in einer Wüste. Beim anderen Teil versuchen sie, an ihren Computern die Funde zu systematisieren und zu interpretieren. Die gute Nachricht lautet: Als kulturinteressierter Leser können Sie die Mühen der Archäologie einfach überspringen und gleich zu den spannenden Erkenntnissen vorstoßen, die diese Wissenschaft für uns bereithält.

Aus einer Zeit vor unserer Zeit

Die Historiker teilen die Geschichte grob in zwei Phasen ein, die je nach Region unterschiedlich lange gedauert haben. Als Wendepunkt zwischen diesen beiden Phasen gilt die Einführung der Schrift. Sie entstand nach heutigen Erkenntnissen vor etwa 5500 Jahren in Mesopotamien bei den Sumerern. Ab diesem Zeitpunkt spricht man für diese Region von Geschichte oder Historie. Die Jahrtausende davor bezeichnen die Experten als Vorgeschichte oder Prähistorie. Die germanischen Völker in unseren Breiten oder die Aborigines in Australien lebten aber schon viel länger in der Vorgeschichte. Und für einige versprengte indigene Völker begann die Geschichte erst in der zweiten Hälfte des 20. Jahrhunderts.

Über die Prähistorie wissen wir nur Bescheid, weil die Archäologen bei ihren Grabungen auf Hinterlassenschaften der damaligen Zivilisationen und Stämme gestoßen sind. Natürlich können archäologische Funde auch unser Wissen über die geschichtliche Zeit erweitern, zum Beispiel, wenn schriftliche Zeugnisse rar sind (etwa für die Frühgeschichte oder die Jahrhunderte der Völkerwanderung) oder nur das Leben der Eliten beschreiben. Aber für vorschriftliche Zeiten sind die zumeist zerstörten Fundstücke die *einzige* Quelle.

Sicherlich erweist sich die Einteilung in Historie und Prähistorie als extrem grob. Schon im 19. Jahrhundert begann man deshalb, eine weitere Unterteilung der beiden Phasen vorzunehmen, die sich an den Materialien der Werkzeuge orientierte – und die bis heute Bestand hat: Die Archäologen unterscheiden in eine Steinzeit, eine Bronzezeit und eine Eisenzeit. Die Steinzeit wird nochmals untergliedert in eine Altsteinzeit, eine Mittelsteinzeit und eine Neusteinzeit (die Fremdwörter dafür lauten Paläolithikum, Mesolithikum und Neolithikum), je nachdem, wie geschickt die Steine behauen sind.

Die Steinzeit ist die bei Weitem längste Kulturperiode in der Geschichte der Menschheit. Sie begann vor 2,5 Millionen Jahren (als erste Urmenschen auftauchten) und endete, je nach Region, etwa ein halbes Jahrzehnt vor der Zeitenwende.

In Museen trifft man oft auf noch feinere Untergliederungen der Vorgeschichte. Die Perioden werden vielfach nach den Fundorten der Werkzeuge bezeichnet oder nach der Art der Keramik- und Werkzeugbearbeitung. So stößt man zum Beispiel auf die Linearbandkeramikkultur oder die Glockenbecherkultur.

In populären Serien wie der »Familie Feuerstein« sieht es so aus, als hätten sich die Steinzeitmenschen den lieben langen Tag mit Dinosauriern herumgeschlagen. Es gibt tatsächlich eine Reihe von Muslimen und extrem bibelgläubigen Christen (Kreationisten, siehe das Kapitel Religion), die von der Koexistenz von Dinosauriern und Menschen überzeugt sind, weil die Erde ihrer Auffassung nach kaum mehr als

6000 Jahre alt ist. In Wirklichkeit waren die Dinosaurier seit fast 65 Millionen Jahren ausgestorben, als in Ostafrika der erste Homo sapiens, also der moderne Mensch, auftrat.

Die Überzeugung der Kreationisten (wobei zugestanden werden sollte, dass es sich bei den Junge-Erde-Gläubigen um eine Minderheit unter ihnen handelt) mutet uns heute absurd an. Doch noch gegen Ende des 18. und zu Beginn des 19. Jahrhunderts entsprach diese Auffassung dem Stand der Wissenschaft. Die ersten Archäologen (und Paläontologen, Wissenschaftler, die Fossilien und alte Knochen untersuchen) mussten sich deshalb gegen heftigen Widerstand durchsetzen: Als Isaac de La Peyrère 1655 behauptete, es habe womöglich Menschen vor Adam gegeben, konnte ihn die Inquisition zum Widerruf seiner These zwingen. Erst im 19. Jahrhundert, vor allem nach Charles Darwins Evolutionstheorie über die Entstehung der Arten, erkannte die Öffentlichkeit (langsam) an, dass die Menschheit älter als 6000 Jahre ist.

Allerdings standen die frühen Archäologen vor einem Problem, das im Grunde bis heute nicht gelöst ist, trotz enorm verbesserter Methoden. Es geht um die Frage: Wie alt sind die Fundstücke? Vielfach waren die Forscher gezwungen, das Alter zu schätzen und aus der Art der Herstellung, aus der Lage und den Umständen des Fundes Rückschlüsse zu ziehen. Erst 1949 kam ihnen die sogenannte C-14-Methode zu Hilfe, die auf dem gleichmäßigen Zerfall des Kohlenstoff-Isotops C-14 beruht. Sie funktioniert natürlich nur dort, wo es C-14-Isotope gibt, also nur bei organischen Materialien. Und sie ist auf einen Zeitraum von vor 300 bis etwa 60 000 Jahre beschränkt.

Datierungsfragen gehören noch immer zu den heikelsten in der Archäologie, zumal wenn die Wissenschaft politisch instrumentalisiert wird. In Jerusalem zum Beispiel streiten palästinensische und jüdische Archäologen um Mauerreste unterhalb des Tempelberges. Die jüdischen Wissenschaftler glauben, Überreste des Jüdischen Tempels von König David gefunden zu haben. Dummerweise vermuten sie die Hauptteile des Tempels dort, wo heute die Al-Akza-Moschee, das zweitwichtigste Heiligtum der Muslime, steht. Am liebsten würden die jüdischen Altertumsforscher dort graben und dabei die Moschee aus dem Weg räumen. Im schlimmsten Fall könnte die Archäologie somit der Anlass für den nächsten Nahostkrieg werden. Aber einen Krieg ist ganz sicher keine Archäologie dieser Welt wert.

Da nimmt sich der Wissenschaftsstreit über die Datierung verschiedener Überreste von Troja nahezu harmlos aus. Dieser heftige, in den Feuilletons geführte Schlagabtausch zwischen dem inzwischen verstorbenen Tübinger Archäologen *Manfred Korfmann* (1942–2005) und dem Althistoriker *Frank Kolb* (*1945) bewies, dass auch die scheinbar so rationalen Wissenschaftler leidenschaftlich werden können. Immerhin schimpfte Kolb Korfmann in Anspielung auf den Ufologen Erich von Däniken einen »Däniken der Archäologie«, also einen Scharlatan. Der Streit um die Überreste von Troja ist übrigens nicht neu. Schon ihr Entdecker Heinrich Schliemann musste einige Auseinandersetzungen um das Alter seiner Funde ausfechten.

Auf Schliemann kommen wir gleich zurück. Er ist nämlich einer von drei Archäologen der Vergangenheit, von denen man zumindest etwas gehört haben sollte. Beginnen wir aber zuerst einige Jahrzehnte früher, bei *Johann Joachim Winckelmann* (1717–1768).

Edle Einfalt, stille Größe – Johann Joachim Winckelmann

Der deutsche Gelehrte Winckelmann, 1717 im märkischen Städtchen Stendal geboren, gilt als der Vater der Klassischen

Archäologie. Und nicht nur das: Kein anderer Forscher hat unser Bild der Antike so stark geprägt wie er. Goethes Blick auf Italien während seiner »Italienischen Reise« wäre ohne Winckelmann vermutlich ein anderer gewesen. Wenn wir heute die reine weißmarmorne Schönheit griechischer Tempel und Skulpturen bewundern, so wird unsere Sichtweise von Winckelmann bestimmt. Wir bewundern das, was Winckelmann als »edle Einfalt, stille Größe« bezeichnet hat und was er im krassen Gegensatz zum überschwänglichen Barock seiner Jugendzeit darin zu finden vermeinte. In Wirklichkeit, das haben Sie schon im Kapitel Architektur erfahren, waren die Kunstwerke der alten Griechen knallbunt gewesen. So kann man sich irren – und trotzdem auf die weitere Entwicklung einen gewaltigen Einfluss nehmen.

Winckelmann war ein Freund des Königs von Polen und wurde vom Papst 1763 zum Oberaufseher über die Antiken in Rom bestellt. Das galt als eine hohe Ehre, die vorher noch keinem Ausländer zuteil geworden war. Außerdem beteiligte er sich an den Ausgrabungen in Herculaneum und Pompeji. Diese beiden Städte in der Nähe des heutigen Neapel waren 79 n. Chr. zum Unglück ihrer Bewohner und zum späteren Glück der Archäologen (und Touristen) beim Ausbruch des Vulkans Vesuv verschüttet worden. Unter der Ascheschicht fanden die Archäologen typisch römische Provinzstädte, deren Leben im Moment der Zerstörung erstarrt ist. Pompeji gehört zu den drei Orten, die man unbedingt besuchen sollte, wenn man sich für Klassische Archäologie (also die Überreste der griechischen und römischen Antike) interessiert. Allerdings sollte man sich mit seinem Besuch beeilen, denn einige Vulkanologen glauben, der Vesuv grummle schon wieder verdächtig und könne Pompeji bald ein zweites Mal verschütten. Zudem gehen die italienischen Behörden mit den Überresten so nachlässig um, dass selbst ohne erneuten Vulkanausbruch ein baldiger Besuch angesagt ist. Die beiden anderen sehenswerten Orte sind übrigens Athen und die Vatikanischen Museen in Rom.

Heinrich Schliemann und der Schatz des Priamos

Nachdem der 1822 geborene deutsche Kaufmann *Heinrich Schliemann* (gestorben 1890) Homers »Ilias« gelesen hatte, kannte er nur noch ein Ziel: das antike Troja zu entdecken. Wie aus dem Literaturkapitel bekannt, schildert Homer in der »Ilias« den Krieg um die Stadt Troja. Nun käme vermutlich niemand auf die Idee, nach der Lektüre von Karl May den Schatz im Silbersee zu suchen. Bei älteren literarischen Werken scheint eine solche Reaktion jedoch durchaus üblich zu sein. So halten noch heute einige Menschen nach den Schätzen der Königin von Saba, der Tempelritter und der Nibelungen (das Rheingold) Ausschau. Schliemann hielt die »Ilias« für einen Tatsachenbericht, weshalb er in den Überresten der Stadt den Schatz des Königs Priamos vermutete. Er sah sich an der kleinasiatischen Küste um und fand schließlich einen Ort, der zu den Landschaftsbeschreibungen Homers passte. Der Selfmade-Wissenschaftler fing an zu graben – und wurde zum Pionier der Feldarchäologie: Er fand tatsächlich die Überreste einer Stadt und – einen Schatz. Genau genommen fand er sogar mehrere Städte. In der Antike bauten nämlich die Menschen ihre Wohnanlagen und Tempel auf den Überresten älterer Siedlungen.

Heute wissen wir, dass es sich bei Schliemanns Schicht nicht um das Troja Homers handelt, sondern um eine bronzezeitliche Siedlung. Wir wissen jedoch nicht, ob diese im wahrsten Sinne des Wortes vielschichtige Stadt überhaupt das Troja ist, das Homer beschreibt.

Dies ahnte Schliemann damals noch nicht (erst gegen Ende seines Lebens kamen ihm Zweifel), und so kehrte er beladen mit Ruhm und Schatz nach Deutschland zurück. Der Ruhm ist, wenngleich etwas getrübt, geblieben. Der Schatz ist weg. Er wurde nach dem Ende des Zweiten Weltkriegs als Beutekunst nach Russland verschleppt, wo er heute im Moskauer Puschkin-Museum ausgestellt ist.

Howard Carter und der Fluch des Tutanchamun

Wie populär die Archäologie ist, beweisen die vielen Mythen rund um ihre berühmten Vertreter und Funde. Vermutlich hat fast jeder schon einmal vom »Fluch des Tutanchamun« gehört. Diese Legende rankt sich um das wahrscheinlich bedeutendste Ereignis in der modernen Ägyptologie: die Entdeckung des unversehrten Grabes des Pharaos Tutanchamun durch den englischen Archäologen *Howard Carter* (1874–1939) und sein Team. Angeblich soll der Fluch alle befallen haben, die im November 1922 an der Grabung beteiligt waren. Sonderlich überzeugend ist das allerdings nicht. Zwar starben einige der Beteiligten durch Unfälle und Krankheiten, aber solche Todesfälle kommen auch ohne altägyptische Verfluchungen vor.

Tutanchamun war kein besonders bedeutender Pharao. Er kam als Kind auf den Thron und wurde in jungen Jahren vermutlich von seinen Beratern umgebracht. Die Ägyptenforscher erinnern sich seiner Herrschaft nur, weil unter ihr der erste bekannte Monotheismus der Religionsgeschichte, der Aton-Kult seines Vorgängers und Vaters Echnaton (Ehemann der schönen Nofretete), wieder abgeschafft wurde.

Howard Carter, aus bescheidenen Verhältnissen stammend, hatte es mit 17 Jahren nach Ägypten verschlagen, wo er sich als Autodidakt zum Ägyptologen fortbildete und bis zum Chefinspektor für Altertümer aufstieg. Als er den englischen Adeligen Lord Carnavon kennenlernte, finanzierte dieser seine Ausgrabungen im Tal der Könige. Damit hatten sie zwar zunächst einigen Erfolg, der große Durchbruch blieb aber aus. Bis zum 4. November 1922:

Ein Grabungshelfer eilt aufgeregt zu Carter und zeigt ihm Stufen aus Stein, die unter einer Sandschicht verborgen gewesen sind. Sie führen offenbar zu einer Grabstätte – und zwar zu einer wichtigen, wie Carter am dort angebrachten thebischen Siegel erkennen kann. 22 Tage später, am 26. November 1922 gegen vier Uhr nachmittags, stehen Howard Carter und sein Gönner Lord Carnavon vor der Grabkammer. Sie haben ein Loch in die Wand geschlagen. Der Ägyptologe hält eine Kerze hinein. »Können Sie etwas sehen?«, fragt der Lord nervös. »Ja«, flüstert Carter. »Ich sehe wunderbare Dinge.«

Wunderbare Dinge waren es in der Tat, die die Archäologen vorfanden: den Sarkophag des Pharao mit seiner Mumie, sämtliche Grabbeigaben, goldene Masken, Armreifen, Halsketten.

Einem Wissenschaftler geht es natürlich nicht allein um die Schätze, die uns Laien bei archäologischen Ausstellungen als Erstes in den Bann ziehen. Wissenschaftler interessieren sich vor allem dafür, was sie durch die Funde über das Leben, das Denken, die Religion und den Alltag früherer Generationen erfahren. Durch die Untersuchung von Mumien erkennen Forscher, unter welchen Krankheiten die Menschen der damaligen Zeit litten, was sie gegessen haben und welchen Stand die Medizin hatte. Kunstwerke geben Auskunft über die religiösen Vorstellungen und die Macht der Führungsschicht. Es gibt sogar Wissenschaftler, die wichtige Erkenntnisse gewonnen haben, indem sie in den Abtritten von Siedlungen buddelten.

Das Schöne für uns Kulturinteressierte: Wir müssen uns nicht die Hände schmutzig machen, die Knie wund scheuern oder in mühsamer Bastelarbeit zerbrochene Fundstücke rekonstruieren. Wir können all diese Einblicke in fremde Welten an einem Sonntagnachmittag beim Besuch eines archäologischen Museums oder einer Ausstellung erlangen.

Fünf weitere bedeutende Archäologen

1. **Auguste Mariette** (1821–1881). Der französische Ägyptologe ging zwar persönlich mit recht rabiaten Methoden ans Grabungswerk (unter anderem mit Sprengladungen), setzte sich aber auch für den Schutz der Altertümer ein und gründete deshalb das Ägyptische Museum in Kairo.
2. **Ludwig Borchardt** (1863–1938). Der deutsche Ägyptologe entdeckte die angeblich schönste Frau des Alten Ägypten, nämlich die Büste der Königin Nofretete, heute im Ägyptischen Museum auf der Museumsinsel in Berlin zu sehen. Die Büste war übrigens ein Modell für damalige Bildhauer.
3. **William Flinders Petrie** (1853–1942). Der englische Ägyptologe beendete die damals üblichen ziellosen Grabungen und ging die Archäologie systematisch an. Dabei röntgte er erstmals eine Mumie.
4. **Herzogin Marie von Mecklenburg-Schwerin** (1856–1929). Viele ihrer Standesgenossinnen rümpften die Nase über die hochadelige Ausgräberin. Aber die Herzogin legte unter anderem wichtige Steinzeitfunde im heutigen Slowenien frei.
5. **Hiram Bingham** (1875–1956). Der Amerikaner war nicht nur Politiker (US-Senator für Connecticut), sondern entdeckte auch die Inkastadt Machu Picchu.

Fünf sehenswerte Ausgrabungsstätten

1. **Pompeji.** Darüber haben wir bereits berichtet. Von Neapel ist es nur ein Katzensprung zu dieser großartig erhaltenen römischen Provinzstadt.

2. **Machu Picchu.** Die Ruinen der Inkastadt liegen auf über 2300 Meter Höhe in Peru. Leider kommen inzwischen mehr Touristen, als diesem Weltkulturerbe guttut.

3. **Petra.** Bei der Felsenstadt der Nabatäer im heutigen Jordanien kreuzten sich einst wichtige Karawanenwege. Das machte die Stadt reich. Sie erlebte ihre größte Blüte im ersten vorchristlichen Jahrhundert. Ihre Tempel und Kultstätten schlugen die Nabatäer direkt in die Felsen. Sie nutzten dabei alle Stilelemente, die ihnen bei Griechen, Römern und Ägyptern gefielen.

4. **Xian.** Genau genommen liegt die Grabstätte für Quin Shihuangdi, den ersten Kaiser der Chinesen, einige Kilometer von der Millionenstadt Xian entfernt. Die Archäologen haben sich bislang aus konservatorischen Gründen nicht getraut, das Mausoleum zu öffnen. Der Legende nach sollen dort Flüsse aus Quecksilber fließen und Perlen und Edelsteine als Sterne die Decke schmücken. Einen Vorgeschmack auf die Pracht gibt die gewaltige Terrakotta-Armee aus fast 8000 überlebensgroßen Soldatenfiguren mitsamt Streitwagen und Pferden, die allein schon den Besuch lohnt.

5. **Knossos.** Ernsthafte Wissenschaftler halten den teilrekonstruierten minoischen Palast von Knossos auf der griechischen Insel Kreta für ein Archäologie-Disneyland. Weniger puristisch gestimmte Besucher finden aber Gefallen daran, weil man sich endlich einmal vorstellen kann, wie eine antike Stadt ausgesehen haben mag. Auch das dazugehörige Museum im nahen Heraklion lohnt einen Besuch (oder besser: das Provisorium. Denn die Griechen kommen mit dem Neubau nicht so recht voran).

SCHLUSSWORT

Dieses Buch leidet unter seinen Beschränkungen. Niemandem ist das schmerzlicher bewusst als den Autoren selbst. Wir mussten auswählen aus der ungeheuren Fülle kultureller Leistungen. Viele unserer liebsten Filme, Kompositionen, Romane, Gedichte, Gemälde, Skulpturen, von denen wir leidenschaftlich gern erzählt hätten, mussten aus Platzgründen unberücksichtigt bleiben. Da wir dieses Buch als Anregung verstehen, entlassen wir Sie als Leser nun auf Ihre eigenen Entdeckungspfade. Wir haben Sie gleichsam nur zu den beliebtesten Treffpunkten der Kultur geführt, den Rest des Weges in die weniger besuchten, unbekannteren Landschaften dürfen Sie selbst gehen. Wir können Ihnen versichern, dass Sie auch dort auf wunderschöne Ecken und herrliche Aussichtspunkte stoßen werden.

Uns ist bewusst, dass dies ein Führer durch die *westliche* Kultur ist. Wir glauben, dass es zwei gute Gründe gibt, die eine solche Perspektive rechtfertigen.

Erstens hat die westliche Kultur durch die lange Dominanz Europas und der Vereinigten Staaten eine globale Wirkung erzielt, besonders durch das von der westlichen Kultur tief geprägte Hollywood. Zweitens ist die westliche, insbesondere die europäische Kultur *unsere* Kultur. Von ihr sind wir beeinflusst. Sie bestimmt unser Denken, unsere Blickwinkel, unsere Umwelt. Fremde Kulturen vermögen wir nur deshalb als fremd wahrzunehmen und in dieser Fremdheit faszinierend zu finden, weil wir selbst ein Produkt der westlichen Kultur sind. Deshalb stehen wir zu der eurozentrischen Sichtweise dieses Buches, wie wir auch keinem Chinesen eine sino-zentrische Sichtweise verdenken würden.

Einzelne Anekdoten im Text werden in der Ich-Form erzählt. Wir haben diese Lösung der Einfachheit und besseren Lesbarkeit halber gewählt. Die Anekdoten gehen in der Regel auf Erlebnisse zurück, die einem der beiden Autoren zugestoßen sind.

Dieses Buch ist natürlich nicht nur das Ergebnis der ein-einhalb Jahre, während derer wir recherchiert und geschrieben haben. Wir sind allen Menschen zu Dank verpflichtet, die uns im Laufe unseres Lebens kulturelle Einblicke ermöglicht haben, unseren Lehrern und Professoren, den Kollegen, den Künstlerinnen und Künstlern und den Kunstexperten, denen wir begegnet sind. Wir haben es immer als große Auszeichnung empfunden, als Journalisten über Kunst und Kultur schreiben zu dürfen. Wenn wir nochmals zu entscheiden hätten, wir würden wieder diesen Beruf wählen. In diesem Sinne danken wir dem Verlag und dessen Lektoren Steffen Geier und Franziska Beyer, die uns bei diesem Projekt betreut haben. Es hat uns ermöglicht, über den Tellerrand der Tagesaktualität hinauszublicken.

Zwei Kollegen sind wir besonders verbunden. Die Journalisten Steffen Sommer und Christian Schönwetter haben Teile des Manuskripts gelesen und uns durch ihre kritischen Anmerkungen sehr weitergeholfen. Alle verbleibenden Fehler und Fehleinschätzungen gehen natürlich auf unser Konto.

Ihnen, den Lesern, wünschen wir eine gute, spannende und überraschungsreiche Reise in die Welt der Kultur. Und wissen Sie, was das Tollste an dieser Reise ist? Wenn Sie wollen, dann währt sie Ihr Leben lang …

BILDNACHWEIS

Andree Volkmann, Illustrationen, Seiten 14/15, 102/103, 180/181, 218/219, 250/251

akg-images – Albrecht Dürer, Selbstbildnis, Seite 51

akg-images – Michelangelo Buonarroti, Erschaffung Adams, Seite 49

akg-images – Rembrandt Hermenszon van Rijn, Blendung Simons, Seite 57

akg-images – Wassily Kandinsky, Komposition IV, Seite 69

akg-images/Cameraphoto – Giotto di Bondone, Beweinung Christi, Seite 40

akg-images/Erich Lessing – Claude Monet, Paris, Gare Saint Lazare, Seite 65

akg-images/Erich Lessing – Jan van Eyck, Die Hochzeit der Arnolfini, Seite 45

akg-images/Erich Lessing – Pablo Picasso, Demoiselles d'Avignon, Seite 67

akg-images/Erich Lessing – Pieter Brueghel d. Ä., Bauernhochzeit, Seite 53

akg-images/Erich Lessing – Sandro Botticelli, Geburt der Venus, Seite 47

akg-images/Erich Lessing – William Turner, Schneesturm auf dem Meer, Seite 61

akg-images/Nimatallah – Caravaggio, Amor als Sieger, Seite 54

akg-images/Orsi Battaglini – Masaccio, Die Heilige Dreifaltigkeit (Ausschnitt), Seite 43

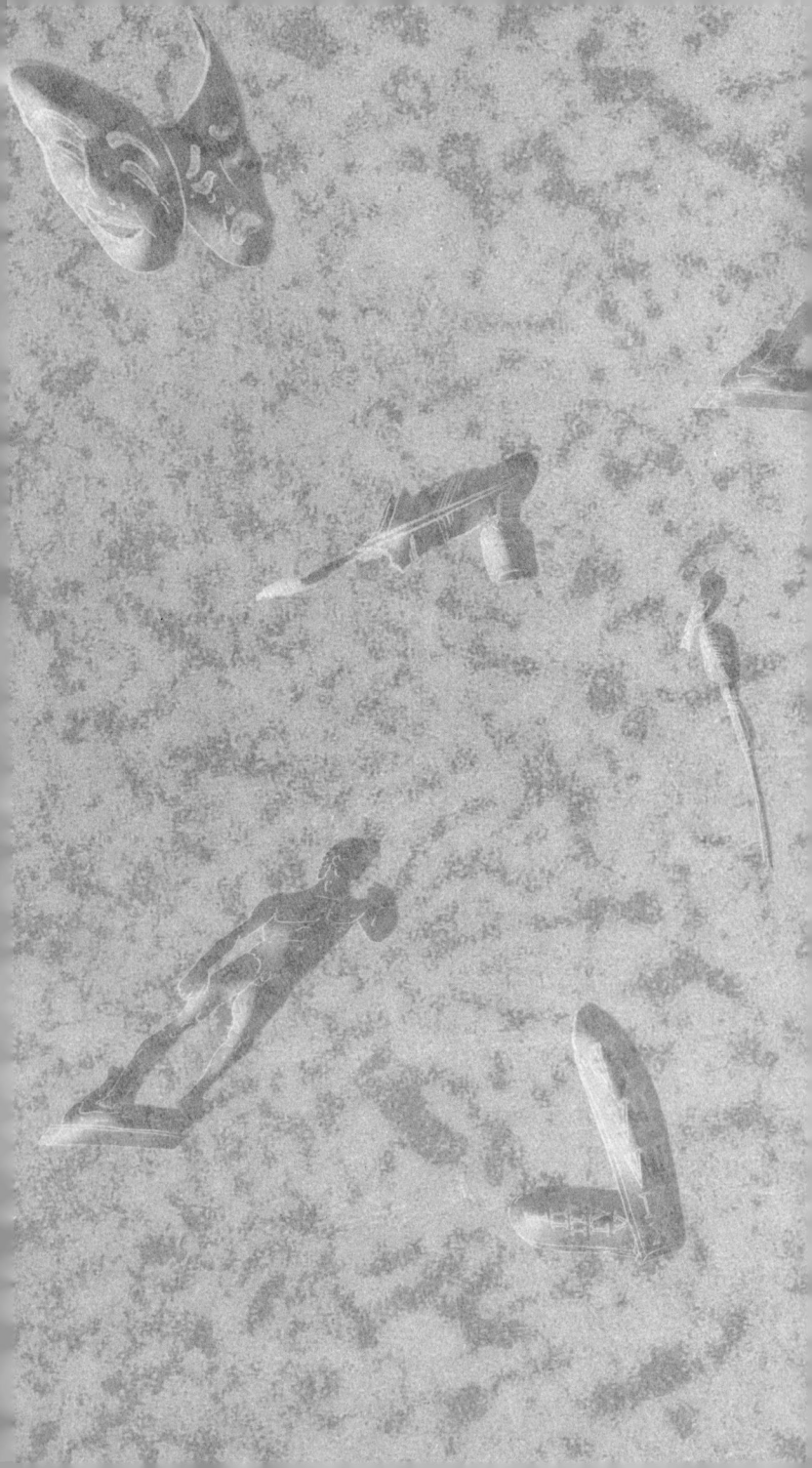